20世紀
日本の経済人
〈セレクション〉

無から始めた
男たち

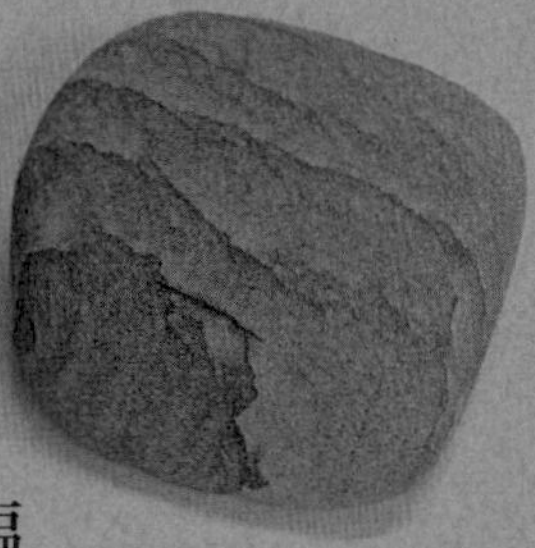

日本経済新聞社編

日本経済新聞社

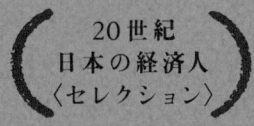

はじめに

混迷の時代である。国内外ともに不透明感はいや増し、日本国民は将来の不安に脅えている。デフレ、リストラ、倒産、根底にある不良債権の未処理、高齢化社会と年金危機、老後の不安等々、山積する難題に、いまだ出口は見つからない。さらにイラク問題など国際政治のリスクの増大が、世界経済の成長を阻害し、日本経済の再生の足を引っ張る要因になってきた。政治をはじめ制度疲労は明らかである。

資本主義経済の未来は、どうなるのか。不安の時代に、有効な処方箋はないのだろうか。しかし、ひとたび人類史に目を戻せば、人々は古来、不安と危機の時代を生き抜いてきたのではなかったか。日本という国の、たかだか明治維新からの近・現代史においてすら、国際政治の怒濤に翻弄されながら、先人たちは海図のない航海に、希望の未来をみて、数々の困苦を乗り越えてきたのである。

そうした人物たちの生き方こそ、今、混迷のどん底にいる私たちの心の支えになるに違いない。こうした狙いをもって日本経済新聞は、一九九九年（平成十一年）一月から二〇〇〇年（同十二年）十二月まで、二十世紀の最後の二年間にわたって「20世紀　日本の経済人」の長期連載企画を実施した。

この連載に登場した人物の総計は、のべ九十五人にのぼった。彼らを生年順に整理したものを、日経ビジネス人文庫『20世紀　日本の経済人』『同　II』として刊行している。本書は、版を改めて、その中から五十人を選りすぐったものである。『無から始めた男たち』のタイトルに、私たちのメッセージがより鮮明に込められている。当時の写真を加えて再編集した新版は、文庫版に比べてよりビジュアルになり、時代の雰囲気や彼らの立志奮闘ぶりが、まざまざと伝わってくるはずである。

連載開始当時の日本経済は、第二次世界大戦の敗戦後などと並ぶ、未曽有の危機に直面していた。平成九年の北海道拓殖銀行の経営破綻や、山一証券の自主廃業などから引き続く金融システム不安は深刻の度を深め、日本経済はデフレスパイラル（物価下落と景気後退の悪循環）の入り口に立たされていた。そして、残念ながら、状況はさらに深化している。

「『ジャパン・アズ・ナンバーワン』といわれた日本の強さは、いったいどこへいってしまったのか」「日本はこのまま沈没してしまうのか」「来るべき二十一世紀に向けて、日本が再生する方途は果たしてあるのか」――。経済の血流とも言うべき金融システムの動揺によって、世界にその強さを見せつけてきたはずの製造業はもとより、国内が総じて自信喪失の状態に陥っていた。世界から浴びせられる「日本売り」加速の事態を見せつけられた国民の多くが、言い知れぬ不安、底無し沼の淵に立たされたときに味わう恐怖感にとらわれていた時期でもあった。

「日本の栄えある二十世紀を、こんな風に無残な形で終わらせてしまってもいいのだろうか」「過去百年の間のこの国にも、学ぶべき事柄がたくさんあったはずだ」「今は自信を失ってしまったかのように見える日本人だが、これから先、新たな勇気を持つことはできないものなのか」――。

連載企画は、こんな素朴とも言える意識から始まった。問題はそれをひもとく際の軸を、どこに求めるべきかである。国土や資源に乏しい日本が、世界に誇るべきは「人材」、なかんずく、国や企業を強力なリーダーシップで率いた指導者であることは言うまでもない。私たちはこうして、経済界の巨人たちが二十世紀に残した足跡を辿る旅に出た。そしてそれは、「官と民」や「規制」「世界標準」「市場」「企業統治」「環境」など、今日にも通じる難問に、先人たちがどう真摯に向きあい、それをいかに粘り強く解きほぐしていったかの道筋を学ぶ旅でもあった。

この間、私たちがその風貌に触れたあまたの経済人たちに、おしなべて通じるものがある。第一は「志の高さ」である。彼らにとって至高の目的は「公益」にこそあった。その大義の前においては、自身の利益はもとより、企業の目先の成功などは小さいものに過ぎなかったのかもしれない。

自らの日本再建の意志を貫くため、戦後、国営電力会社の分割、民営による九電力体制の構築に邁進した〝電力の鬼〟松永安左エ門。統制に抗しながら、経済合理性を追い求める松永の孤高は、官と民、ないしは政と民という、今もなお私たちの前に立ちはだかる課題に、大いなる示唆を与える。

あるいは経営の一線から退いた後も、日米関係を基軸とした民間の経済外交に身を捧げた〝日本資本主義の父〟渋沢栄一。また、製錬所の移転や植林事業を推し進めることによって、別子銅山の煙害によって巻き起こった紛争を収めた住友の伊庭貞剛。さらには、自身の会社の枠を超えて、労働、学術、美術など様々な社会事業に莫大な資金を投じた倉敷紡績の大原孫三郎……。

これら先人たちの事績に接するとき、私たちの心が揺り動かされるのは、その理想が高邁であるからだけではない。そこには驚くほどに私心無く、無垢とも言えるほどに純粋な、情熱のほとばしりを見るからなのだ。同時に「志」と表裏一体となって強く感じられるのが、遠く先を見渡す「先見性」

である。磨き抜かれた「感性」と厳しい自己修養のうえに培われた「知性」の産物。これらが備わった先人たちのみに、目線を高く上げて遥か地平線の先を見通すという〝神業〟が許された、と思わざるを得ない。

戦後の荒廃のさなかから、独創的なエンジン技術をテコに世界へ雄飛した本田宗一郎。二十世紀初頭、広告宣伝の力に気付き、知恵と工夫を凝らして日本の食卓に革命をもたらした、味の素の三代目鈴木三郎助。石川島播磨重工業、東芝を建て直し、財界総理として行政改革に道筋をつけた土光敏夫……。

むろん「志」や「先見性」ばかりではない。周囲に右顧左眄することのない「強烈な個性」、未開の荒れ地を切り開く「挑戦心と勇気」、見事なまでに「きれいな出処進退」。そうした経済人たちの、数え挙げればきりがないと言えるほどの足跡を、私たちは丹念に辿り続けてきたのである。

なお、記事中に登場する人物の肩書は、原則として新聞に掲載当時のものを、そのまま使用している。ご了解をお願いしたい。

平成十五年四月

日本経済新聞社

本書の刊行を目前にして、編者の中核であった蓮池修君（日本経済新聞社前産業部長）が逝去いたしました。謹んで本書を蓮池君の遺影に捧げます。

20世紀　日本の経済人〈セレクション〉

無から始めた男たち

——目次

装幀　間村俊一

鮎川義介（あいかわ・よしすけ）

日産グループの創始者

日産グループの創始者、満州国と運命を共にした経営者――。鮎川義介はよく、こう語られる。が、鮎川が戦後精力を傾けたのは、中小企業の育成だった。ベンチャーキャピタルを興し、中小企業の政治的な団結を訴えたのだ。日産自動車がルノーとの提携を余儀なくされ、新産業の誕生に際してベンチャーの役割が求められている。そんないま、あしたの産業にかけた鮎川の生き方に新たな光が当たろうとしている。

東京・一番町のビルに、ハイテク企業を対象にした独立系ベンチャーキャピタルがある。米国のシリコンバレーにも事務所を持ち、投資先は国内外合わせて三百社。米バイオ企業のジェネンティックなど技術力のある企業には、初期段階から投資してきた。

社名はテクノベンチャー。日産グループの創始者、鮎川義介の置き土産である。会長兼社長の鮎川純太は四十歳。義介の孫に当たる。成蹊大卒後、マサチューセッツ工科大大学院で経営学を修め、帰国後は山一証券でM&A（買収・合併）の仲介に飛び回った。

一九九一年（平成三年）、二代目社長だった父弥一（義介の長男）の急死を受けて経営を引き継いだ。「祖父や父の時代には、この仕事はまだ早すぎたかも知れない」という。だが、日本の産業が急速な変革を迫られるなかで、「適切な技術評価ができ、米国とも太いパイプを持つベンチャーキャピタルとして、強みを発揮できる時代になった」と自信をのぞかせる。

この遺産は義介の生き方に結び付く。東京帝大を終えた鮎川が目指したのはエンジニア。少年時代に維新の元勲、井上馨から受けた「これからは技術の時代だ」との薫陶があった。だから井上に勧められた三井財閥入りを断り、あえて芝浦製作所（現在の東芝）に現場作業員として入る。母方の大叔父である井上は、その決意をひときわ喜んだ。

当時のハイテクである鋳物技術を習得するために、日露戦争が終わった一九〇五年（明治三十八年）に米国に渡った。

鮎川は週給五ドルの見習工として、鋳物工場の親方の家に住み込んだ。溶けた鉄を取鍋に受け、駆け足で鋳型に運んで湯継ぎをした。足にやけども負ったという。

帰国後、日本に鋳物技術を移転しようと一〇年（明治四十三年）に戸畑鋳物（現在の日立金属）を創設。その時も社長ではなく「専務取締役兼技師長」の肩書を名乗る。鮎川はよく、入社したての社員の手のひらを握って習熟度を確かめた。「まだ柔らかいな」。鮎川は「鋼のような技術者の手だった」。元社員の一人は亡くなるまで、その感触を忘れられなかった。


鮎川の名は日産自動車の創業者として名高い。合理的に考え抜く経済人の原点は、戸畑鋳物を興すまでに形成されていた。昭和の新興財閥と言われた日産コンツェルンへのかかわりは、それに比べれば偶然の産物とさえ言い得るのだ。

政友会総裁の田中義一（後に首相）から、政界に転身した久原房之助の率いた久原鉱業を任されたのである。同社は資金繰りにも事欠くありさま。鮎川は「自分の命を担保にする」といって金策に駆け回った。

そこで鮎川は新機軸を編み出す。持ち株会社の創設と株式市場からの資金調達である。久原鉱業を日本産業と改め持ち株会社とし、株式を公開してプレミアムを得ようというものだ。

昭和に入り、時あたかも日本は繊維などの軽工業から機械を中心とした重工業への移行期にあった。企業経営も三井、三菱、住友など一握りの家族が支配する財閥の時代は終わった。鮎川は株式公開によって、自ら言うところの「公衆の資本力」を結集し、新規事業へと乗り出そうとした。

新株発行によって得た資本は「無利子の資金」（鮎川）であり、事業の成功にかけたリスクマネー

中小企業のための政策立案を目指した日本中小企業政治連盟の第５回全国大会（中央の演壇に立つのが総裁の鮎川）

である。国産自動車の生産など、危険性を伴う新規事業の資金的な裏付けとなった。
持ち株会社は、事業ごとの資本の効率性を追求する米国型の企業組織だったとも評価できる。三七年（昭和十二年）の時点で日産コンツェルンの株主数は十万人を上回り、旧財閥をもしのぐ規模にのし上がった。

この時代の鮎川は、満州事変以降の国策にも積極的に協力する。旧満州（中国東北部）に軍部が打ち立てた満州国に、日産グループをこぞって移した。明治人の面目が発揮されたとも言えるが、満州進出に際して、彼が米国資本の導入を目指したことは見逃せない。

「満州の重工業の建設資金の少なくとも三分の一、願わくは半分は外資（主として米ドル）に依存すべきである。この結合は相手方と利益を共にすることになるから、将来、戦争の危険にもブレーキの作用をする」（『私の履歴書』）

外資導入は実らず、鮎川の満州での夢はついえた。戦後、彼を待ち受けたのは戦犯容疑であり、二年間にわたる巣鴨拘置所暮らしを余儀なくされる。日産グループの経営からも退くことになった。

巣鴨での鮎川の結論は、中小企業の育成だった。テクノベンチャーの前身となる中小企業助成会を発足させたのは、五二年（昭和二十七年）。戦時中からも個人資産を元に義済会という財団を作り、戦後、現在のソニーの立ち上げの時期にも資金を援助していた。

長男の弥一はこの中小企業助成会を再編し、技術系のベンチャーキャピタルに育てた。弥一は四五年（昭和二十年）東京帝大農芸学科を卒業後、食品化学研究のために渡米した。

弥一はマサチューセッツ工科大で、日本人では戦後初の博士号を取得。その傍ら、日本向けマグロ輸出で稼ぎ、米国のベンチャー経営者と親交を結んだ。

義介、弥一、純太の鮎川家三代には、若い時期の米国体験と技術へのこだわりが不思議に重なり合う。

鮎川が生み、育てた日産自動車は、フランスのルノーの資本を受け入れ、新たに生まれ変わった。日本経済も、重工業の時代から、次の基幹産業を求めてもがいている。

昭和初期の産業構造転換期に生きた鮎川が追い求めた技術志向、ベンチャー精神。曲がり角を迎えた現在の日本で、鮎川の夢は、新たな意味を持ち始めているようにも見える。

中小企業政治連盟を旗揚げ

「よし、当初の資金は私が出そう」。戦後、中小企業を結集した政治団体、日本中小企業政治連盟（中政連）を旗揚げする際のことだ。鮎川義介は日比谷に持っていた自分のビル、日産館を売りに出した。売却代金の中から当時で五億円を当初の活動資金として提供した。

中小企業のための政策立案を目指した中政連には、二十歳代を中心にオルグが集まり、全国を駆け回った。事務局は最盛時、百二十人近くにのぼった。

「企業経営を国家に直結させた鮎川さんは、中小企業を生かしてこそ復興があるとの信念を持

鮎川義介

●年表

1880　山口市に生まれる
1903　東京帝国大学工科大学機械科卒、芝浦製作所（現東芝）入社
1905　米国に渡り、鋳物事業を実地調査（７年まで）
1910　戸畑鋳物（現日立金属）を創設
1913　結婚
1927　久原鉱業（後の日本産業）、日立製作所の取締役に就任
1928　日本産業社長、日立会長に
1933　日本産業と戸畑鋳物の共同出資で自動車製造（現日産自動車）を創設し、社長に
1937　日産を旧満州（中国東北部）に移し、社名も満州重工業開発と改める。同社総裁就任。エッセー集『物の見方考え方』を出版しベストセラーとなる
1941　国内生保の出資を仰ぎ満州投資証券を創設、日産の事業を買い戻す
1945　終戦に伴い戦犯容疑を受け、巣鴨拘置所に拘留される（47年に釈放）
1952　中小企業助成会を創設し、会長に
1953　参院議員に。道路計画調査会を設立し会長就任
1954　帝国石油社長に
1956　日本中小企業政治連盟総裁に
1959　二男の選挙違反問題の責任をとり、参院議員辞職
1967　２月13日、86歳で逝去

っていた」。当時、八十歳近い鮎川の情熱に動かされ、中政連にオルグとして飛び込んだパナホーム神奈川中央顧問、篠原庸二の述懐である。

鮎川の選挙演説にも信念がほとばしっていた。連呼を繰り返すのではない。耳を傾ける聴衆を指さし、「あなた、私に投票しなさい」。当時、事務局で働いた三和総合研究所顧問の村口勝哉も「何事も自分で確かめ、自分の道を歩かなければ気が済まない人だった」と表現する。

中政連運動は自民党と社会党の間にあって、今でいう「第三極」を目指す。しかし、ついに大きな流れとはなれなかった。

非運は中政連が大量の候補を立てた一九五九年（昭和三十四年）の参院選で訪れた。鮎川自身がお金に執着を持たない人物だったことが結果的に災いし、中政連から参院選に立候補した二男、金次郎の運動員から、大量の選挙違反を出してしまったのだ。義介は不祥事の責任をとり、潔く議員を辞職する。

選挙違反事件がなくても「自民、社会両党の間で中政連運動は、切り崩されてしまっただろう」との指摘はある。が、九八年、霞が関から独立した中小企業団体、新産業人会議を設立したベンカン会長の中西真彦は、「中小企業を軸に経済の構造を変えるには、力を結集する必要がある」と語り、鮎川の先見性を高く評価する。

鮎川は政治との関係でも常に理想を求めた。そのメッセージは、いまも死んでいない。

浅野総一郎（あさの・そういちろう）

臨海工業地帯を開発した父

セメント王、浅野総一郎を人はまた資源再生王ともいう。「世間に使えないものはない」と、コークス、コールタールなどの廃物を利用し商いにしたからだ。それで得た資金を元に、土木や製鉄などへも事業を広げ、浅野財閥を築き上げた。二十世紀初めには、日本の臨海工業地帯開発の先駆け、京浜地区の埋め立てや港湾建設も完成させた。「稼ぐに追いつく貧乏なし」を体現し、事業家の道を走り続けた。

浅野総一郎の生涯を描いた書に、『人われを事業の鬼と呼ぶ』（若山三郎著）があるが、その事業家魂は、幼くして醸成された。

寒ブリで知られる富山県氷見（旧藪田村）の医家に生まれながら、医の道ならぬ商いの道に心引かれた。目指したのは、江戸時代に北国の商圏を支配した豪商、銭屋五兵衛。自らも二十歳にして北陸一帯の物産を手広く扱い、五兵衛のように名を成すほどだった。だが、好事魔多し。商才におぼれ、拡大主義に走っては失敗の繰り返し。ついには巨額の借金を抱えた。「あいつは損一郎だ」との声を背に、夜逃げ同然で東京に出たのが一八七一年（明治四年）の夏だ。

裸一貫、本郷に身をおいた浅野は、下宿先である大塚屋の大熊良平から手早く稼げる方法を習った。ただで手に入るお茶の水の名水に砂糖を入れ一杯一銭で商う「冷やっこい屋」だ。

これで糊口《ここう》をしのぎ、その後、横浜に薪炭、石炭店を開いた。ここから、ただの物や廃物を活用する事業に拍車がかかる。水に続いては、竹林の余り物、竹の皮でみそや和菓子用の包みをつくった。また、石炭や薪炭の納入先である横浜瓦斯《ガス》局などが処理に困っていた石炭の廃物コークスは、東京の官営深川セメント工場の技師、鈴木儀六の協力で、セメント製造の燃料として用いる方法を開発。これを同工場や製紙会社などに積極的に売り込むようになった。同じ廃物のコールタールからもコレラの消毒薬をつくり、利益をあげた。

コークスが取り持つ縁で一八八四年（明治十七年）、経営が行き詰まった深川セメント工場の払い下げを受ける幸運を得た。実現を後押ししたのが渋沢栄一だ。渋沢は王子抄紙会社（現王子製紙）との燃料取引を通じて、浅野の仕事ぶりを見込んでいた。

これが太平洋セメントの前身の一つ、浅野セメントの始まりである。「浅野はセメントが建設資材の柱になることにいち早く着目。欧米の先端技術にも目を配り、積極的に導入した」（国立科学博物館理工学第四研究室長の清水慶一）

積極的な設備近代化策が功を奏し、扇マークのアサノセメントは内外に販路を拡大。景気変動の波にもまれながらも、同社は明治・大正期に急成長を遂げた。水力発電所、港湾改良、鉄道建設工事などで需要は急増、一九二九年（昭和四年）には百四十万トン超と、全国生産高の三七％以上を占めるまでになった。

セメント業での成功が産業資本家としての浅野の地歩を固めたとすれば、その声望を高めたのは、川崎・鶴見地区の京浜埋め立て地造成、港湾事業である。

「浅野こそ、港湾と工場を一体化した日本初の臨海工業地帯をつくった人物。日本の近代化を支えた臨海工業地帯開発の理念は、彼が出発点だ」。関西国際空港顧問の竹内良夫は、足跡の大きさをこう評価する。

臨海部開発に情熱を燃やすきっかけは、一八九六年（明治二十九年）から九七年にかけての欧米視察である。ロシアや英、独、米国など各国で、巨船が横付けする港湾開発の発展ぶりを目の当たりにしたとき、受けた衝撃は大きかった。

「ロンドンのテームズ川の両岸に一、二万噸《トン》級の巨船が悠々碇泊して居る壮観を眺めて驚いた。……

日本の臨海工業地帯開発の先駆けとなった川崎・鶴見の工業地帯（昭和初め）

欧米の港は何処《どこ》に行くも皆此様《このよう》に理想的な設備が施されて居ます」だが、横浜港に戻ると、まだ何十艘《そう》ものはしけ船が櫓《ろ》をこぐ姿。隣の外国人に「あれは何だ」と尋ねられたという。

屈辱感すら覚えた浅野は、間髪入れず、東京、横浜間の沿岸部を調査。政府に頼らず、自力での事業計画を思いつく。それは、川崎から鶴見にかけて遠浅の海岸を埋め立て、運河を開削し、生産と運輸を直結する一大工業地帯をつくるという構想だ。

港では、一万トン級の船が横付けして原料や製品を積み下ろす。「製品を自ら輸送することに、強い執着を持っていた」（鹿児島大学助教授の渡辺恵一）浅野らしく、陸には工業地帯と結ぶ道路や鉄道を敷設し、群馬や山梨に水力発電所をつくって、電力を供給する。壮大な事業だった。

この大規模計画に神奈川県は当初、二の足を踏んだ。だが、近代港湾技術の権威である東京大学教授、広井勇の技術的なお墨付きと、安田善次郎や横浜の財界人ら大物の支援ぶりをみて、ゴーサインを出した。

東京湾埋立会社（現東亜建設工業）などの手で進められた埋め立て工事は、大正から昭和の初めにかけて約十五年間に及ぶ年月をかけて、ようやく完成した。

完成後、浅野セメント、日本鋼管、浅野造船所など関連企業や日清製粉、東京瓦斯などが次々に進出。やがて日本一の京浜臨海工業地帯の中核となる。今日のＪＲ南武線、青梅線、鶴見線など、物資輸送を担う社会基盤も数多く残した。

「此の埋立地なるものは私の最も好きな一種の廃物利用で、自然の力に依って埋立てられるべき性質のある場所に人工を施すのであるから、工事は極めて容易で、工費も亦《また》低廉である」(『父の抱負』)。浅野は、廃物を利用した埋め立てのもう一つの意義も強調している。

浅野は江戸、明治、大正、昭和の四代を疾風のように駆け抜けた。「努力と忍耐」をモットーに働き抜き、一代で関連企業五十社以上の浅野財閥を築いた。その事業は一九三〇年(昭和五年)、彼が八十二歳の生涯を閉じると、息子の泰治郎に引き継がれている。

はるかに東京湾を望む横浜・浅野学園に、高さ三メートル余の浅野の銅像が、川崎・鶴見の埋め立て地を見下ろして立っている。そこには、大量の産業廃棄物や生活ゴミに苦悩する日本列島の姿の一端が見える。今、浅野が生きていれば、この光景に接して、どう事業意欲をかき立てるのだろうか。

渋沢と安田が後ろ盾

若き起業家が一人前の事業家に成長する過程では、先達の物心両面にわたる支援が強力な武器になる。浅野総一郎も例外ではない。ときの経済界の重鎮だった、二人の応援者がいた。渋沢栄一と安田善次郎である。

第一国立銀行頭取で、王子抄紙会社の社長もしていた渋沢は、同社技師でおいの大川平三郎から話を聞いていた浅野に強い関心を示していた。「一度会ってみたい」。ある夜、自宅を訪れ

浅野総一郎

●年表

1848　３月10日（旧暦）、富山県氷見郡藪田村（現氷見市）に、父泰順、母リセの長男として生まれる。幼名泰次郎
1866　近村の豪農、鎌仲惣右衛門の長女と結婚、惣右衛門の養子となり、惣一郎と改名
1868　前年創設の産物会社破たんで、鎌仲家と離縁
1871　上京して、冷やっこい屋開業
1873　鈴木サクと結婚。横浜で薪炭・石炭販売業を始める
1884　官営深川セメント工場の払い下げを受ける
1893　総一郎と改名
1898　深川セメント工場を合資会社に。安田善次郎から財政的支援を受ける
1904　川崎・鶴見埋め立て計画を神奈川県に認可申請
1913　合資会社を株式会社浅野セメントに
1916　浅野造船所（現日本鋼管）創立
1918　浅野同族会社を設立
1920　鶴見埋築会社を東京湾埋立会社（現東亜建設工業）に改称
1927　川崎・鶴見埋め立て工事完成
1930　11月９日、食道がんで死去。享年82

た浅野に、渋沢は「東京で飯を食う以上、腕で飯を食う心がけが肝心だ」と話した。

浅野はこのひと言で、渋沢に心酔する。その庇護で実業界に進出してからも、何をおいても真っ先に相談した。そして深川セメント工場の払い下げや川崎・鶴見の埋め立て事業、各地の鉄道建設、常磐炭鉱開発、水力発電所事業などの重大な局面で、その支援を得る。

安田との交わりが深まったのは一八九八年（明治三十一年）、浅野セメントを合資会社に衣替えする際、十万円の出資を仰いだころからだ。同じ富山県の出身で、青雲の志を抱き、上京したところも共通していた。

両替商から身を起こした十歳年長の安田は、安田銀行（後に富士銀行、現みずほFG）を創設、既に経済界の有力者だった。彼が渋沢と共に、セメント事業の設備近代化を支援したのは、公共の利益のために事業にまい進する、浅野の事業家魂への共感があった。

安田の後押しが威力を発揮したのは、一九一六年（大正五年）。浅野セメントの製造能力を一気に四倍にする設備計画を打ち出した時である。「無謀だ」という空気が役員会を支配するなかで、安田は「私は浅野さんの説に賛成します」と発言。それが流れを変えた。

東京築港計画など、時に過大と思われることもあった浅野の事業計画だが、二人の理解と支援で実現することがしばしばだった。

「これからは、安田翁の分まで二人前働く」。二一年（大正十年）、安田が神奈川県大磯の別荘で死去したとの報を聞いた時、浅野は落胆の思いを抱きながら、こう誓ったという。

池田成彬（いけだ・せいひん）

三井財閥の近代化に功績

三井銀行の一時代を築いた池田成彬は、金解禁のとき経済行為にすぎないドル買いを「国賊」と非難され、右翼、軍部に命をねらわれた。時代の要請にこたえて三井財閥を改革して辞任するも、その人格、識見に政界上層部の信頼は厚く、時局打開の期待を集めて日銀総裁、ついで蔵相・商工相に担ぎ出されたが、時はすでに遅かった。「三井の池田」は日本資本主義発達史における光と影である。

福沢諭吉の甥、中上川彦次郎が三井銀行にスカウトされて三井財閥の近代化と発展は始まった、といってよい。果断・実行の人である彼は、卑屈な「前垂れがけ」精神を一新しようとした。例えば官尊民卑の給料是正、人物本位の人材登用、慶応義塾など大卒の大量採用、顕官との腐れ縁の断絶等々。そして工業部を設けて産業資本の育成をはかる。ところが益田孝の商業主義と対立。恩人の井上馨も三井家も敵にまわして失意のうちに四十七歳の若さで病死した。その中上川に認められ、長女艶《つや》を嫁にもらったのが池田成彬である。

ふたりは同じ慶応出身ながら、福沢との距離はよほど違う。池田は米沢藩士の子弟で、儒教どっぷりの剛直なサムライ。入塾早々「君たちは巧言令色をしなければならん」という福沢の演説に「何たるバカなことを言うのか」と心底、腹を立てた。

東京大学に入るため、慶応義塾の別科を卒業したあとも英語を一生懸命やったが、ちょうど慶応に大学ができたので入学。語学力を買われて米国のハーバード大学に留学した。帰国して福沢の時事新報に論説記者で入るが、念願のジャーナリストも「月給二十円では食えぬ」と三週間ばかりで退社。ドライなようだが、むしろ福沢に対する反感が強かったらしい。

そして三井銀行入社。本人は「別に私は銀行に入りたいという気持ちはなかった」から、話題といえば料理屋、芸者、株、あとは帳面つけとソロバンとあって「実に不愉快、なんべん辞表を出そうか」と思ったが、時事新報の一件で父親にガツンと言われていたから我慢した。

それでも自信満々の彼は「あとから入った人がどんどん支店長、次長になっていく」と不平をもらすうちに大阪支店赴任。中上川は「仕事はいい加減にしておけ。大阪というものについて観察をし、支店の動きをみておれ」と内命を与えた。足利支店長のあと、欧米銀行業務の調査のため一年二カ月、出張。この成果は銀行の業務近代化に大いに役立った。

中上川の死も、池田に影を落とさなかったのは本人の実力である。本店営業部長を経て四十二歳で常務、五十二歳で筆頭常務に昇進した。三井銀行は日露戦争後、保守的な方針で他行に後れをとった。池田が常務になったとき、合名組織から株式会社に改組し積極方針に転換する。預金利率の引き下げや外国為替業務で金融界をリード。電力など基幹産業へも融資した。

〝電力の鬼〟といわれた松永安左ヱ門は「水力発電という新しいものに、大金がかかった。池田さんのような人が出なかったら、できなかったということは事実です」と語っている。

第一次世界大戦では巨額の輸出超過で金融緩慢となって銀行間競争が激化した。池田は反動不況に備えて増資と株式公開に踏み切る。「銀行は単なる三井家の所有物であってはならない」と考えていたからだ。

反動不況があり、関東大震災があった。だが、政府は場当たり的な政策に終始し、企業合理化の抜本策は見送られた。次第に時代の影が池田をとらえていく。まず鈴木商店の不良貸し付け整理、台湾銀行へのコール引き上げがパニックの端緒になったと非難された。経済合理性は「集中独占の強化」と糾弾され始める。ドル買い事件は、その延長線上に起きた。

第一次大戦で各国が金輸出を禁止し機能を停止した金本位制は、戦後、主要国が復帰して、日本でも論議がやかましく、浜口内閣のとき蔵相の井上準之助が金解禁に踏み切った。政府は景気が良くなると宣伝したが、これはミスリードだ。池田は賛成論者だが、金融引き締めを前提に「この機会に思い切って財界の整理をしなければ日本の産業がダメになる」とみていた。

金解禁は失敗した。世界恐慌が起きたからだ。その結果「糖尿病と腎臓病を併発したような形」になったと経済評論家の高橋亀吉は指摘している。金解禁維持なら金融を引き締め、恐慌対策なら緩和しなければならない。英国が再禁止したときに日本もやめるべきだったが、井上は突っ張った。猛烈なドル買いが起きる。三井銀行は英国に投資した八千万円近くが凍結され、ドル先物約定を履行するためにドルを買った。当然の経済行為だったが、それが非国民的投機と攻撃された。

巨額の正貨流出、物価低落、生産減退、失業。ことに農村の窮乏が青年将校や民間右翼にテロの口実を与えた。血盟団事件、十月事件、五・一五事件、神兵隊事件、二・二六事件。昭和の動乱で「三井の池田」も命をねらわれる。浜口首相が襲撃され、井上準之助と団琢磨が暗殺された。

三井合名理事長、団の死で長老益田孝が後任に推したのが池田だった。彼は三井報恩会の設立、株式五十万株の公開、三井家の人々の一線からの引退など思い切った財閥改革をするが、三井十一家との折衝に疲れ、二・二六事件の風当たりに耐えきれず、持病の胆石もあって辞任を決意、合名と直系六社に「停年制」をしいて、自らも引いた。

だが、政界上層部には彼の声望を頼む声が強く、林内閣のとき「陸軍に経済機構の根本を壊されてはならん。ご奉公だと思って」日銀総裁に就任する。しかし、胆石が悪化、半年で去った。その後、健康を回復し近衛内閣の蔵相・商工相を兼務して急激な統制強化に反対する。近衛が内閣を投げ出したあとも内閣参議として平沼内閣に協力、親米、反軍部の姿勢を貫く。池田首班の声もあったが、実現しなかった。

戦後、A級戦犯容疑者に指定されたが解除。首相の吉田茂は「おみくじを引く」と称して、追放中の池田を訪ねては教えを請うている。葬儀のとき「古武士の風格をもった財界人は、これでいよいよたね切れの感がある」と新聞は評した。

「セイヒン」私利に恬淡

池田成彬の名前は「しげあき」が正式で、通称「せいひん」とされる場合が多いようだ。しかし、本人が『財界回顧』で語っている由来はこうである。

「私は三遍、名前が変わった」。生まれた時は運太郎。これは池田家の養子にきた父成章の出世が速く、町奉行にまでなったのを喜んだ養家の祖父が、ちょうど生まれた孫につけた。しかし、さすがに変だというので、父の貞吉をとり、さらに愼平にした。米国留学前にもう一度変えたのが成彬である。

池田は「文質彬々（内容・外見ともに良いさま）」から彬の一字を使いたかったが、戸籍法がすでにやかましく、父の名前の一字をとるならいいと言われた。だが「なりあきら」は大げさでいやだがほかにいい訓もないから、自分でも「セイヒン」と呼んでいた、とある。

●年表

1867	7月16日（旧暦）、米沢藩士池田成章の長男に生まれる
1886	慶応義塾別科へ入学（88年卒業）
1890	慶応義塾大学入学、米ハーバード大学留学
1895	ハーバード大卒、時事新報に入社し、すぐ退社。三井銀行入社
1897	足利支店長
1898	欧米銀行制度視察（99年帰国）
1904	本店営業部長
1909	常務取締役
1919	筆頭常務
1933	三井合名常務理事、三井報恩会設立
1936	三井に「停年制」導入、自らも辞任
1937	日銀総裁、内閣参議
1938	近衛内閣の蔵相兼商工相
1941	枢密顧問官
1945	A級戦犯容疑者指定
1946	戦犯指定解除
1950	10月9日、腸潰瘍で死去、83歳

艶夫人は「名前を聞いたら《セイヒン》というのでしょう。だから清い貧乏と書くのかと思っておったのです」と語っている。池田成彬伝記刊行会は「せいひん」説である。

高給取りの彼は「清貧」ではなかったが、三井銀行を辞めるまで口座が当座借り越しになっていた。給料の多くが付き合いに消えた。自腹をきったわけだ。それがスケールの大きい人脈づくりに役立った。

営業部長当時、早川専務理事が「あなたは貯蓄しておりますか?」と聞いた。「ええ貯蓄しております」と言うと怪訝《かいが》な顔をされた。そこで「いや私の貯蓄というのはあなた方の貯蓄とは違う。私は方々に顔を出しております。そういう方にインヴェスト（投資）しておるから、何時三井をやめさせられても、行き所が幾らでもあります」。実力があればこそのセリフで、さすがにいやな顔をされた。

儲け話を藤山雷太らから持ちかけられたが全部、断った。「してみると私の一生というものは金儲けのツルを避けて歩いたようなものである」。また「私はいまだかつて自分の地位について運動したということは一遍もない」とも言っている。

三井合名を辞めて重役待遇になったが、日銀総裁のときそれを辞退。総裁を辞めたので「困っているだろうから」と三井家当主が金を届けたら断ったという。私利に恬淡《てんたん》、誇り高い清廉の人であった。

池田勇人

（いけだ・はやと）

「所得倍増」が内閣の旗印

戦後、この国がまだ貧しかったころのこと。豊かな生活づくりの旗を高く掲げ、かけ抜けていった政治家がいた。池田勇人である。六〇年安保で混乱した岸内閣のあと「所得倍増」という魅惑的なキャッチフレーズで人々を引きつけた。国民に大きな夢を与え、高度成長に向かって時代をぐいぐい引っ張っていった。経済大国ニッポンの出発点は、まさにここにある。

米国大使館と道を隔てた東京・赤坂の日本短波放送会館。その五階にあった宏池会の事務所で、一九九九年末まで毎月第一、第三土曜の午後、年配の紳士が経済の勉強会を開いていた。池田内閣の「所得倍増計画」をつくったとき、下村治のもとで基礎データをまとめた、神谷克己（東北福祉大名誉教授）ら大蔵省OBが中心メンバーだ。

宏池会。一九五七年（昭和三十二年）に池田勇人がつくり、前尾繁三郎、大平正芳、鈴木善幸、宮沢喜一、加藤紘一、堀内光雄と領袖は代わったものの、四十年以上にわたって続く自民党の派閥である。その事務所で、所得倍増計画を支えた面々による、定期的な集まりが持たれていたのだ。

「私の主張は、いま月給をすぐ二倍に引き上げるというのではなく、国民の努力と政策のよろしきを得れば、生産性が向上し、国民総生産（GNP）、国民所得がふえ、月給が二倍にも三倍にもなる、というのである」

「無用不当に経済の成長力を抑えないこと、できるだけ各種の統制、制限をやめて、国民の創意と工夫を生かすこと、道路港湾、工業用水、衛生施設、科学技術の振興はもちろん、住宅その他の施設の充実につとめることによって、国民所得においても西欧にここ数年間で追いつきたい。これが政治家としての私の夢である」

五九年（昭和三十四年）三月九日付、『日本経済新聞』朝刊一面の「経済時評」に寄稿した池田は「私の月給二倍論」を高らかにうたい上げた。

後に所得倍増計画と呼ばれる月給二倍論が最初に飛び出したのは、その二週間前。二月二十二日だ

1960年７月19日、第１次池田内閣発足。最前列に立つのが池田首相

った。広島市内での記者会見で触れ、その夜、袋町の小学校の講堂で満員の聴衆に訴えた。参院選の応援演説だった。これが話題となる。詳しく説明するため執筆したのが、『日本経済新聞』への寄稿文だ。

広島での演説は、こんな風に始まった。

「みなさん。お忙しいでしょうが、私の話をちょっと聞いてください。みなさんの月給が二倍になるという話をいたします。われわれは灰のなかから立ちあがりました。苦しかったあのときの状況を思いだしてください……」

振り返ると、この演説こそが、経済大国に向け日本が走り出す号砲だった。月給二倍論。その誕生の裏には、人間臭いドラマもあった。主演・池田勇人、演出・田村敏雄、脚本・下村治――。この三人が織りなす物語である。

田村敏雄。一八九六年（明治二十九年）京都府に生まれた。東京高師を卒業後、東大文学部に入り直し、さらに経済学部も終えて一九二五年（大正十四年）大蔵省に入る。同期に池田がいた。池田が、がらっぱちな野人なら、田村はマルクス経済学に詳しい、もの静かな学究タイプだ。

時代は下って三二年（昭和七年）。田村は、東条英機らと並んで「二キ三スケ」と呼ばれた星野直樹らとともに、当時の満州（中国東北部）に渡る。そのとき、池田は病気で休職中だった。もし元気なら田村ではなく、池田が行っていたかもしれないといわれる。そうなれば、二人の人生は間違いなくがらりと変わっていた。

田村は終戦後シベリアに抑留され、五〇年（昭和二十五年）に帰国、舞鶴港に着く。新聞を開くと「池田蔵相」とある。帰京して、大蔵省同期の山際正道（後の日銀総裁）を訪ねた。どこの池田かと聞くと、返ってきたのは、出世コースを外れていたはずの、あの池田の名前。驚きは一様ではなかった。

田村は池田の手助けをするようになる。宏池会の事務局長におさまり、政策づくりの参謀役を務めた。

下村治。一〇年（明治四十三年）佐賀県生まれ。東大経済学部を卒業し、三四年（昭和九年）大蔵省に入る。戦前、すでにケインズの講読会を主宰していた。下村を池田と結びつけたのが田村だ。田村は池田の経済の勉強会をつくろうと計画し、下村にメンバーに加わるよう求めた。

初会合は五八年（昭和三十三年）七月十日、赤坂プリンスホテル旧館の二階で開かれた。高橋亀吉らも加わったこの会は、木曜日の昼に開かれたことから「木曜会」の名がついた。

「池田君、ここでは、君にはいっさいの発言を認めない。勉強会だから、黙って話を聞いてほしい」

思わぬ田村の言葉に、池田はあっけにとられた。池田は経済に絶対の自信を持つ。経済をしゃべり出したらとまらない。それを黙っていろというのである。

議論をリードしたのは下村だった。最初の会合に池田は出席したが、その後は議論の模様をテープにとって聞いた。黙って話を聞くことに、耐えられなかったのに違いない。

当時、秘書になりたての伊藤昌哉は、東京・信濃町の自宅の食卓で、二時間近いテープに聞きいる池田の姿をよく覚えている。テープはそのうちメモになり、翌朝、田村が届けに行くようになった。下村理論を池田なりに消化して出てきたのが、月給二倍論だった。

「経済のことはこの池田にお任せください」

「私はうそは申しません」

池田は政治に経済を持ち込んだ、初めての政治家だった。あのガラガラ声とともに、時代を強力にリードした。「政治家としての夢」を語り、それを実現していった。国民に夢を与えられなくなっている今の政治家には、こんな池田の姿はどう映っているだろうか。

病の挫折からはい上がる

人生とはわからないものだ——。池田勇人の歩んだ道を振り返るとき、そんな風にしみじみと感じてしまう。

始まりは旧制高校の入試である。当時、ナンバースクールは共通試験。池田は一高を目指して受験する。受験地の名古屋で、同じ宿に泊まったのが佐藤栄作だった。

ともに第二志望の熊本の五高に回され、池田は一学期で退学、再受験する。ところが、翌年も結果は同じ。一年遅れで五高生活を始めた。佐藤は二年に進級していた。

大学も東大受験に失敗、京大法学部に進む。そこで高文（高等文官試験）を目指して勉強に

●年表

1899　広島県吉名村（現竹原市）に生まれる
1918　第五高等学校入学
1922　京都帝国大学法学部入学
1925　大蔵省入省
1945　主税局長
1947　大蔵次官
1949　衆院議員に初当選。第3次吉田内閣の蔵相に就任
1950　内閣改造で蔵相留任。「貧乏人は麦を食え」発言
1952　第4次吉田内閣で通産相。「中小企業が倒産し、思い余って自殺するようなことがあってもやむをえない」と衆院本会議で発言。不信任案可決、辞任
1953　第5次吉田内閣発足、自由党政調会長。訪米、池田・ロバートソン会談で日本の自衛力漸増方針決まる
1956　石橋内閣で蔵相
1957　第1次岸内閣で蔵相再任。宏池会結成
1958　第2次岸内閣で国務相
1959　内閣改造で通産相
1960　自民党総裁に選出、第1次池田内閣発足。衆院解散・総選挙。第2次池田内閣発足。「所得倍増計画」を閣議決定
1962　総裁選で再選
1963　衆院解散・総選挙。第3次池田内閣発足
1964　総裁選で3選。築地がんセンター入院。東京オリンピック。内閣総辞職、佐藤内閣発足
1965　65歳で死去

励み、大蔵省に入った。一高―東大が多い中で、五高―京大は傍流。池田は決して先頭集団ではなかった。

しばしば「おれは赤切符だから、がんばらないとだめだ」と語っていたという。むかしの国鉄は一等車から三等車まであって、三等車は赤切符だった。

しかも、池田は入省五年目、からだ中に水泡ができる落葉性天疱瘡《てんぽうそう》という珍しい病気にとりつかれる。生死の境をさまよい、退職を余儀なくされる。

役人生活に見切りをつけた。日立製作所への再就職も決まり、病気全快のあいさつで東京に出てきた際、三越に立ち寄る。これが運命のときだった。池田は公衆電話をみかけ、ふと大蔵省にかけた。

「生きていたのか。復職は何とかするから、戻ってこい」

「税務署の用務員もいといません。よろしくお願いします」

遅れること五年。しかし、決して絶望せず、生き抜く――。ここからが池田の真骨頂である。税金一本ではい上がっていった。終戦の年には主税局長になり、同期にほぼ並んだ。池田が出世街道から外れていたから、終戦時には追放されることもなく、局長、次官に上りつめたというのは、必ずしも正確ではない。

石橋湛山蔵相のもとで大蔵次官になる。政界に転身すると、当選一回で日清紡績会長、宮島清次郎の推薦で吉田内閣の蔵相に就任。その後は一気呵成だった。

努力七分にツキ三分。池田の生きざまには、どこか人に希望を与えるところがある。

石坂泰三（いしざか・たいぞう）

高度成長期の「財界総理」

戦後の日本が達成した驚異的な経済成長。この軌跡をたどるとき、一人の経済人の像がくっきりと浮かび上がる。石坂泰三である。高度成長期に経済団体連合会の会長として「各論反対」に走りがちな産業界を、総論で束ねるという強力な指導力を発揮した。「財界総理」。今日においてすっかり死語となった感のあるこの形容詞がぴったり当てはまる、偉丈夫で存在感あふれる人物であった。

「大不況の壁の前で、揃って足踏みしているのではなく、広い野原へ連れ出してくれる大きな人に会ってみたい。王道や大局をつかむ力があり、懐の深い人に――」。作家の城山三郎は、自著『もう、きみには頼まない　石坂泰三の世界』の後書きで、なぜ石坂について書いたかの理由を、こう述べている。

海図なき航海を続ける日本。だからこそ、石坂のような先行きへの確かな見通しを持った、気骨ある指導者を待ち望む声は強い。

「いまの世の中で政治が一番悪い」「外国人が四十億、五十億円の株を取得しても大したことはない。制限を撤廃して堂々とやるべきである」「経済道義の高揚、いまの日本の財界に一番欠けているのはこれだと思う」――。歯に衣を着せぬその語録が今日の時代を見通し、将来への新鮮な警鐘として響いてくるのだ。

石坂の経済人としての開花は早かった。が、爛漫期の訪れは、むしろ人生の後半である。

役人嫌いで鳴らした人物の仕事人生の始まりは、皮肉にも「鶏口となるも、牛後となるなかれ」と選んだ逓信省（現総務省）役人だった。だが、東京大学時代の恩師、岡野敬次郎らの勧めもあり、わずか四年で第一生命に転身する。このときばかりは最愛の妻、雪子も「私は官吏と結婚したのに」と嘆いたという。

五十三歳で社長に就任。その後、業界中位だった第一生命を日本生命に次ぐ業界二位の大手に成長させるなど経営の才を大いに発揮した。ただ、経済界にその存在を強く認識させたのは、第一生命退社後、約二年の浪人生活を経て、東芝社長に就任してからだ。

戦後のパージの嵐が吹き荒れ、企業の世代交代が進んだ時代。第一生命時代に東芝の社外重役を六年近く務めていたことが、「社長は東芝在籍五年以上の者から選ぶ」という条件を満たしていたため、白羽の矢が立ったのだ。一九四八年（昭和二十三年）六十二歳のことだった。

東芝は泥沼の労働争議が続き、日本の労使決戦の天王山といわれたところである。徒手空拳で組合にぶつかり、難事を解決した。

その後、東芝は急速に立ち直る。その鮮やかな手綱さばきへの高い評価が「経団連会長に石坂を」の財界世論を高めた。固辞するが、「三分の俠気《きょうき》のしからしむるところ」（『私の履歴書』）で引き受けることに。七十歳だった。


石坂を語るとき、その硬骨漢ぶりを示す逸話には事欠かない。自らの信念の下、相手が先輩であれ、肩書がどうであれ、筋が通らないことに一切妥協をしなかった。こんな話がある。

戦後、東京・日比谷の第一生命ビルが連合国軍総司令部（GHQ）に接収されたときのこと。マッカーサーが社長室を気に入り「この部屋を使っていた人間に会いたい」という。話を伝え聞いた石坂は「いかねえよ。用があるなら、こっちへ来ればいい」と一言。なぜかその後、追放の仮指定を受けてしまう。

国有地での経団連会館の建設を巡っては、時の蔵相水田三喜男に「もう、きみなんかには頼まない」と雷を落としたこともあった。

一方で、日銀総裁や国鉄総裁、さらに五三年には、政治家嫌いの石坂としては珍しく肝胆相照らす仲だった首相の吉田茂から、「必親展」の文で、大蔵大臣就任を請われるなど、官職への要請も絶えなかった。

石坂は「言語明瞭」である。そのせいで経団連会長に就任早々、嵐を呼んだ。「経済の基本はまず豊かになること。日本経済のポテンシャリティを信じ、拡大に全力を注ぐと同時に、経済秩序、道義、企業モラルの確立を図る」。この発言が、自由化慎重論が根強い政財界に波紋を投げかけたのだ。

それでも、一日も早く日本が国際経済の一員に成長すべきだ、との熱い思いは変わらない。そして慎重論に抗しながら、国際収支不均衡の是正、資本・技術の自由化、対外経済協力と経済交流推進など、今日の国際化の礎となる路線を打ち出していった。

周囲の声を押し切り、山下太郎のアラビア石油プロジェクトを支援。その遺志を汲んで同社社長になったのも「第二次大戦の突入は、日本に石油がなかったため。将来も石油は経済の血液で日本の発展に不可欠」との大局論からだ。

「僕は日本にいるときよりは外国に行くともてるんだよ。ストレスも外国の方がないね」という国際派経済人でもあった。英語とドイツ語に堪能で、欧米経済人らとのコミュニケーションを楽しんだ。

「これから幹部になろうという者は、相手の言葉だけでなく、文化、歴史、政治、経済といったものをよく勉強しなくちゃいかん。もちろん、その前に自分の国のこともよく知っていなくては」が口癖だった。

国際派としての真骨頂は、日本初の国際的な博覧会である、大阪万国博覧会の会長を引き受けたときに遺憾なく発揮されている。

齢八十に近く、成功したところで会長に何のメリットもないといわれながら、あえて「火中の栗」を拾ったのは、自ら旗振り役を担いながら成長させてきた日本経済の姿を、国の内外に堂々と示したい、という思いからだった。

お飾りどころか行動する会長だった。協会の職員たちを鼓舞し、彼らのためになるなら労をいとうこともなかった。「本来、政府の仕事ですぞ。百億でやれといわれれば百億のものを、一億でとあれば一億のものをつくる。こちらはそれだけのこと。それでいいんですか」。自ら首相官邸に乗り込み、佐藤栄作にこう談じたのは余りにも有名だ。

石坂の陣頭指揮を得て、大阪万博は「巨額の赤字を抱えるのは当たり前」という定説を見事に覆した。

「人類の文化、歴史が選んだもの――その〝よいものはよいのだ〟という〝明治男の心〟である。こんなところに、豪快なエネルギーの〝再生工場〟があったのである」。石坂の経団連会長就任時に取材で知り合って以来、深い付き合いだった武石和風は、その著『石坂泰三』で、「無事是貴人」を人生訓にした人間石坂をこう評している。

石坂泰三

1970年３月15日、大阪万博初日にテープカットする石坂

好学の士、教育にも熱

「勉強好きで、良き明治の教養人という風格を持っていました」。長男の一義(ケンウッド相談役)は、父泰三をこう評する。その実像を示すように、四男泰彦(阪急百貨店特別顧問)が所蔵する東大法学部時代のノート類には、英語、独語交じりの特徴ある小さな字で、丁寧に講義内容が書き込まれている。

旧制東京府立第一中学(現都立日比谷高校)時代には、作家谷崎潤一郎や詩人吉井勇、仏文学者辰野隆らと親交を結ぶ。旧制第一高校(現東大教養学部)時代は、カントやヘーゲル哲学をはじめヒルティの『幸福論』、シェークスピア、シラーらの作品、中国の古典などを読破。その教養は古今東西、至るところに及んだ。

財界の先輩で、囲碁の宿敵でもある菅礼之助(元東京電力会長)と、「万葉集がいい」「いや、古今和歌集だ」の論争を延々と続けたかと思えば、経団連の名誉会長になってからも、当時日銀政策局長の一義と、シラーかゲーテかで口角泡を飛ばす。万年ロマン青年だった面目躍如である。

その知的探究心は終生衰えなかった。英独語が堪能だった石坂が、七十歳を過ぎてフランス語に挑戦を始めて、周囲を驚かせたことがある。実は、そのきっかけは、「訪仏時、ドゴール元仏大統領に、日本人がもっとフランス語を上手に話してくれたら、といわれたことで、よしと思ったようなんです」(泰彦)というのだ。

●年表

1886　６月３日、東京・下谷（現台東区）に生まれる
1904　東京府立第一中学卒業
1907　東京の旧制第一高校卒業
1911　東大法学部卒後、逓信省入省
1915　逓信省を退官し、第一生命保険に秘書役として入社
1938　第一生命社長就任
1946　第一生命社長辞任
1948　首相より追放非該当確認証受ける
1949　東京芝浦電気（現東芝）社長
1956　経団連会長
1957　東芝会長
1964　ボーイスカウト日本連盟総裁
1965　日本万国博覧会（大阪万博）協会会長
1967　アラビア石油社長兼会長
1968　経団連会長を退任、名誉会長
1972　石坂泰三「書と陶芸展」開催
1973　「米寿の会」開催
1975　心臓発作再々発で入院、３月６日に死去。享年88

「保険で学位を取るから」と妻雪子を説得して第一生命に入社後、早稲田大学などで民法の講師も務めた石坂は、老後にまた教壇に立つことを夢見ていた。それだけに、米ハワイ大学、米ロヨラ大学、上智大学など多くの大学から名誉博士号を受けたことを、ことのほか喜んだ。

次代を担う子どもの育成にも心を砕いた。生涯、ボーイスカウト日本連盟総裁の肩書を大事にしたのもそのためである。

ボランティアに情熱を注ぐ純粋な子どもたちに、成長する日本経済の姿をダブらせていたのか。「各層の方々が開いてくれた米寿のお祝いのなかでも、ボーイスカウトの子どもたちから贈られた銀製の像を特に喜んで下さった」（元ボーイスカウト日本連盟事務局長の根岸真太郎）という。

石橋正二郎（いしばし・しょうじろう）

ブリヂストン王国を築く

地方の仕立物屋から足袋専業に踏み切って成功した石橋正二郎は、地下足袋をヒットさせ、さらにゴム靴で国際市場に君臨する。だが、小成に甘んじることなく、タイヤメーカーへと大飛躍を成し遂げた。世界のタイヤ・ビッグスリーのひとつブリヂストンの創業者は、理想と独創を貫いた本物の企業家であり、美術館設立など社会貢献に大きな足跡を残した文化人でもあった。

通常、仕立物屋とタイヤメーカーに何ら関係はない。ところが、一人の企業家精神にあふれた男を介在させると、脈絡のないはずの二つの単語が一本の太い線で結ばれてしまう。歴史をつくるのは人なのだ。

それは、ひとつの夢の挫折から始まった。

久留米の仕立物屋「志まや」主人徳次郎の二男に生まれた石橋正二郎は、わんぱくだった三つ年上の兄、重太郎（二代徳次郎）とは好対照に、沈着冷静な秀才だった。久留米商業学校に在学中、神戸高商の校長の講演に感激して進学を希望する。

ところが父から「心臓病をわずらっているので引退したいと思っている。兄一人では心細いからあきらめてくれ」と言われ断念した。親友で政治家になった石井光次郎が入学し「私はうらやましく思った」と『私の歩み』に書いている。

無念の思いが伝わるが、正二郎はうじうじしない。「私は、一生をかけて実業をやる決心をした以上は、何としても全国的に発展するような事業で、世のためにもなることをしたいと夢に描いていた」

卒業の年に日露戦争が終わった。青年たちが世界雄飛の夢をもった時代だ。兄が陸軍に入営、一切が正二郎の責任になる。ここで企業家の才が開花した。当時は徒弟七、八人を朝から晩まで無給で働かせ、注文でシャツやズボン下、足袋などを作っていた。これを時代遅れと考え、一番有利な足袋にしぼった。徒弟には給料を払って労働時間も短縮し、当時としては画期的な合理化をしたが、父からはひどくしかられた。

除隊した兄が販売、集金、宣伝を担当し、力を合わせて売り上げを伸ばす。十九歳のとき工場を建て、裁縫ミシンを動力化、生産は年々増加した。特約した小売店に大部分、卸売りをするように改め、販路は拡大。一九〇九年（明治四十二年）には年間二十三万三千足、七千円の純益をあげ、父は大いに喜んだが、翌年、五十二歳で世を去った。

業界の激しい競争に、地方の零細企業が割り込むのは大変だ。ここで打った妙手が二つある。上京して初めて自動車に乗り、広告に使うことを思いつく。兄も大賛成、約二千円でスチュードベーカーを買う。バランスシートの機械什器《じゅうき》の総額と同じ値段だから、思い切ったものだ。自動車は東京で三百台、大阪で十八台、九州には一台もなかった時代。中国地方まで乗り回すと「馬のない馬車がきた」と大変な評判で、むしろ「安い広告費で大きな宣伝効果を収めた」。

さらに「均一価格」を初めて採用したことだ。足袋は文数と品種で複雑な値段があり商いが大変面倒だった。ある日、正二郎は東京で市電に乗ったが、どこまで行っても五銭均一。上野、浅草では均一店が繁盛、とあれば何も足袋だけこだわる必要もない。同時に商標の近代化を考えた。「志まやたび」では古臭い。好きな言葉「旭日昇天」から「アサヒ」を思いつく。

「アサヒ」関連の商標権をすべて譲り受け「二〇銭均一アサヒ足袋」を発売するや注文が殺到。第一次世界大戦中の不況にあえぐ同業者のなかで唯一、注文に追われて年産六十万足から一躍二百万足に急増した。「それから順風満帆の勢いで年々発展した」

久留米工場本館の建設現場に立つ石橋（1933年）

大戦ブームがピークの一八年（大正七年）には日本足袋株式会社に組織変更、兄が社長、正二郎は専務になった。やがて反動不況。「設備を活用して、新しい進歩した事業をやるべきだ」と研究して「勤労階級の履物改良が一番世の中のためになるのではないか、という結論になった」。

当時は「わらじ」だ。耐久性がなく支出もバカにならない。実用的なゴム底足袋を開発し「アサヒ地下足袋」と命名、売り出すと飛ぶように売れた。さらに「ゴム底の布靴や長靴などを安価に供給すれば大衆の生活を益するに違いない」「ゴム靴を海外に輸出して、原料輸入代金をカバーすることが国家経済の上からも責任がある」と考えた。

海外に「アサヒ靴」の看板が立った。二九年（昭和四年）のロンドン国際経済会議で全権の石井菊次郎が米大統領らから「ゴム攻めをせられたような感」をもったのは、アサヒ靴の進出が脅威だったからだ。

世界不況になっても経営はゆるがず、蔵相の井上準之助が議会で「なお繁盛発展しているものがある。東のマツダランプ、西の日本足袋がそれである」と発言したほどだ。

しかし、理想と独創の真骨頂が発揮されるのは、ここからなのである。「将来のゴム工業として大きくのびるのは何といっても自動車タイヤであるから、私は自分の手でこれを国産化したいと決心した」

周囲は反対するが、ゴム研究の先覚者、九州大学教授の君島武男を訪れると「あなたが研究費に百万や二百万は捨てる考えであれば、私もお手伝いをいたしましょう」と言われた。三井合名理事長、団琢磨の賛意にも鼓舞された。

年間利益は二百万円以上あったから「百万円くらい捨てるのは覚悟のうえで」製造機械を輸入した。金型にブランドを刻む必要があって考えたのが、石橋の英語「ストーンブリッヂ」を反対にした「ブリヂストン」の名称と商標である。

陣頭指揮で三〇年（昭和五年）第一号タイヤの試作に成功した。翌年「ブリヂストンタイヤ（現ブリヂストン）株式会社」を設立。わずか三年で返品十万本という危機にもさらされたが、正二郎の信念は逆境にもゆるがなかった。

「零細な家業からスタートし、新しい需要の起こるような独創的なものに眼をつけ人に先んじ、人の真似をしたのではない。何事をなすにも真心をもって、物事の本末と緩急を正しく判断し、あくまでも情熱を傾け、忍耐強く努力したのであって、運がよいとか先見の明があるとかいわれるけれども、世の中のために尽くすという誠心誠意こそ真理だと思っている」。この言葉に尽きる生涯であった。

コレクション「愛蔵するより美術館」

「事業も趣味の一つであるが、他の趣味としては美術と建築と造園がある」と石橋正二郎は言っている。もともと絵心があり、工場の図面なども喜々として引いた。絵画コレクションを中心とする社会貢献は有名だが、その機縁は少年期にさかのぼる。

石橋正二郎

●年表

1889　２月１日、久留米市で石橋徳次郎・マツの二男に生まれる
1906　久留米商業学校を卒業、兄重太郎と家業の仕立物屋を継ぐ
1914　「志まやたび」を「アサヒ足袋」に改称
1918　日本足袋設立
1923　「アサヒ地下足袋」販売
1928　自動車タイヤの国産化を決意
1930　タイヤ試作開始
1931　ブリヂストンタイヤを創立
1937　本社を東京に移す
1945　終戦で海外工場を失う
1952　ブリヂストンビル落成。ブリヂストン美術館開館
1956　創立25周年。久留米市に石橋文化センター寄付。ベネチア・ビエンナーレ展日本館を寄贈。石橋財団設立
1962　石橋コレクション・パリ展
1963　会長
1969　東京国立近代美術館寄贈
1973　相談役
1976　９月11日、死去、享年87

久留米高等小学校のころ、絵の手ほどきをしたのは、のちの巨匠で代用教員だった坂本繁二郎である。七つしか違わない背の低い先生を生徒は「繁《はん》ちゃん」と呼んで親しんだ。交流が本格化したのは、坂本がパリから帰国して久留米に戻り、石橋家の近くに住んでからだ。

ある時、画家は正二郎に言った。「郷里出身の青木繁はわが国の生んだまれな天才画家で、いくたの傑作を残しているが、散逸したままでは惜しいから、これを買い集めて小さい美術館でもよいから建ててもらいたい」。その意を受けて「海の幸」など代表作を集める。藤島武二とも懇意になり、他の画家の絵も求めていくうちに、印象派以後の絵が好きになってコレクションに力を入れた。

米国出張で美術館を訪ね歩き、それが文化向上のために貴重な存在であることを知る。「コレクションを一人で愛蔵するより、美術館を作り文化の進歩に尽くしたい」という決意はそこから生まれた。ブリヂストン美術館には多くの海外名士が訪れ、フランスのアンドレ・マルロー文化相は「最高の宝はセザンヌとマネだ」と激賞した。これが縁でパリ国立近代美術館でコレクションの「里帰り」展が実現している。

正二郎の社会貢献は「メセナというより陰徳」（長男の幹一郎）で、早くも一九二八年（昭和三年）に久留米大学の前身の九州医学専門学校の敷地・建物を寄贈。創立二十五周年には久留米市に石橋文化センターを寄贈している。藤山愛一郎らから頼まれたベネチア・ビエンナーレ展日本館の寄贈も光るが、竹橋の東京国立近代美術館の造営寄付も案外、知られていない功績である。

石橋湛山（いしばし・たんざん）

在任二カ月、「悲劇の宰相」

激動の大正、昭和という時代、ジャーナリスト湛山の言説は、小日本主義という理想像を掲げて帝国主義の危険な道に警鐘を乱打した。戦後、政界に転じ、第一次吉田内閣の蔵相として生産第一主義をとるが、占領軍ににらまれて公職追放。解除後、保守合同の流れのなかで政権を獲得しながら、わずか二カ月で病に倒れた悲劇の宰相の潔さは、日本憲政史上の伝説として不滅の輝きを放っている。

「私は新内閣の首相としてもっとも重要なる予算審議に一日も出席できないことがあきらかになりました以上は首相としての進退を決すべきだと考えました。私の政治的良心に従います」

石橋湛山が病に倒れ、一九五七年（昭和三十二年）二月二十三日、わずか二カ月で総辞職した時、世間には「悲劇の宰相」への同情と、引き際の見事さを称賛する声が満ちあふれた。

戦前からの筋金入りの自由主義者であり、拡大均衡政策と自主外交を旗印にした保守陣営の新チャンピオンの挫折は、戦後を支配した「吉田路線」に対する「湛山路線」という歴史の「イフ」にも見果てぬ夢を残した。湛山の恬淡《てんたん》、高潔な精神は日本憲政史上の伝説となって、今もって政治の貧困と対峙している。

湛山は日本の政界では素人政治家とみられた。権力志向ではなく、明確な政見と政策で真っ向から勝負する珍しいタイプであったからだ。半面、政治の不合理になじまないことが弱点でもあったろう。しかし、人はそこに陽性の魅力を発見し、期待したのである。

彼はまずジャーナリストであった。戦前という不自由な時代に「自由批評の精神亡《ほろ》び、阿諛《あゆ》の気風瀰漫《びまん》すれば、その国は倒れ、その社会は腐敗する」と高唱した。『東洋経済新報』という小さな言論の砦によって、「小日本主義」の立場から帝国主義の危険な道に警鐘を鳴らし続けた。

あえて湛山の思想を定義すれば、自由主義であり個人主義である。また合理主義、現実主義、実利主義、民主主義、世界主義、平和主義であった。それらをひっくるめて日蓮宗のバックボーンをもつ個性的なヒューマニストと言ってもいいだろう。

ジャーナリストの真骨頂は筋を通す反骨にある。湛山の胸のすくような異端の言説は多々あるけれど、たとえば明治天皇崩御にあたって神宮建設の議に反対し、それよりノーベル賞のような「明治賞金を作れ」という主張。あるいは山県有朋が死んだ時「死もまた社会奉仕」と軍閥専横の批判の矢を放った文章。あの時代によくぞ言ったり、の感がある。

希代のジャーナリストが政界に転身するのは戦後である。政党再建運動が起こり、参加をすすめられたが辞退した。だが「昭和二十一年の総選挙には、にわかに出る気になった」。各方面とも良い候補者がなく困っていると聞いた。「ただ文筆界に引き込んでいる時でなく、どれほどの働きは出来るかは知らず、一奮発すべき場合ではないか」

湛山の第一の課題は経済復興にあった。当時、インフレ必至論、緊縮財政派が大勢を占めたなかで、彼はケインズ理論による積極財政、生産第一主義をとる。それは「肺炎の患者をチフスと誤診し、間違った治療法を施すに等しく」「自ら政界に出て、せめて、いずれかの政党の政策に、自分の主張を、強力に取り入れてもらう要がある」。

自由党を選んだ。おもな三党のうち、妙な統制経済論を唱える進歩党や社会主義に束縛されて思想の自由を欠いている社会党より、最右翼の自由党にむしろ思想の自由は「一番多くある」と考えたからだ。

政界進出の動機の裏には、一九三〇年（昭和五年）の金解禁を阻止できなかった無念があった。当時、湛山はカッセルの購買力平価論を駆使して、高橋亀吉、小汀利得、山崎靖純とともに新平価解禁を唱えたが、政府はメンツにこだわって旧平価解禁の方針を変えず、若槻内閣は金融恐慌を引き起こした。金解禁はすでに無理な情勢であったのに、浜口内閣の蔵相、井上準之助は旧平価解禁を強行して、湛山らの予想通り失敗した。

それからの日本は、坂道を転がるがごときである。ドイツの不況がヒットラーに政権を与え、彼に滅ぼされたのと同様に「軍部による亡国の一歩手前まで追いやられた」。自由主義を捨てない『東洋経済新報』も軍部という化け物ににらまれ、湛山は自爆を覚悟する。

土地建物を売って社員の退職金にあてよう。芝に購入した家を研究所にして、来るべき再燃の火種にしたいとまで思い詰めたが、幸い自爆はせずにすんだ。湛山は戦後になって、内務省警保局長だった町村金五が、首相東条英機じきじきの圧力があったもののあえて手をつけなかった経緯を知り、深く感動している。

湛山は落選した。自由党は第一党になったが、総裁の鳩山一郎は公職追放。やむなく吉田茂に総裁就任を頼む。第一次吉田内閣成立。図らずも湛山は議席もないのに蔵相に就任した。

それは鳩山の腹案だが、吉田は「戦前から自由主義的な経済雑誌『東洋経済新報』の主宰者であったことや、〝街の経済学者〟として相当な見識の持ち主であることは、いつとはなしに聞き知っていた。故に、党側から推薦した名簿に、石橋君の名前をみた時、私は何の躊躇《ちゅうちょ》もなく、同君を大蔵大臣に決めたわけである」と述べている。

蔵相として湛山は、戦時補償打ち切りの被害を最小限度にとどめ、石炭増産のために補助金や復興金融公庫融資を増やした。また進駐軍諸経費を大幅に削減した。これらが連合国軍総司令部（GH

晩年は世界平和に向け、中国やソ連との関係改善に尽力した。
毛沢東主席（右）と会談する石橋夫妻（1959年９月）

Q）の反感を買った。インフレーショニスト、占領軍の言いなりにならない反米的国家主義者と目され公職追放。
自由主義者、湛山の追放は理不尽だが、吉田は救わなかった。彼の台頭を恐れたからだ。解除まで四年。「好漢いま漸《ようや》くにして自由の天地に蘇《よみがえ》る」と小汀利得は評した。

自由党に復党。鳩山の闘将として吉田の独裁的政治打倒に執念を燃やす。保守合同の政治力学のなかで少数派ながら総裁候補に躍り出た湛山は、岸信介と苛烈な総裁選を戦い勝利し、燃え尽きた。

仏門育ち　哲学の素養

湛山のバックボーンの形成はユニークであった。日蓮宗の僧でのちに総本山身延山久遠寺の第八十一世法主になる杉田湛誓（のち日布）の長男として東京市に生まれ、宗門の習いから母きんの実家、石橋姓を名乗る。翌年、父が郷里の山梨県南巨摩郡、昌福寺の住職になり、母と近くの甲府市に引っ越した。

小学三年の時、父に引き取られ三年ほど鍛えられたあと、同門の望月日謙に預けられ、以後八年間、父母と交通をほぼ絶つ。日謙も八十三世法主になった人物だ。山梨県立尋常中学では悪童ぶりを発揮。買い食いで月謝を使い込むが、とがめぬ日謙の寛容に心から反省した。春風かおるがごとき師に湛山は深い影響を受ける。

●年表

1884　９月25日、東京市麻布区で杉田湛誓、石橋きんの長男に生まれる
1903　早稲田大学高等予科に編入
1907　同大学部文学科を首席卒業
1908　東京毎日新聞入社
1911　東洋経済新報社入社
1924　第５代主幹、翌年、代表取締役専務
1941　社長制新設、代表取締役社長
1946　第１次吉田内閣の蔵相
1947　公職追放
1951　追放解除、自由党復党
1952　自由党から除名、復党
1953　鳩山自由党参加、合同で復帰
1954　自由党から除名、日本民主党参加、第１次鳩山内閣の通産相
1955　第２次、３次鳩山内閣の通産相
1956　石橋内閣成立
1957　総辞職
1959　訪中、石橋・周共同声明
1960　日ソ協会会長
1963　中国再訪
1964　日本国際貿易促進協会総裁
1973　４月25日、死去、88歳

中学では二度落第。これが幸いして最終学年で校長の大島正健に出会う。札幌農学校の第一回卒業生でクラーク博士譲りの教育に「真の教師とは、かくあるものかと感動し」「私もクラーク博士になりたいと思った」。おのずから周囲に感化を受けて、宗教家的、教育者的職業を選ぶ方向に進む。医術を学び、医者と宗教家をかねようと第一高等学校を受けるが二回失敗、早稲田大学高等予科から文学科哲学科に進んだ。

早稲田ではシカゴ大学でデューイに学んだプラグマティスト田中王堂の影響を受けた。「もし今日の私の物の考え方に、なにがしかの特徴があるとすれば、主としてそれは王堂哲学の賜物であるといっていい」

文学科を首席で卒業、特待研究生になるが大学には残れなかった。坪内逍遥に評価されなかったらしい。就職浪人中、大学時代の師の一人であった島村抱月が大隈重信の経営する東京毎日新聞主筆の田中穂積に紹介し、新聞記者になった。だが、大隈の進歩党内の争いで社内が混乱、田中の退社に在職八カ月にして殉じた。

ちょうど徴兵検査で甲種合格、第一師団歩兵第三連隊に一年志願兵（のちの幹部候補生）で入営。社会主義者と間違われてかえって厚遇されるという体験をした。

除隊後、田中穂積の紹介で東洋経済新報社に入社。社会評論を主とする月刊『東洋時論』を編集するが売れず、『東洋経済新報』に併合。同誌の記者となった湛山は、経済学書を猛勉強し、一級のジャーナリストに成長していった。

出光佐三（いでみつ・さぞう）

民族経営の「出光」、世界を舞台に

国際的な石油カルテルに抗し、幾多の苦難を乗り越えて最大の民族系石油会社、出光興産を築いた。出光佐三が残した足跡である。その反骨は、英国艦隊のイラン封鎖をかいくぐって石油輸入を断行する「日章丸事件」を引き起こし、世界を驚かせた。業界の暴れん坊ともみられたが、人間尊重の大家族主義の経営を追求、消費者本位の信念を貫いた。経営と道徳のはざまに生きた生涯であった。

「アバダンに行け」。一九五三年（昭和二十八年）四月五日。インド洋を航海中の出光興産のタンカー日章丸に、本社から暗号無電が届いた。緊張が走る。

「ついに来たか」。産油国イランのアバダン港へ、石油を積みに行けという指令である。船長は乗組員を集め、あらかじめ預かっていた社長、出光佐三の檄文を読み上げた。

「今や日章丸は最も意義ある尊き第三の矢として弦を離れたのである……ここにわが国ははじめて世界石油大資源と直結したる確固不動の石油国策確立の基礎を射止めるのである」

「各自、この趣旨をよく理解して、使命の達成に全力を尽くされたい」。船長がこう告げると、極秘行動のため、それまで出航の本当の目的を知らされていなかった乗組員は、奮い立った。一斉に声が上がる。

「日章丸万歳！　出光興産万歳！　日本万歳！」

戦後の日本の石油産業は米英を主軸にした国際石油資本、メジャーの支配下にあった。大半の国内石油会社は経営を成り立たせるため、メジャーとの結びつきを余儀なくされる。そして日本市場には、高価で品質の劣る石油製品が、大量に出回っていた。

しかし、出光は自社の独立を脅かす一切の妥協を拒む。そのため、石油カルテルから排除され、孤立無援。四面楚歌の中を自前の日章丸を駆って、米国から品質が良く、安いガソリンを輸入し、ユーザーからの支持を集めた。

当初は西海岸のロサンゼルスからの輸入だ。第一の矢である。それをメジャーに阻まれると、第二の矢を放つ。パナマ運河を越え、メキシコ湾岸やベネズエラから輸入するという離れ業でしのいだ。だが、そこにもメジャーの手が回る。

活路を求めた佐三が考えた「第三の矢」、それがイラン石油の輸入だった。当時イランはモサデク首相のもと、石油国有化政策を推進、英メジャー、アングロ・イラニアン石油（現ブリティッシュ・ペトロリアム）の接収を進めていた。

英国は「利権契約に反する」とこれに抗議し、艦隊を中東に派遣して威圧した。経済制裁にも打って出る。モサデク政権は窮乏するイラン経済を回復するため、石油の販売先を求めた。が、メジャーと英政府を敵に回して、タンカーをイランに向ける石油会社など、望むべくもない。

イタリアの船がイラン石油を買い付けたことはあった。しかし、石油を積んだ帰りに英国海軍にだ捕されてしまう。イラン石油の輸入は困難が予想された。

佐三は慎重に情報を集め、機が熟すると見るや極秘にイランと輸入協定を結ぶ。そこで仕掛けた〝奇襲〟がアバダン行きだった。

日章丸は世界注視の中をアバダンに入港、石油を満載する。帰路はシンガポールに基地を置く英国軍の監視を考えてマラッカ海峡を避けた。水深が浅くて危険なジャワ海を通るなど苦闘の航海を乗り切り、イラン石油の輸入に成功した。

アングロ・イラニアン石油は、日章丸が積んだ石油の処分禁止を求める仮処分を東京地裁、同高裁に提訴するが、出光は勝訴する。石油輸入時の記者会見で、佐三はこう言い放った。

「一出光のためという、ちっぽけな目的のために五十余名の乗組員の命と日章丸を危険にさらしたのではない。国際カルテルの支配を跳ね返し、消費者に安い石油を提供するためだ」

この言葉に、石油事業にかける佐三の思いが凝縮されている。軍の統制や国際メジャーのカルテル、国内業者の談合など、様々な規制や独占との戦いに身を置いてきた、との感慨もあっただろう。

話は戦前にさかのぼる。メジャーが支配する中国大陸に、安値を武器に強固なくさびを打ち込んで市場を確保。軍の統制が厳しくなってからは、軍部に食い込んで利権を得ようとする同業者の組織にも抗した。

陸軍からにらまれ、石油タンクに砂や石を入れられたこともある。戦時中は統制により国内事業の大半を取り上げられもした。

終戦で主力の海外事業を失った出光は戦後、国内事業の再開を求める。だが、GHQ（連合国軍総司令部）の管理下にあった石油配給統制会社の幹部たちが、これを阻んだ。出光の実力を知る彼らは「一匹オオカミ」の復活を恐れたのだ。

孤立無援の中、旧海軍のタンク底に残る石油回収作業を引き受けるなど実績を積み、GHQの信頼を得て、石油配給業に復帰する。四九年（昭和二十四年）には同業者の有形無形の妨害をはねのけ、元売り会社の指定を果たした。

その後も規制や業界の圧力にあらがい続けた。自前のタンカーでガソリンや軽油の輸入を実現。イラン石油がメジャー連合の手に落ちた後は、山口県に徳山製油所を建設して精製部門へ進出した。ソ連からの原油輸入で外資系石油会社の度肝を抜いたこともある。

六二年（昭和三十七年）、石油の生産調整を図る石油業法が成立した時も行動は大胆だった。「石油価格の高値安定を狙うものだ」と猛反対、六三年に業界団体の石油連盟を脱退する。

無法者、一匹オオカミ、横紙破り、海賊……。張られたレッテルは数知れない。それは消費者不在のカルテルに加わらぬがゆえの誹謗中傷だった。佐三は消費者利益の増進を使命と考え、生産者と消費者を直結する「大地域小売業」の旗のもと、世界を舞台に事業を進めたのだ。

「民族資本、民族経営」を掲げた。だが、閉鎖的なナショナリズムとは無縁で、広い視野と人間尊重の経営は内外で幅広い共感を呼んだ。福岡県・門司の石油商に過ぎなかった出光商会を、「世界のイデミツ」に押し上げた原動力はそこにあった。

大家族主義者の「馘首《かくしゅ》はならぬ」

「馘首してはならぬ」——。終戦の日から一カ月たった九月十五日、出光佐三は東京の本社に在京の店員（社員）を集め、こう訓示した。

解雇なし、定年なしは出光創業以来の経営方針だが、会社の主軸だった中国など海外の事業基盤は、敗戦とともに吹き飛んでいた。そこから八百人もの従業員が引き揚げてくる。「この土壇場にどうやって食いつなぐのか」。幹部一同はいぶかり「大量解雇はやむを得ません」と

●年表

1885　8月、福岡県宗像郡の藍問屋の二男として誕生
1909　神戸高商（現神戸大学）卒、貿易商の酒井商会に入店
1911　北九州の門司で石油販売業の出光商会を創業
1914　南満州鉄道に機械油納入
1919　中国・青島に支店、中国に本格進出
1920　朝鮮半島の販路開拓
1922　台湾に販路開拓
1937　貴族院議員に選任される。47年まで在任
1940　出光興産設立
1945　海外店閉鎖、引き揚げ開始
1946　旧海軍タンク底油回収作業
1947　石油業に復帰、出光商会と出光興産が合併
1949　元売り会社の指定を受ける
1951　自社タンカー、日章丸二世就航
1952　ガソリンを米国から輸入、「アポロ」の商標で発売
1953　イラン石油を輸入（日章丸事件）
1957　徳山製油所（山口県）が完成
1959　ソ連石油を初輸入
1963　石油連盟を脱退（66年に復帰）
1966　弟の出光計助副社長を社長とし、自身は会長に就任。世界初の20万トン級タンカー、出光丸就航
1972　会長を退き、店主に専任
1981　3月7日、急性心不全のため死去、95歳

反論した。が、佐三は激怒した。

「君たち、店員を何と思っておるのか。店員と会社は一つだ。家計が苦しいからと家族を追い出すようなことができるか。事業は飛び借金は残ったが、会社を支えるのは人だ。これが唯一の資本であり今後の事業を作る。人を大切にせずして何をしようというのか」

人間尊重、大家族主義の経営者、佐三の真骨頂がここにある。労働組合も出勤簿もない、信頼と人の和によって進める経営。グローバル化、リストラの名のもと、安易に人員整理を進めがちな昨今とは対極にある。

国内での石油事業復帰が同業者の妨害で実現しない中、佐三は雇用確保のため懸命に新事業を開拓する。農業、漁業、印刷、しょうゆや食酢の製造。ラジオの修理、販売も展開した。

極めつきが旧海軍のタンク底に残る石油回収だ。戦後、放置してあったタンクは雨と泥をかぶり、ガス爆発の危険を伴う汚れ仕事。担い手のない作業だが、佐三は「だれかがやらねばならない仕事」と引き受ける。

全国八カ所での作業は一年数カ月を要したが、難作業の完遂は社員に自信を与え、自助の精神を植え付けた。以後、困難に直面した時「タンク底に帰れ」が出光社員の合言葉になる。

自主独立は佐三の持論でもある。「金や権力、組織の奴隷になるな。学歴や学問、主義の奴隷になるな。自立して国家と国民、人類の幸福のために尽くせ」

事業を通して人格の陶冶、修練を図ることを目指した求道者。その足跡が、今の産業界に与える示唆は大きい。

井上準之助（いのうえ・じゅんのすけ）

緊縮財政・金解禁を決断

「円」はしばしば日本経済を揺さぶってきた。なかでも昭和初期の金解禁は、国の運命をも変えた出来事である。日銀総裁を経て政界に出た蔵相の井上準之助は、首相の浜口雄幸と組み緊縮による経済構造改革を目指した。世界恐慌のさなか、その政策は暴風に窓を開く結果となり、日本はさんたんたる昭和恐慌に陥る。浜口に続き井上も凶弾に倒れる。道半ばに終わった志。そこには経済政策に命をかける政治家がいた。

「これを読んで、意見を聞かせてくれないか」。井上準之助は息子の四郎に、手書きの原稿を手渡した。一九三二年（昭和七年）一月のことだ。底冷えのなか、布団をかぶって書き上げたのは、高橋是清に対する議会質問の草稿である。

前年暮れ総辞職した若槻礼次郎内閣の蔵相として、井上は金解禁の維持に死力を尽くした。後をおそった犬養毅内閣の蔵相高橋が真っ先に示したのは、その政策の打ち切りだった。

「お父さん、この演説は高橋蔵相に対する攻撃ばかりではないですか。すでに金解禁政策は放棄されてしまったのですから、次にどうするかを指摘しないと……」。当時、十六歳の四郎は、感想を述べた。

「そうか」。うなずきながら、準之助は筆をとる。「覆水盆に返らずで、再び金解禁に踏み切るわけにはいかないが」という一文を、草稿に加えた。

一月半ば、井上と高橋の対決のときは来た。貴族院の財政演説で、高橋は井上の緊縮財政を厳しく攻撃した。「これがために、わが経済界は不況に沈りんし、産業は衰退し、物価は暴落しました」

高橋の演説が終わるや否や、議場にいた井上が緊急質問を求める。金本位放棄がもたらしかねない通貨膨張とインフレの懸念をただしたのだ。高橋も舌ぽう鋭く応酬する。

財政政策をめぐる、歴史に残る論戦である。勝負はおのずから明らかだった。「大学は出たけれど」が流行語となり、失業と倒産の荒波が日本を覆っていた。高橋の一言一句には、議場から拍手が起きた。

若槻礼次郎内閣の蔵相当時、ラジオ演説をする井上（1931年）

浜口雄幸内閣の下で、蔵相の井上は二九年十一月、金解禁の大蔵省令を交付した。金解禁とは金輸出解禁の略語であり、円と金の自由な交換を認め、金の輸出を承認する政策である。第一次大戦でいったん停止した金本位制度の復活にほかならない。

浜口内閣は立憲民政党が率いる典型的な政党内閣。その蔵相に就任した井上は、党員ではなかった。日銀総裁を二度、蔵相を一度務めた財政家としての腕前を、浜口は買った。

「今、日本はかなり不景気である。それで政府が緊縮財政をする。しかし、先の見えない不景気は最も恐るべきものであって、かくのごとくすれば打開されることを御理解下さるならば、大いに歓迎したいものである」

東京株式取引所に自動車で乗り付けた井上は、演説を始めた。約三百人の証券関係者は、熱心に耳を傾けた。井上は仙台の二高時代に、広瀬川の対岸に向かって演説の練習をしたこともあるほどで、若いころからの演説好き。浜口と井上は金解禁を国民に訴えるため、全国を駆け巡った。

バブル崩壊後の九〇年代と同様、第一次大戦の戦時景気の反動が出た二〇年代も、低成長の続く「失われた十年」だった。特に二三年（大正十二年）の関東大震災後の金融危機に対処するため、日銀が手形を割り引き、企業の資金繰りを付けた「震災手形」は、「財界のガン」と言われた。

井上は日銀総裁および蔵相として、特別融資を実施した際の責任者。金融不安鎮静のためとはいえ、経営内容の不健全な金融機関と企業を温存したことに、内心じくじたる思いを抱いていたに違いない。産業構造の点からみても、日本は繊維産業から重化学工業への転換が遅れていた。

日本経済の構造改革を意味した「財界整理」を断行するには、思い切った引き締めしかない。そのための手段が円を金に固定する金解禁だった。円相場が固定されれば、貿易収支の赤字を増やすわけにはいかず、緊縮を余儀なくされる。

緊縮による構造改革は、対日投資拡大を狙っていたモルガン商会などウォール街の利益にもかなっていた。財政家としての井上を高く評価したモルガン会長のラモントも、金解禁を強く支持。日本が円相場を維持するために必要な資金を、クレジットライン（信用供与枠）として用意した。

緊縮財政には、もう一つ狙いがあった。軍事費の抑制である。こうして浜口内閣は、ロンドン軍縮会議に臨む。中国に対する融和を唱えた外相幣原喜重郎の幣原外交と、金解禁を推進した井上財政――。戦前の政権で最も民主的だった浜口内閣は、この二つを車の両輪としたのだ。

「遠図」。遠くに目標を掲げ、突き進むことをいう。金解禁に踏み切ったその日、井上はこう筆をとった。バブル崩壊後の長い停滞を経験した今からみると、その意図がひしひしと伝わってくる。「遠図」は折からの世界恐慌のなかで、もみくちゃにされていく。「最初は大歓迎だった世間も、不景気になったら悪口ばかり。大学の学部を整理されたことへの抗議だといって、自宅に学生のデモが押し寄せたこともありました」。四郎の回顧である。

後に国際担当の日銀理事として、七一年（昭和四十六年）のニクソン・ショックに遭遇した四郎の目にも、金解禁は失敗に映る。「時期が悪かった。世界恐慌の深刻さが読めなかったのでしょう」

三一年（昭和六年）九月に英国が金解禁から離脱した後も、蔵相の井上は金解禁に固執し、ドル買い投機の波を浴びた。井上は財政家ではなく、政治家になっていた。政権は凶弾に倒れた浜口から若槻に代わっていた。弱体な若槻内閣は倒れ、井上は蔵相を退く。

このころの投機と政変は、九七年（平成九年）の金融危機後のアジア諸国を思わせる。「売られた円、買われたドル、売られた内閣、買われた内閣、それは売られた日本、買われたアメリカである」。ジャーナリストの馬場恒吾は、当時こう記した。

「もう平大臣はまっぴらだ。次は総理でなければやらない」。家族にこうもらした井上に、その機会はついに訪れなかった。浜口に続いて井上を襲った凶弾は、戦前の政党政治の終わりも告げようとしていた。

政敵・高橋是清も実力は評価

一九二三年（大正十二年）九月、関東大震災が東京を襲った時のことである。日銀本店は屋根にもらい火をして、火事になった。

「おれが案内する」。総裁だった井上準之助は消防隊が到着すると、自ら案内役を買って出る。石垣をよじ登り、燻くすぶる日銀本店に分け入った。当時理事で、後の総裁深井英五は、著書『回想七十年』で、井上の果断をこう紹介している。

井上が生え抜きとして初の日銀総裁となった時、必ずしも歓迎されたわけではない。三十歳代の若さで大阪支店長や本店営業局長の要職を歴任した彼は、筋を通すあまり、当時総裁の松

●年表

1869　大分県の造り酒屋に生まれる
1887　一高受験に失敗、二高に入学
1896　東京帝大卒後、日本銀行に入行
1897　英国留学
1905　日銀大阪支店長
1906　日銀本店の営業局長
1908　日銀ニューヨーク駐在
1911　帰国後、日銀を退職。横浜正金銀行副頭取に就任
1913　横浜正金頭取に（19年まで）
1919　日銀総裁に就任（23年まで）
1923　9月の関東大震災を機に、山本権兵衛内閣の蔵相に転じるも、12月に内閣総辞職で辞任
1924　貴族院議員に勅任される
1927　金融恐慌後に田中義一内閣の高橋是清蔵相に要請され、2度目の日銀総裁に（28年まで）
1929　浜口雄幸内閣の蔵相に就任。11月に金解禁の大蔵省令を交付
1930　1月から金解禁。昭和恐慌が深刻化する中、浜口首相が撃たれる
1931　浜口内閣総辞職。若槻礼次郎内閣の蔵相に留任するが、12月に内閣総辞職で下野。後をおそった犬養毅内閣の高橋蔵相が金解禁に終止符を打つ
1932　衆議院解散・総選挙。2月9日、選挙運動で演説会場に向かう途中に暗殺される。享年62

尾臣善に煙たがれたからだ。

その結果は、ニューヨークへの左遷である。無聊《ぶりょう》をかこった井上は、辞任を考えながらも、からくも思いとどまる。だが、この不本意な境遇が井上を一回り大きくした。肝胆相照らし、死して共に青山墓地に眠る浜口雄幸と井上を結んだのも、お互いの左遷体験だった。

井上はしゃんとした人であった。ラジオ演説の際も、井上は背筋を伸ばした。この政策を訴えたレコード『危うい哉《かな》！　国民経済』からは、切々たる井上の声が聞こえてくる。

井上を最も買っていたのは、高橋是清だったかもしれない。浜口内閣の蔵相就任のあいさつに訪れた井上に、高橋は「君も万難を排して進むつもりであろうが、正しい真っすぐな道を歩く事を忘れてはならない」と励ました。

が、高橋は親しい新聞記者に、こうもらしていた。「これは絶対に新聞に書いてくれては困るが、金解禁はきっと失敗する。若槻、浜口、井上の三君とも秀才だが、あの人々は二に二を足すと四とのみと考える。世の中のことはつねに二に二を足して四とはならぬものである」（『昭和大蔵省外史』）

高橋の予言は的中した。しかし、昭和恐慌脱却のために積極財政をとった高橋も、井上が喝破したように通貨膨張に歯止めをかけられなかった。膨張する軍事費を抑えようとした高橋にも、凶弾が襲う。三六年（昭和十一年）の二・二六事件である。大日本帝国が崩壊したのは、その九年後のことだった。

伊庭貞剛

（いば・ていごう）

住友系主要企業の礎を築く

住友の総理事として経営の近代化を進め、グループ主要企業の基礎を築いた伊庭貞剛には、東洋的な聖人の趣があった。彼の最大の事績は、住友の命運がかかった別子銅山の紛争を見事に収めたことだ。田中正造も称賛した公害への真摯な対応は、植林という自然回復のテーマを含み、未来に向けた確かなメッセージを発信している。正々堂々、天地の大道を行った男の澄明な人生がここにある。

足尾銅山の鉱毒問題を糾弾した代議士の田中正造は、一九〇一年（明治三十四年）三月、第十五回帝国議会で演説した。

「関西地方の方々が多く鉱山の模範としてご覧になるは、伊予の別子銅山で（中略）足尾銅山とは天地の差があるので、実に何とも譬《たと》え較《くら》べ合いのならぬ程の事情がある（中略）別子銅山は、第一鉱業主は住友である。それゆえ社会の事理人情を知っておる者で、己が金を儲けさえすれば宜しいものだというような、そういう間違いの考えを持たない」

義人田中が手放しで称賛するほどに、この山を改革したのが伊庭貞剛である。


実は、これより七年前、住友は根幹の事業である別子銅山存続の危機に見舞われていた。

新居浜の製錬所から発生した深刻な煙害問題で、地元には怨嗟《えんさ》の声が満ちあふれた。

これに拍車をかけたのが住友の内紛だった。鉱業所副支配人で住友分家になった大島供清が、総理代人（のちの総理事）広瀬宰平の独裁に反対して排斥運動を起こした。

伊庭は広瀬の甥である。司法畑を歩いたが、大阪上等裁判所判事の時、官界に失望して辞職。故郷に帰る挨拶に寄ったところ「住友にも国家のために果たさねばならぬ仕事が山ほどある」と熱心に勧誘されて入社した。数えで三十三歳であった。広瀬は、正々堂々、君子の風のある彼を見込んだ。決して情実でなかったことは、その後の伊庭の活躍が示している。

紛争が起こった時、伊庭は本店支配人だったが、自ら事にあたるべく、信頼する峩山《がざん》老師に贈られた『臨済録』を懐に単身別子に乗り込んだ。のちに親友、品川弥二郎にあてた手紙に、当時の心境がつづられている。

この騒動の原因は「まったく精神の腐敗にもとづくもので、それはすなわち天地正大の気になる元気の流暢を妨げた」、つまり、広瀬はじめ我々が意思の疎通を欠いたことにある、と彼はみた。

自分の使命はそれを回復することだと「一身、密かに覚悟を定め、妻を捨て、子を捨て、家を捨て、初めて自由の働き活発なる妙境にも達し候わば」「ここに篭城を覚悟して別子山の鬼ともなるべし、また仏ともなるべし」と一大決心したのだ。


伊庭を迎えて新居浜や別子銅山に緊張がみなぎった。歓迎会は殺気だつ。「支配人、山の宴会は大阪と違って、ちと手荒いぜ。この燭台《しよくだい》がいつも飛ぶんだからな」

ところが予想された大更迭も大きな人員整理もなかった。彼は新居浜の質素な家に寝起きして、訪れる人たちと話をした。平静で温かな顔をみんな不思議な思いで見ていた。大阪に一度戻ったが、帰りには処分の内容どころか何と謡曲の師匠を伴い、習いに通い始めた。やがて新居浜と鉱山の間を往復し始める。役方や坑内員たちに出会えば「やあ、ご苦労さん」と挨拶した。

品川への書簡には、こんなことが書いてある。

大阪から妻の梅子が来て「何をしているの」と聞くので「拙者は月に三回わらじ履きて鉱山に登り、鉱石を掘り取るを見ては歓《よろこ》び、また数千人の稼ぎ人が汗あぶらを流して働くを見ては気の毒に思い、また下りては製煉銅の高を聞きて歓び、職人の汗を流すを見ては気の毒に思い、時としては代わりてもやりたく思うくらいなり。ただそれのみにて山に登り、また新居浜に下りて日を送りおる」と言うと、梅子は「大口を開きて実に馬鹿げた仕事なり」と言った。

伊庭は「小生自らも馬鹿な仕事と思うておる。しかしながら小生は馬鹿な仕事が好きなり」と大笑いした。やがて荒廃した地元の空気も収まっていく。

処分はあったが、鉱山の久保支配人が依願解雇、ついで理事二人がけん責、広瀬は引退し、首謀者の大島は分家から除名された。それだけだった。

五年後、別子の支配人を鈴木馬左也に譲って本店に帰任するまでに彼が打った最大の解決策は、巨費を投じて製錬所を新居浜の沖合二十キロにある無人島の四阪島に移転したことである。一方で長く水没していた三角《みすま》坑の排水に成功し、鉱山事業にも光明を与えている。

ただ、伊庭の意に反して移転は煙害の完全な解決にはならず、その除去には操業から三十五年もかかった。環境アセスメントや技術の未発達が原因だが、地域住民の立場で誠心誠意、事に当たった姿勢が田中の評価につながったのだ。

伊庭のすごさは、こうした直接的な改善策にとどまらず、別子で大規模な植林事業に乗り出した点にある。

鉱山のために荒廃した山を見て彼は「あいすまぬ」と思った。天地の大道にそむく行為を償い「別子全山をもとの青々とした姿にして、これを大自然に返さねばならない」。

晩年「わしの本当の事業といってよいのは、これだ。わしはこれでよいのだ」と語っているが、二十世紀文明が今世紀に残した課題を先取りした行為は、伊庭を一企業を超えた地球的な存在にしている。

広瀬のあと二代総理事に就任した。事業の近代化を図り、住友銀行（現・三井住友フィナンシャルグループ）を創設したほか、住友伸銅場（金属・電工・軽金属各社の前身）、別子鉱山山林課・土木課（林業・建設の前身）、住友倉庫の設立など主要な住友系企業の基礎を築く。

そして後継者に鈴木馬左也という人物を育て上げた伊庭は、一九〇四年（明治三十七年）七月、総理事を四年で退き、滋賀県石山の地に隠棲《いんせい》した。五十八歳だった。「事業の進歩発展に最も害をするものは、青年の過失ではなくて、老人の跋扈《ばっこ》である」と書いている。

禅の修行、大道を知る

伊庭貞剛は一八四七年（弘化四年）一月、近江の蒲生郡西宿村（現近江八幡市西宿町）で、伯太《はかた》藩近江湖東領の代官、貞隆・田鶴夫妻の長男に生まれた。厳格な父に鍛えられ、勤皇の志士、西川吉輔の弟子になったことが人格形成に大きくあずかったとみられる。

仕事ぶりは精密であったが、部下に接する態度は、寛恕《かんじょ》としてやわらかく、実に長者の風があった。「重役が生命がけの判を押さねばならぬのは、在職中にたった二度か三度あるくらいのものである」と書類も見ずに判を押した。

●年表

1847　1月5日、近江国西宿村に生まれる
1863　勤皇の志士、西川吉輔に入門
1868　西川の求めに応じ京都御所禁衛隊に属し、その後司法権中検事、函館裁判所副所長、大阪上等裁判所判事などを歴任
1879　叔父、広瀬宰平の勧めで住友に入り、大阪本店支配人となる
1887　石山に隠棲の地を購入
1890　滋賀県選出初の衆議院議員
1894　別子銅山の紛争解決のため、鉱業所支配人として単身赴任
1895　尾道で住友家最初の重役会を開き、住友銀行の創立を議決
1899　別子の支配人を鈴木馬左也に譲り、本店に帰任
1900　二代総理事に就任
1904　引退し、石山に隠棲
1926　10月23日、没す。数え80歳

煙害問題に対応するため、別子銅山の製錬所を無人島の四阪島に移した
(明治末、住友史料館提供)

強調すべきは晩年だ。隠棲の地と定めた石山に土地を求めたのは四十歳。故郷に近い辺ぴな丘であった。のちに石山駅ができて、人が「先見の明」をたたえると迷惑な顔をした。

ここに快適な洋館と和館を建てた。和館の木材は、別子を去る時、職員から贈られた木であった。邸宅を、禅の言葉で「俗世を離れながらも人情の機微に通じる」という意味から活機園と名づけた。徳を慕って来客が絶えなかった。

彼の人生は禅の修行に尽きるのかもしれない。別子の改革をなしとげ得意絶頂の時、峩山老師に会うと相手にされず「世の中、まじめに観てなあ」とつぶやくように言われた。その意味を考え続けて十年、ある日、三条の橋を渡りきろうとして、突如、悟るものがあった。所用も打ち捨て石山に飛んで帰り、亡き道友の遺影を仰いで、ひとの生きる大道を示してくれたのだと感謝した。

九十三歳になる孫の菅沼綾子は、春、新居浜から鰆《さわら》が届くと、待ちかねたように「なれずし」を自分で作ってうれしそうに客にふるまっていた姿や、三時のおやつを楽しみにしていた「おじいさん」の一面を懐かしげに語った。

案外、駄じゃれもよく言った。八十歳で亡くなる二日前も好物の水蜜桃《すいみっとう》の缶詰がきれて、やむなくリンゴにすると、快く食べて「これがリンゴ（臨機）応変というものじゃなあ」とほほえんだ。

老いの神髄を「晩晴」の二字に込めていた。澄み渡った心境はその号「幽翁」にも現れている。住友史料館の末岡照啓主席研究員が「ここは幽翁の禅寺ですよ」と言った。

井深　大

（いぶか・まさる）

世界のソニーを創業

モノづくりの天才、天衣無縫の技術者……。盛田昭夫と手を携えてソニーを創業、戦後日本を代表する企業に育てた井深大には、発明家としての伝説が多い。トランジスタラジオからウォークマンまで、世界に送り出した新製品の多くは、技術では説明しきれない人を引きつける「何か」を持つ。時代の予兆、価値観の遷移を具体的な技術や製品にする感性が、井深の本質かもしれない。

「東通工の部品はとにかくかっこ良かった」。ソニー木原研究所社長の木原信敏は、終戦直後でごった返した東京・神田の部品街を懐かしむように話す。クリアボイスという名のレコードプレーヤーのピックアップは、独特の工夫が施され形もざん新だった。ラジオの選局表示は、つまみを回すと直線の目盛りの上を横に移動する横行ダイヤル。しかも、ガラスにライトが当たり、光り輝く……。

木原はテープレコーダーやトランジスタラジオ、ビデオ、そして最新のプレイステーション2の傑出した画像技術まで、ずっとソニーの技術開発の屋台骨を支えてきた人物である。その木原が一九四七年（昭和二十二年）、ソニーの前身である東京通信工業に、新卒採用第一号として入った動機の半分は、無線マニアの心をとらえた部品の先進性と、かっこ良さだった。

あとの半分が、当時東通工の専務で、木原の通う早稲田大学理工学部の講師でもあった井深大の魅力という。社員募集の張り紙で、講師の井深と東通工が結びつき、入社へと至った。

井深が日本橋の白木屋三階に、東京通信研究所を開いたのは四五年十月、終戦のわずか二カ月後のことだ。日本再生に向けて何でもやる気の総勢八人。だが、主な仕事はラジオの修理だった。翌年五月には東京通信工業と会社組織に改め、義父の前田多門を社長に、旧知の盛田昭夫を常務に迎え、日本の戦後復興を上回るスピードで、世界のソニーへの道を歩み始める。

井深は一九〇八年（明治四十一年）栃木県日光の清滝にある古河鉱業・日光銅精錬所の社宅で産声を上げた。父、甫は東京高等工業（現東京工業大学）卒の気鋭の技術者だったが、井深が三歳になる前の一〇年に病死。東京、愛知、神戸と小学校を変わり、母、さわの再婚先で難関の神戸一中に進む。このころから無線に凝っていたようだ。

早稲田第一高等学院の理科から、三〇年（昭和五年）早稲田大学理工学部の電気工学科に進学。発電など花形の重電部門ではなく、当時まだ遅れていた無線などの弱電を専攻する。利害より好き嫌いを優先させるところが井深流である。

その成果が、光電話の実験や、音声と連動して変化するネオンなど「ケルセル」の開発だった。走るネオンとして特許もとったケルセルは、就職後にパリ万博で優秀発明賞を受賞。天才発明家として、井深の名前は広まっていった。

就職は好きなことを認めてくれたＰＣＬ撮影所（現東宝）に決め、次に日本光音工業に移り、軍国の影が濃くなった四〇年には学友と日本測定器という会社を興す。磁気計測を応用した潜水艦の探査装置、秘話通信の新方式など、天才発明家の才は縦横に走った。

そして終戦。四六年に二十数人で旗揚げした東通工の設立趣意書で、井深は「技術者の技能を発揮できる理想工場の建設」や、「不当なるもうけ主義を廃し、いたずらに規模の拡大を追わず、大企業ゆえに踏み込めない技術分野をゆく」と明記している。これが技術のソニーの原点である。

まず五〇年、国産第一号のテープレコーダーＧ―１を開発する。この年社長に就任した井深は、技術陣にその携帯化を持ちかけ、翌年には街頭録音で有名な携帯録音機Ｍ―１、通称「デンスケ」が登場する。「もっと小さくならないか」。井深は開発現場に自分を押しつけることはせず、ゆったり問いかけたという。

テープレコーダーで営業の基礎を固めた東通工は、トランジスタへと挑戦する。五三年、米国のウエスタンエレクトリック社と特許契約を結び、五五年にはトランジスタラジオTR55を発売した。この年から、ラテン語の音（SONUS）と英語の坊や（SONNY）を組み合わせたSONYマークが、東通工製品に記されるようになった。

トランジスタラジオは売れた。大量に売れた。船では間に合わず、飛行機のチャーター便でも輸出した。

五八年、社名もソニーに改め、翌年には世界初のトランジスタテレビを完成させた。まるでソニー神話をとぎれさせないように繰り出される新製品。それはもっと面白いモノ、より楽しいモノに向け、いつも新しい道を探す井深と、モノを作り上げ、具現化する開発チームの多彩な人材が生み出し続けたものである。

小さく、軽く、安くという井深の問いかけで実現した代表は、ビデオレコーダーかもしれない。放送局用に始まって、工業用、六四年の家庭用まで、価格はほぼ十分の一ずつになり、マーケットが次第に大きく膨らんでいった。戦後の大衆社会の消費構造と、井深の開発感覚がぴったり重なっていたといえる。

そして、ソニーが文字通り技術で世界に躍り出たのが、六八年のトリニトロンカラーテレビの開発である。シャドーマスク方式の限界を超える技術を探っていた井深は、クロマトロン方式をその選択肢の一つに置いた。開発陣は苦闘を続ける。が、捨てかけた選択肢から新技術が誕生した。

単一の電子銃から三本の電子ビームを走らせる方式を、三人の卓越した技術者が完成させたのだ。それにキリスト教の「父と子と精霊」の三位一体を表すトリニティーをかぶせて、井深は「トリニトロン」と名づける。何よりも明るく鮮明な画面が、世界に歓声を持って迎えられた。

井深はビデオ方式の苦い経験すら、八ミリビデオからデジタル、ハンディカムへの発展の契機にした。七九年に売り出したウォークマンも、七十代の井深と還暦近い盛田の発想で生まれたという。新しい生活感覚を即座に商品化することで、また一つソニー神話が重なった。

井深は技術は使われ、製品は慕われてこそ意味を持つといい、創造性の根源は幼児からの教育だと主張し続けた。膨大な著作の九五％は幼児教育関連である。トリニトロンテレビで米国のエミー賞を受け、企業人で初めて文化勲章を受章した〝産業文化人〟は、亡くなる前、ソニーの明日に備えて、コンピューターと画像技術の研究集団を準備することも忘れなかった。

盛田昭夫と誇り共有

井深大と盛田昭夫。二人の濃密な関係を抜きにして、世界企業ソニーを語ることはできない。一九九七年の井深の死に次いで、盛田もまた九九年にこの世を去った。

二人は戦前、熱線誘導兵器の開発で、民間の技術者と、海軍の技術将校として、議論を交わしている。大阪大学理学部物理学科を卒業した盛田海軍中尉はこのとき、天才発明家といわ

●年表

1908　４月11日、栃木県日光町で生まれる
1933　早稲田大学理工学部卒。ＰＣＬ入社
1936　日本光音工業へ
1940　日本測定器に入社、技術担当常務
1945　10月に東京通信研究所設立
1946　東京通信工業に改組し、代表取締役専務
1950　国産初のテープレコーダー開発、社長に
1955　トランジスタラジオ発売
1958　社名をソニーに
1967　経済同友会幹事
1968　トリニトロン完成
1971　ソニー会長
1973　トリニトロンにエミー賞
1976　ソニー名誉会長
1979　ウォークマン発売
1989　文化功労者。ソニーが米コロンビア映画買収
1992　文化勲章受章
1997　12月19日、心不全で死去、享年89

れ、無垢で自由で卓抜な発想力を持つ、日本測定器常務の井深に強くひかれる。

盛田は戦後間もなく、井深が白木屋で旗揚げしたのを新聞のコラムで知り、すぐに協力を申し入れた。盛田は造り酒屋の長男。二人は盛田が当面家業を継げないことの承諾と、新事業の資金的な協力を得るために、盛田の父に会い、快諾を得る。

二人の創業者の関係を車の両輪に見立てるとき、天才肌の井深を、盛田が一歩引いて陰から支える、という図式で語られがちだ。確かに井深が華のある製品をつくり出し、国際感覚に優れ、おしゃれで人をそらさない盛田が対外的な折衝を受け持って、世界のソニーのブランドイメージをつくり上げるという分業はあったかもしれない。しかし、二人の間には友情と尊敬に加えて、もっと複雑な思いが介在していたのかもしれない。

『人間　井深大』（島谷泰彦著）によれば、一九五五年（昭和三十年）トランジスタラジオの売り込みで、盛田は米国の大手時計会社から「ソニーブランドを外して、こちらのブランドで売る契約なら、十万台引き取る」という条件を提示された。盛田はそれをけった。「五十年前にはあなたの会社も無名だった。五十年先にはソニーは今のおたく以上に有名になっている」。痛快なたんかである。実はそれを言わせたのは、井深と対等なパートナーであるとの誇りだったという。「単なる東通工の営業課長だったら、すぐに十万台売っていたに違いない」。盛田は後年、こう語っている。

岩崎小弥太（いわさき・こやた）

三菱を率いた資本家経営者

日本の産業史上、最大の「資本家経営者」は岩崎小弥太だ。戦前すでに三井や住友は資本と経営が分離していたのに対し、終戦時まで三菱財閥を率いた。伯父の弥太郎、父の弥之助に続く二世代目の小弥太はエリート教育を受け、理想に燃えて経営に当たった。口癖のように唱えた「国家のために」は、利益追求の企業社会で、理想主義者が自己を正当化するための表現だったのだ。

「秋さまざま病雁臥《がんふ》すや霜の上」

終戦直後の一九四五年（昭和二十年）十一月初め、岩崎小弥太（俳号は巨陶）は、病室で真っ白いシーツに横たわる自分を詠んだ。一カ月後、息を引き取る。辞世の句の「さまざま」は、死の直前まで信念の戦いを貫いたことを、サラリと言ってのけたものだ。

十月二十三日、渋沢栄一の孫、蔵相の渋沢敬三が三菱本社に小弥太を訪ねた。「ＧＨＱ（連合国軍総司令部）の意向だから、財閥本社は過去を反省したという形で自主的に解散してほしい。すでに三井、住友は了解しています」。小弥太はきっぱりと断ったうえで、三菱系以外の株主への配当を認めるよう求めた。

二十二日と二十四日には、終戦連絡事務局総裁の児玉謙次からも説得を受けたが、拒んだ。政府と小弥太の間で奔走した当時の三菱商事社長田中完三は、小弥太の主張を聞いている。

「三菱は国家社会に対する不信行為をした覚えはないし、軍部と結んで挑発行為をしたこともない。国策の命ずるところに従い、国民の義務として全力を尽くしただけで恥ずべきことはない。かつ三菱を信用して投資してくれた一万三千の株主に対する信義上からも、断じて自発的に解散する理由はない」

直後、小弥太は発病し、二十九日に東大病院に入院。田中ら幹部は政府の要請を「命令」と解釈して受け入れることにする。小弥太もやむなく了承した。十一月一日には、三菱本社の株主総会が開かれ、解散を決議。配当も取りやめた。

小弥太は社長在任の二十九年間、「利益をあげるのが事業の当然の目的だが、第一の目的は国利民福に寄与することだ」と、くどいほど訴え、その経営哲学を貫こうとした。自主解散は、理想の経営を追い求めてきた自らを否定することになる、と考えたようだ。

原点は若き日の英国留学にある。成熟した英国社会を見て、日本も近代化、国力の充実が必要と痛切に思い、改革を使命と考えた。

同時期、夏目漱石も高校教授の官費留学第一号としてロンドンにいた。漱石は小弥太らケンブリッジ組を見て「彼等は皆紳商の子弟にして……年々数千金を費やす事を確かめ得たり」（『文学論』）と書いている。

漱石は本を買い込み下宿で研究する貧乏生活を続け、神経衰弱になる。小弥太は身長百八十センチ、体重百三十キロもの偉丈夫。英国のエリート層と堂々と交遊しながら社会主義に傾倒するなど学問に精を出した。

帰国したら政治家になり、新聞社も経営したいと理想に燃えた。しかし財閥二世の路線は敷かれていた。それでも、父から三菱への入社を命じられた時は「思うように経営していいなら」と気概も見せている。

小弥太のように割り切れない漱石は、帰国後数年で教師を辞める。財閥の代表として「岩崎」が気になるようで、よく書いた。「昨日までは岩崎の勢ならば何でも意の如くなりたるが故に今日も岩崎の勢ならば出来ぬことはあるまじと思へり」（『断片』）。それが国民一般の三菱に対する見方だったのだろう。

小弥太は後ろ指を指されないように理想の経営を目指した。有名な三綱領「所期奉公・処事光明・立業貿易」も小弥太の訓示から生まれた。戦艦武蔵や零戦を製造しても、潔癖な小弥太は「政商」と言われるのを嫌い、軍人や政治家とは交際も妥協もしなかった。

三菱造船と三菱航空機の合併に軍部が反対した時は介入に反発、「受注できなくなっても構わない」と強行した。三菱重工業会長の郷古潔が東条内閣の顧問に決まった時も怒った。「一切政治活動はまかりならない」との社内告示をしたほどの徹底ぶりだ。生産に専念して国力の増強を図るのが三菱の責務とした。

日米開戦直後の四一年（昭和十六年）十二月十日、「鬼畜米英」が叫ばれる中、小弥太は三菱協議会（幹部会）で驚くべき訓示をしている。「不幸にして英米と戦争するが、提携先の身辺と権益を擁護するのは日本人の情義で義務。平和が回復すれば再び忠実な盟友になるはずだ」。出席者は当然、かん口令を敷いた。

小弥太の意を体し、米企業と資本提携していた三菱電機と三菱石油は、支払うべき技術料などを蓄積、戦後返還した。米側の出資分は三菱本社が引き受け、確保していた。戦後、ウエスチングハウスなど米側企業は、両社のため分割阻止と「三菱」の社名維持をＧＨＱと米政府に掛け合い、成功している。

「小弥太の経営上の功績は弥太郎が興し、二代弥之助、三代久弥（弥太郎の長男）の各社長が引き継

いだ家業を分社化で近代的な経営に切り替えたことだ」（三菱商事会長の槇原稔）

三菱企業史の研究家、宮川隆泰は『中外商業新報（現日本経済新聞）』の特ダネですよ」と三四年（昭和九年）三月二十九日付の記事を示した。

「三菱精神綱要」とある、その内容は、グループ各社の株式を順次公開し、岩崎一族は合資会社を除き、役員を退くとしている。この綱要は三菱の公文書にはないが、その後の経営改革の基本計画といえた。終戦時、三菱本社に対する岩崎家の持ち株比率は四七・八％と半分を割り、三井家の六三・六％を下回る。

小弥太亡き後も「国家のために」は生き続け、三菱グループは戦後の復興、重化学工業の発展や高度成長に貢献した。だが、今や日本は富国強兵時代にはない。企業は市場機能を通じて社会に寄与することが、新たな理想になっている。

漱石はすでに大正期にこう喝破した。「豆腐屋が豆腐を売ってあるくのは、決して国家のために売ってあるくのではない。根本的の主意は自分の衣食の料を得るためである。しかし当人はどうあろうともその結果は社会に必要なものを供するという点において、間接に国家の利益になっている」（『私の個人主義』）

総会屋事件などの不祥事の後、三菱各社は小弥太の三綱領を「パブリック・フェア・グローバル」などと言い換え、改めて市場主義の行動指針として掲げた。理想の経営を追い求めた小弥太の思いが現代によみがえるのは、これからだ。

丸ビルの建設を決断

一九九九年、東京・丸の内で「丸ノ内ビルヂング（丸ビル）」の起工式があった。「小弥太さんの決断で建てた旧丸ビルは当時、驚天動地のビルだった。これに負けない、最先端の建物にしなければ」。三菱地所社長の福沢武は、こう念じながらクワを入れた。

旧丸ビルの完成は一九二三年（大正十二年）二月。画期的なのは規模や工法だけではない。一、二階をショッピング街とし、一般に開放したりと、ざん新な試みがふんだんになされた。総工費は九百万円だった。

「リスクが大きすぎる」と建設には社内の慎重論が強かった。当時、ビジネスの中心は日本橋で、丸の内は空き地が多い未完成の市街地。地所部長の赤星陸治（初代の三菱地所会長）らは議論をしていてもらちが明かないと、小弥太に直訴。小弥太は建設を決断した。合議制では丸ビルはできなかったろう。

赤星はすっかり小弥太に傾倒する。丸ビルに入居してきた俳人の高浜虚子に赤星が入門、小弥太を誘っている。赤星は小弥太の経営哲学を自らの仕事に引き直し、戒めとした。

「地主や家主は大切な国土を預かるのであって、その責任は重大だ。王道をたどれば、一時の不振があっても最後には楽園を現出する。覇道を行っては一時の成り金的な繁盛があっても必ず没落する。これは土地家屋の経営では特に甚だしいものだ」（『実業の日本』二七年五月一日

●年表

1879　8月3日、東京・駿河台に誕生
1900　東大法科を中退し、英国へ
1902　ケンブリッジ大学に入学
1906　帰国、三菱合資副社長に就任
1912　成蹊実務学校を設立
1916　弥太郎、弥之助、久弥を継ぎ、4代目社長に就任
1917　製鉄、造船を分社。19年までに倉庫、商事、鉱業、銀行も分系会社、三菱合資は持ち株会社に
1920　三菱鉱業の株式を公開。その後、分系会社の公開を進める
1923　丸ノ内ビルヂング完成
1934　社是「三綱領」が成立
1937　株式会社三菱社に改組
1943　三菱本社に改称
1945　戦時下の関西各工場を視察。11月三菱本社が解散決議、社長退任。12月2日、66歳で死去

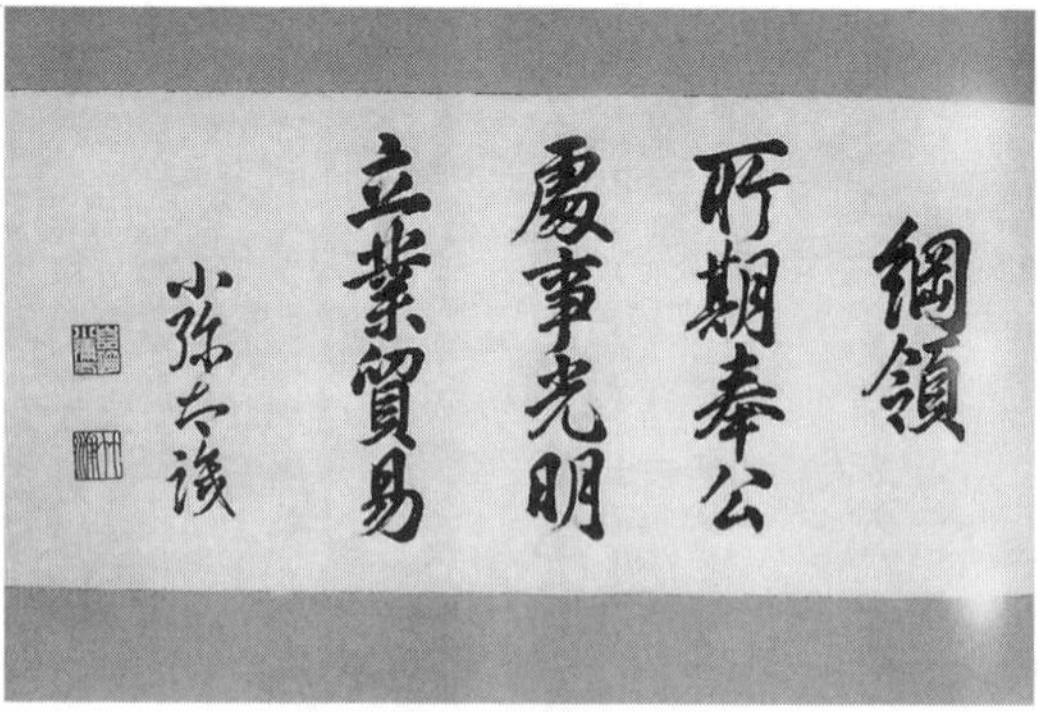

岩崎自筆の三菱商事の三綱領

号の寄稿文要約)

丸ビルの完成から半年後、関東大震災がぼっ発。三菱は政府に五百万円を寄付したほか、各地の岩崎邸を避難所として開放した。耐震に力を入れていた丸ビルも損傷が軽く、被災者救護の基地の役割を果たした。

今、都心周辺で新しいオフィス街が続々と生まれている。三菱重工業が東品川に本社移転を決めるなど、「三菱村」の丸の内は地盤沈下が危ぶまれる。旧丸ビルが丸の内発展の起爆剤になったように、新しい丸ビルは、再び日本のビジネスセンターのシンボルになれるだろうか。

大倉和親

（おおくら・かずちか）

「ノリタケ」を世界ブランドに

大倉和親はわが国貿易業の草分け、森村市左衛門の経営理念を引き継ぎ、セラミック王国の森村グループを築いた。大倉が心血を注いでつくり上げた陶磁器の「ノリタケ」こそ、戦後の「ソニー」「トヨタ」などに先駆けた日本発の〝世界ブランド〟といえる。それを可能にした徹底的な品質追求の姿勢は、世界に冠たる日本の製造業の強さを象徴している。

一冊の、古ぼけた分厚い手帳がある。中を開くと、まるで米粒に書くように小さな鉛筆の字が、びっしりと詰まっている。従業員の採用数、給与、製品の歩留まり、売上高や利益の推移……。今なら、パソコンに入力するところだろう。几帳面《きちょうめん》で、辛抱強く、手抜きが嫌い、仕事に没頭。この手帳の持ち主の性格が分かる。「大倉和親はそんな経営者でした」。手帳を保存しているノリタケカンパニーリミテドの会長、日野哲也は晩年の大倉を思い出す。

森村市左衛門ら森村組幹部は一九〇四年（明治三十七年）一月設立の日本陶器（現ノリタケ）代表社員（社長）に、こんな青年を抜てきした。期待に違わず、大倉は日本陶器、東洋陶器（現ＴＯＴＯ）、日本碍子（現日本ガイシ）、日本特殊陶業、伊奈製陶（現ＩＮＡＸ）などを育て上げた。「現在、五社合計の連結売上高は一兆三千億円。セラミックでこれだけの事業規模のグループは世界中どこにもない」（ノリタケ社長の岩崎隆）。日本ガイシ相談役の竹見淳一は「世に森村グループと呼ばれるが、『森村・大倉グループ』が本当だ」とさえ言い切る。

森村が貿易を志したのは、友人福沢諭吉の「日本から流出している金銀を取り戻すには輸出を振興するしかない」との主張に共鳴したからだ。主力商品は陶磁器。米国で需要が高まると、自ら製造に乗り出す必要から、今の名古屋市西区則武新町に工場を建設する。

陶磁器製造を任されたのが、森村の義弟で番頭役の大倉孫兵衛。実務の責任者が、その子の大倉和親だ。一九〇三年、工場用地が決まるや、大倉はまず、敷地の真ん中に自宅を建てた。跡地は現在、本社工場内で神社になっている。

二階建ての洋館ができると、新婚の夫人とともに入居した。完全な職住一致だ。大倉の孫、大倉陶園取締役の渡辺弘雄は「和親の趣味は乗馬くらい。森村グループの立派なゴルフ場もあるのに手を出さなかった。日記を見ても、日常の実務的な事柄ばかり」と、仕事の虫ぶりを指摘する。

アイデアマンだった。ゴム印による効率的な絵付けを自ら考案し、実用化に成功している。大倉は徒弟制度の家内工業だった陶磁器を、近代的な産業に切り替えていったのだ。窯から出してみなければ分からないというのではなく、効率と品質の確保を目指した。

事業がようやく黒字転換した一九一〇年、創業以来の技師長、飛鳥井孝太郎が退職した。職人気質の残る飛鳥井は石川県出身で、九谷焼の陶工を多数採用していた。一方、大倉は東京高等工業学校（現東京工大）出身の江副孫右衛門らを採用するなど、世代交代を進めた。当然、飛鳥井と対立、ついに解任に踏み切った。

実は、このころ森村組の組織の近代化を巡っては、株式会社化を進めようとする大倉親子と、個人的な信頼関係の組合であるべきだという考えの森村が対立していた。一時は、分裂の危機にさえ陥った。陶磁器という製造業が台頭するにつれ、近代化は避けられない流れになっていた。

大倉は陶磁器製造で「ユニフォーミティー（均質化）の追求という品質第一主義」（竹見）を心掛けた。江副らを引き連れての一二年の欧米視察が転機だった。「従来の（花生けや飾り具などの）ファンシーものより、需要が拡大している食器、さらにディナーセットを製造、輸出しなければならない」と痛感する。

必要な硬質白色磁器の製造にはメドをつけていた。残るは八寸皿（直径二十五センチの皿）。どうしても中心部が垂れてしまう。ドイツのある研究所で「素地の強さより、原料の均一性を研究開発の主力にすべきだ」との助言を受けた。帰国後、試験製造は成功。しかし、工場生産は失敗する。

思い余った技師の一人が、欧州製の皿をたたき割って気が付いた。中心部が肉厚になっている。これまで重くならないよう薄くしていたのだ。一四年（大正三年）、待望久しいディナーセット第一号が完成。研究を始めてから二十年の努力が実った。大倉らは涙を浮かべ、いつまでもその製品を見つめていたという。

欧米の模倣から出発しながら、創意工夫を重ねて品質でこれを上回り、世界ブランドを確立する。創立三十年には「欧米の製陶家が我々の模倣をする様に迄、進んで……」と自負している。戦後の自動車や電機にも通じる、強力な日本製造業の生き方は、大倉率いる「ノリタケ」から始まったと言っていい。

品質を追求する姿勢は、大倉陶園（当初は東京・蒲田、現在は横浜市戸塚区）の陶磁器製造に顕著だ。大倉親子が森村に迷惑を掛けない「道楽」として私財を投じて一九年に創立した。「良きが上にも良き物を」が社是の最高級志向。だが、大倉は「名人気質は許されない。効率化に努力したい」と社員に訴えることも忘れない。最近は美智子皇后も愛好され、事実上の皇室御用達になっている。

大倉経営のもう一つの特徴は「一業一社」。日本陶器が衛生陶器の国産化にメドをつけると、小倉

日本陶器の衛生陶器研究所では、型・成形・焼成・釉薬などの研究が行われた
（大正初年の成形作業場）

工場（北九州市）を分離独立、一七年に東洋陶器を設立したのが皮切りだ。芝浦製作所の勧めで開発していた高圧ガイシ部門を切り離し、日本碍子とし、同社内で育った点火プラグは、日本特殊陶業として分社化した。

森村の座右の銘は「懈怠《けたい》は死なり」だった。大倉はこれをよく心得て、日本陶器の事業に懸命に取り組んだ。だから、事業の成功と発展のためには適任者を選び、それぞれが事業に専念できるようにする仕組みが肝要と考えた。結論が一業一社だった。

戦後の財閥解体で森村グループもばらばらになり、株式の持ち合いはほとんどない。ニューセラミック分野の一部では競合しているほどだ。純粋持ち株会社が解禁されたことで、再統合が話題となる。可能かどうかは分からない。が、大倉の進めた一業一社は、日本企業が強さを取り戻すための新しいシステムとして再び注目されている。

森村の志　引き継ぐ

もし、大倉和親がいなければ、存在しなかったかもしれない意外な企業がある。サカタのタネだ。創業者の坂田武雄が大倉の追悼文に経緯を記している。大正期に農産種子の輸出を始めたが、資金繰りに行き詰まってしまった。知人を通じて大倉に資金援助を申し入れる。

大倉は「自分には分からないが、とにかく新しい仕事で、しかも外貨を得られるなら、日本

●年表

1875　12月11日、東京・日本橋生まれ
1894　慶応義塾卒、森村組に入る
1895　米イーストマン・ビジネス・カレッジ修了、ニューヨークのモリムラブラザース入社
1903　父孫兵衛らと陶磁器で欧州視察
1904　日本陶器設立、代表社員に
1912　白色磁器研究で欧米視察
1915　衛生陶器で欧米視察、トンネル窯の国内特許使用権を取得
1917　東洋陶器設立、社長に。株式会社化した日本陶器社長、森村商事取締役に就任
1919　日本碍子設立、社長に。父孫兵衛と大倉陶園を創立
1920　大連に大華窯業設立、営業主に
1921　匿名組合の伊奈製陶所と坂田商会の設立を支援
1922　日本陶器社長を辞任
1924　伊奈製陶の株式会社化で会長に。日本陶器取締役を辞任
1936　日東石膏、日本特殊陶業、共立窯業原料を設立
1955　7月1日死去、享年79

国に役立つ」と快諾。加えて、自分の仲間にも声を掛け、森村市左衛門の二男、開作らが出資することになった。一九二一年（大正十年）、匿名組合坂田商会が発足。後に、大倉は組合員代表にも就任している。

坂田は大いに事業を拡張するが二三年、関東大震災で店舗が焼失するなどの打撃を受け、輸出手形が不渡りになって銀行融資が止まってしまった。再び、大倉に泣きつき、富士紡の株券を借用、銀行に担保として差し出した。大倉は「たいへんな道楽になった」と苦笑い。恐縮した坂田は「今後は迷惑をかけまい」と堅実経営に転換した。

同じような経緯の、もう一つの会社はＩＮＡＸだ。現会長の伊奈輝三の祖父と父は土管製造業に懸命に取り組み、二一年、匿名組合の設立で大倉に出資を頼んだ。大倉は「同じ窯業の土管が日本の建設に役立つなら」と応じる。事業は赤字続きで、大倉は自分の土地を売ったりして穴埋めもした。資金は貸したのではなく、くれたのだという。

株式会社化で会長にもなった大倉が四七年（昭和二十二年）に伊奈製陶を退く時、従業員に残した「ひとこと」がある。伊奈は今も、それを読むたびに感激でのどが詰まるそうだ。

「これという仕事をしないうちに年をとり、職を退きます。心からの謝礼として、本社の株を皆様に差し上げます。皆様は心身ともに健全を保ち、一意優良な製品を供給してください。世人から『立派な会社よ』と言われる日が来るのを楽しみに私は余生を送ります」（要旨）

実際、大倉は所有する伊奈製陶株の七五％を無償で分けている。自分の財産を殖やすためではなく、国のために事業をする。森村市左衛門の志は、確かに大倉に引き継がれていた。

大倉喜八郎
（おおくら・きはちろう）

創業した企業群が、近代産業の礎に

鉄砲商から身を立て、明治維新後は貿易商社、建設業に転身。化学、製鉄、繊維、食品など、近代産業の礎になる企業を数多く興した。生死の境をくぐり抜ける冒険で、大倉財閥を築き上げた大倉喜八郎の活動範囲は企業経営の枠を超え、社会公共にも及んでいる。「戦争屋」「元祖成り金」と呼ばれる一方、「商傑」「士魂の持ち主」とも評された人物だが、その挑戦心と明治人の気骨は、現代においても光彩を放っている。

「渡り来しうき世の橋のあとみれば／命にかけてあやふかりけり」

晩年、大倉喜八郎は青年期から壮年期を振り返ってこう詠んだ。武家の出身でもなければ薩長のような藩閥の後ろ盾もない。命懸けの冒険こそが世に認められる手段だったのだろう。

新潟・新発田から江戸に出たのが十七歳。かつお節店員、乾物店主を経て一八六七年（慶応三年）、鉄砲店の大倉屋を開業した。時は戊辰戦争の目前。洋式兵器の注文は官軍、幕府軍の双方から舞い込んだ。

大倉が語る「第一の冒険」は彰義隊の戦争である。官軍が上野の山に立てこもった彰義隊を攻撃する前夜のこと。大倉は突然、彰義隊に連行された。官軍に鉄砲を売っていたからだ。

生きて帰れないと観念した大倉だが「官軍は現金払いなので売ったまでです」と商売の理を説き、九死に一生を得た。こうした体験が大倉を官軍御用達にしていく。


明治維新後、大倉が目指したのは外国貿易だった。「まずは欧米の商業を学ぼう」。大倉は一八七二年（明治五年）、米国から欧州を一年以上かけて回る旅に出る。

ちょうどこの半年前、明治政府は内大臣の岩倉具視を全権大使とする「岩倉使節団」を、欧米に派遣していた。ロンドンやローマに滞在した際、大倉は使節団の大久保利通や木戸孝允、伊藤博文らと殖産興業を話し合う。この出会いが大倉の運命を大きく変えた。

帰国後、大倉組商会を設立し、貿易に乗り出した大倉を飛躍させたのは、建設・土木業への進出である。きっかけは仙台市に建設する洋風刑務所の宮城集治監。建設業者がひしめく中で、内務卿の大久保は大倉組を指名した。

大倉組には建設・土木の実績がほとんどない。藩閥とも無関係で、異例の指名だった。欧米で知り合い、台湾出兵や西南戦争では命懸けで軍の御用を務めた大倉に、大久保らの信頼が高まっていたのだ。その後も大倉には、鹿鳴館建設などの事業が舞い込んできた。

文明開化の波が押し寄せる中、大倉は一八八七年（明治二十年）、巨大ゼネコン（総合建設会社）を創設する。藤田伝三郎の藤田組と大倉組の土木部門を合併した有限責任日本土木会社だ。資本力、技術力ともに群を抜き、帝国ホテル、日本銀行、歌舞伎座、碓氷トンネルなど、後世に残る建造物を請け負った。

日本土木会社は五年半で解散を余儀なくされ、建設部門の大倉土木組（現大成建設）と、商業、鉱業部門の大倉組に分離する。九八年に倒産した大倉商事の前身は、この大倉組である。

大倉組の実力がいかんなく発揮されたのは戦争だった。軍需品の調達、輸送はもちろん、日露戦争では塹壕《ざんごう》や架橋用の製材工場を鴨緑江流域に移設し、弾丸の飛び交う中で操業している。戦争は危険なうえ無理難題を押しつけられる。三菱、三井のような財閥も二の足を踏んだ。実力があり危険な仕事にも応じられるのは大倉組しかなかった。

日清、日露の戦争は、大倉に膨大な利益をもたらした。これを元手に数えきれないほどの企業を興す。

特に日露戦争後は日本化学工業、東海紙料（現東海パルプ）、帝国製麻（現帝国繊維）、日本製靴（現リーガルコーポレーション）、日清製油、札幌麦酒（現サッポロビール）等の設立に関わった。

旭川の工事現場を視察する大倉（前列中央、大成建設提供）

あくなき事業意欲は、中国大陸に広がっていく。「満州（現中国東北区）を経済的に経営するのが戦死者への供養だ」。日露戦争中、旅順攻撃の前線を慰問した大倉は大陸進出を決意。それが国策に合致すると見た外相の小村寿太郎は「大いにやってください。骨は私が拾ってあげますから」と激励したという。

大陸で最も力を入れたのは本渓湖の製鉄所と炭鉱開発だ。すでに日露戦争中に大倉組の社員が日本軍に同行して資源調査し、有望との結果が出ていた。その判断に、大倉は現地を見ないで会社設立を決断する。

一度任せたら最後まで信じる。それだけ人物を見抜く目には自信があったのだろう。一九一五年（大正四年）、米国人フランク・ロイド・ライトに帝国ホテルの設計を依頼したときも周囲の大反対にあったが、一切口をはさまなかった。

注目すべきは本渓湖の事業を日中合弁にしたことだ。「商売は双方の利益をはかるようでなければ、幾久しく円満な取引は継続しない」

奉天（現瀋陽）の軍閥、張作霖とは様々な合弁事業を交渉した。二五年（大正十四年）満州を訪れた大倉に、張は白馬隊二百騎を護衛に付け「国賓並み」に遇した。合弁が大きな利益をもたらしたからだろう。

中国と共存共栄を目指す大倉は、政府としばしば衝突した。辛亥革命で成立した中華民国臨時政府が、大倉に三百万円の資金提供を求めたときのことだ。革命政権を支援すべきだという大倉に、政府は「冒険的すぎる」と煮え切らない。

「私一人でやる」。憤然と席を立った大倉は、旧友の安田銀行頭取、安田善次郎から借金し、中国側に貸し付けた。大倉の心意気が通じたのだろう。中華民国政府は二年もたたないうちに全額返済している。

大倉が手を染めなかったのが銀行業だ。「借金をして仕事をしながら、その一方で金貸しをすることができるか。おれは銀行など真平だ」。高橋是清は「借りた金ゆえ事業にも熱が入りやり方も堅実にならざるを得ない。非常な見識だ」とたたえた。

新しいこと、人のやらないことに挑む冒険心。それを裏打ちする細心の商人魂。大倉の生涯には現代の日本人が忘れたものがある。

「政商」批判と巨額の慈善事業

大倉喜八郎ほど評価の分かれる人物も珍しい。「木にたとえれば四千年の大樹」（幸田露伴）、「稀に見る士魂の持ち主」（作家の村上浪六）と絶賛される一方で、高村光太郎は「グロテスクな鯰《なまず》」と酷評している。

「政商」「死の商人」と大倉を攻撃したのは「当時新しく注目されだした社会主義者だった」（砂川幸雄著『大倉喜八郎の豪快なる生涯』）。材料は日清戦争時の「石ころ缶詰事件」。戦地に

●年表

1837　９月24日、越後国新発田の名主大倉千之助の三男に生まれる
1867　江戸・神田和泉橋通に鉄砲商を開業
1871　日本初の洋服仕立て店を開業
1872　欧米各国を商業視察
1873　東京銀座に大倉組商会を設立
1877　西南戦争で陸軍御用に
1878　渋沢栄一らと東京商法会議所を設置、宮城集治監を受注
1883　鹿鳴館を受注・建設
1886　東京電灯会社を創設
1887　藤田組と日本土木会社を設立。株式会社帝国ホテルを創設
1898　東京に大倉商業学校を開校
1906　ビール３社を合併し、大日本麦酒を創設
1907　帝国劇場株式会社、東海紙料を創設
1908　日本化学工業を設立
1910　南満州に本渓湖煤鉄公司を設立
1915　山陽製鉄所を創設
1917　財団法人大倉集古館を設立
1918　日清製油を設立
1920　日本無線電信電話を創設
1927　宮内省に隠居届け。家督を長男喜七郎に譲る
1928　４月22日、大腸がんのため永眠。享年90

送られた牛肉缶詰に、石が詰まっていた一件である。

缶詰を扱ったのは辺見山陽堂という会社で、大倉とは関係がない。だが、木下尚江の反戦小説『火の柱』では、大倉をモデルにした悪徳商人が犯人になっており、大倉の死後も、それは事実として信じられた。

大倉は、慈善事業などに巨額の寄付を続けた。例えば、一九一一年（明治四十四年）には、社会福祉法人・恩賜財団済生会に百万円を供している。仮に現在の貨幣価値が当時の一万倍とすれば百億円に相当する。札幌の大倉山シャンツェにも、秩父宮の要請で建造費を出した。

五十万円の寄付で開校した大倉商業学校（現東京経済大学）もそのひとつ。学校設立に際し大倉は「（金を）金庫に封じて子孫に残すも、いたずらに怠慢の助とならん。公益に供用して商業を振るふの資となさん」と語っている。もうけた金は子孫に残さず、国家社会に投じようという考えだった。

東洋美術品の収集家としても有名だ。こんな話がある。中国で義和団事件が起きたとき、中国美術品を満載したロシア船が長崎に入港し、日本で買い手が見つからなければ米国に運ぶという。文化財の散逸を恐れた大倉はすべて買いとった。財団法人大倉集古館を設立、集めた美術品を寄付し、日本初の私設美術館として公開もした。

美術以外にも芝居、書道、邦楽など多趣味だが「鶴彦」の号を持つ狂歌は素人離れしていた。『狂歌・鶴彦集』『鶴乃とも』などに掲載された歌は約二千首に上る。「感涙もうれし涙とふりかはり／踊れや踊れ雀百まで」。没する二週間前に詠んだ最後の歌である。

大河内正敏
（おおこうち・まさとし）

科学者の楽園、理研を率いる

日本史上たぐいまれな頭脳集団、理化学研究所。終戦までこれを率いた大河内正敏は、研究成果を次々に企業化し、ベンチャー企業群「理研コンツェルン」を築いた。戦時中は軍事研究や軍需へと傾斜したが、研究者の自主性を重んじ、日本人の独創性を信じた名伯楽は、欧米の模倣を排して科学技術による自立をめざした。その懐の深さと統治能力は、日本的な「ノブレス・オブリージ」（貴人の責務）の産物かもしれない。

日本経済の閉塞感が強まる中、またぞろかまびすしくなってきたのがベンチャー待望論である。いでよ起業家、育め独創技術、培え起業家精神、促せベンチャー投資……。議論がいきつく先は、リスクをとることを嫌う日本的な精神風土への諦観《ていかん》か、欧米にベンチャーのひな型を求める物まねの追随思想だ。

今から七十年も前、昭和の初期に、基礎研究の成果を産業化する仕組みが日本で機能していたことを知る人は少なくなった。それをつくったのは、設立直後を除いて、戦前の理化学研究所でずっとトップの座にあった大河内正敏である。所長在任は一九二一年（大正十年）から四六年（昭和二十一年）まで、実に二十五年に及ぶ。

その間に大河内が興した事業はおびただしい数にのぼり、四〇年（昭和十五年）には俗に言う理研コンツェルン、正式には理研産業団に属する企業数は六十を超え、日産、日窒などと並ぶ日本の新興財閥に数えられた。そんなところから、コンツェルンのワンマン経営者だった大河内を、日本における先端技術ベンチャー育成の祖として、光を当てる動きがでてきた。

しかし、大河内の発想はいわゆるベンチャー企業とは、ある意味で百八十度違っていた。科学者の楽園とまでいわれた理研の恵まれた研究環境を確保するための資金として、成果の一部を事業化したという色彩が濃い。財団法人で基礎科学の研究を旨とする理研本体がカネをかせぐわけにはいかないので、産業団を育成し、特許料などの形で資金が還流するようにした。

先端技術を素早く産業化する点ではまさしくベンチャー的なスタイルをとりながら、それで得た大きな収益で、さらに事業を拡大し、さらなる利益を目指すという、ベンチャー特有の攻撃的な拡大意欲は薄い。この企業集団に関する貴重な研究書である『新興コンツェルン理研の研究』（斎藤憲著、時潮社刊）でも、理研産業団は、ベンチャーというより、理研を支える企業応援団という性格が強いと指摘している。

大河内の並外れた統治能力は、理研という欧米に比肩しうる研究組織を、常に活性化した状態で運営し続けたことで明らかだ。

理研、正式には財団法人理化学研究所が設立されたのは、一七年（大正六年）の三月である。第一次大戦後に、戦略物資の開発をはじめとする基礎的な技術の必要性が叫ばれ、高峰譲吉の発案と、渋沢栄一らの尽力で、物理と化学の高等研究機関が菊池大麓を初代所長として、ようやくスタートした。

物理部長は原子モデルで世界に名をとどろかす長岡半太郎、化学部長はグルタミン酸の研究などでやはり世界的な化学者である池田菊苗。建物ができて研究が実際に始まる二一年ごろに、研究資金の不足もあって、両部の軋轢《あつれき》が表面化する。両部長のみならず二代目所長の古市公威までが辞表を提出する事態に至った。

第三代所長に就任したのは東京帝国大学教授で、四十二歳の工学博士・子爵大河内だった。大河内は政府からの研究資金を増額することに成功、年齢も科学者としての知名度や格もはるかに上の長岡、池田の協力も取り付け、理研という仕組みの改革に着手する。

まず、部長制をやめ、主任研究員がそれぞれ研究室を主宰し、研究室の独立を確立した。理研の主任研究員は東北帝大、東京帝大、京都帝大などの教授を兼ねていることも多く、研究テーマはもとより、研究員の採用や装置の購入まで、研究室単位で決める。

研究、人事、財政の自由という、当時の日本ではおよそ考えられない「個」を尊重した組織を作り上げた。新しい研究員にだれを迎えるかなどという議論を、研究員同士がおおらかに戦わせたという。

大河内は理研の資材担当者にこう語った。「研究者がほしいというものはたとえ高価でもできるだけ即座に買ってください。科学者には勢いがありますから、それをくじかないように」。そうした多額の研究費は、国は出してくれない。貴族院議員でもあった大河内は、国策としての科学研究に政治家たちがいかに無関心かを熟知していた。

当時の財界もまた基礎研究を振興するという認識を欠いていた。目前の利益しか考えず、技術開発をおろそかにする経営者たちに皮肉を込めて、大河内は理研産業団の経営を「知能経営」と呼んだ。

言ってみれば、国や財界の無策に対し、自力で資金を稼ぎ、研究がどれくらい経済に貢献するかを見せつけるのが、大河内式事業経営だったのではないか。昭和に入ると、池田研究室の研究員、磯部甫の湿度調節剤アドソールという有望発明の事業化を機に二七年（昭和二年）、最初の企業、理化学興業を設立する。

それからは一気呵成《かせい》。合成酒（理研酒＝利休酒）、ビタミンA・D、ピストンリングなどの事業を展開し、三四年からは感光紙など部門ごとに次々事業を独立させていく。

理研工業柏崎工場でのピストンリング製造現場（1942〜43年ごろ、リケン提供）

そして、三六年からは、戦時生産体制に組み込まれ、技術をもった中小企業を取り込むなど、研究費調達とはかなり様相を異にしていく。四三年には、九百人を超す研究員と、研究支援・試験スタッフ八百人、一万坪の敷地に百十八棟の建物が並ぶ、巨大な研究機関に成長していた理研は、六十を超す大企業群を持つコンツェルンになった。

旧大多喜藩主の長男として一八七八年（明治十一年）東京で生まれた大河内は、旧吉田藩主の養嗣子となり爵位を嗣ぐ。東京帝大で造兵科に学び、ドイツに留学、弾道や砲の力学を修めた俊秀はわずか三十三歳で帝大教授となる。物理学への理解や戦略的な経営手法は、造兵学のなせるわざと言える。名門出身の秀才は実社会の壁に挫折しがちだが、大河内は正々堂々と王道を歩み続けた。

列島改造論、下地作る

大河内はいくつものユニークな産業政策を提言し、実行に移している。芋づる経営、単能機械、科学主義工業、農村工業などだ。これは一部では高い評価を得ているものの、研究所の運営ほどには成功していない。ただ、後の世の日本列島改造論という、我が国の進路を左右する政策の下地を作ったことは、間違いない。

「田中角栄さんを時々理研でみかけましたよ」。理研香料会長の永井国太郎は、海軍の将校として理研で大河内の謦咳《けいがい》に接した。そこに、大河内に私淑していたという田中もよく顔をみせ

●年表

1878　12月6日、旧大多喜藩主大河内正質の長男として生まれる
1898　旧吉田藩主大河内信好の妹一子と結婚、養嗣子として入籍
1900　第一高等学校卒業、東京帝国大学工科大学造兵科入学
1908　ドイツ留学
1911　東大教授
1915　貴族院議員初当選
1920　理化学研究所研究員を兼務
1921　理化学研究所所長
1925　東大教授辞任
1927　理化学興業創立、会長に
1929　資源審議会委員
1941　理研工業（理研コンツェルンの主要7社合併）の会長に
1943　内閣顧問
1945　戦後対策審議会委員、戦犯容疑で巣鴨拘置所へ
1946　巣鴨出所、理研所長辞任
1951　公職追放解除
1952　8月29日死去、73歳

ていた。理研グループの最初の工場が、新潟県の柏崎に立地した縁という。

この地の西川鉄工所や岩戸屋旅館との交流は相当密だったようで、理化学研究所資料室の正木弘子によると、大河内は週末には、寸暇を割いて柏崎と東京を往復していたという。

農村の工業化と産業立地の再配置を唱えた大河内は、農閑期に非熟練者でも作業が可能な、単能機械による部品づくりを提唱し、一九四〇年（昭和十五年）柏崎付近の農漁業地域にいくつも作業所を設けた。この理研重工業の農村工業部は、高崎や熊谷にも置かれた。長続きはしなかったが、一時期でも、農村に経済的な利益をもたらしたのは事実で、田中が思想的な影響を受けた可能性は高い。

永井によれば、大河内の性格や行動は「大名」という形容しか当てはまらないという。金銭に拘泥するところはまるでなく、人に接するにどこまでも公平を旨とした。

東京湾に脚立を立てて青ギスを釣り、陶磁器についてはその著書が十を上回る目利きで、研究家でもあった。古九谷、鍋島、柿右衛門の評価を定着させた先駆者とされる。画の才も豊かで、もうけた五人の男子のうち、二人が画業についている。絵にかいたような多趣味、多才の美丈夫なお殿様が、科学技術をビジネスにしたのである。

太田垣士郎

（おおたがき・しろう）

難工事のクロヨンダム建設

危険に敢然と挑む男だった。関西電力の初代社長、太田垣士郎の名を高めたのは黒部川第四発電所（クロヨン）の建設である。戦後の電力不足を解消するため、難工事覚悟で着工したものの、長期間の工事停止により建設断念寸前まで追い込まれた。だが「安全度七分で着手するかどうかに経営者の手腕がかかっている」という信念は揺るがない。リスクに挑む背景には、経済再建への使命感と周到な準備があった。

一九五二年（昭和二十七年）暮れから五三年初めにかけて、常務会を何度開いても結論は出なかった。最後は、あまり発言しなかった太田垣士郎が口を開く。「どんな計画にも危険はある。勇断をもって実行しなければ事業はできない」。こうして関西電力はクロヨンの建設を決めた。

クロヨンは設計最大出力二十五万八千キロワット。当時としては日本最大級の水力発電所だ。完成までに七年かけ、延べ一千万人の労働力と五百億円を超す巨費を投じた。使用したセメントは丸ビル五杯分にも達する。社運をかけた事業だった。

標高二千五百メートルから富山湾まで、八十六キロメートルを一気に下る黒部川は、積雪や年間降水量も多く、両岸は切り立ったがけが続く。水力発電に理想的なことは古くから分かっていた。しかし、発電に理想的な条件はダム建設には厳しい。

豪雪地帯で工期が限られるうえに、国立公園のため、黒部川流域の開発には制約が多い。下流から大型資材を運び上げるのも難しい。景観維持のため、発電所などは地下に収容せざるをえないが、そこには大規模な水脈が存在する可能性がある。このため大正時代から、幾多の建設構想が生まれては消えていた。

こうした悪条件を打開する起死回生の策が生まれる。富山県側から黒部川をさかのぼらず、長野県大町市からダムの工事現場まで、後立山連峰を東西に貫く全長五・四キロメートルのトンネルを建設する大胆な構想である。現場へ大型資材を運ぶ工事全体の生命線だ。

ところが、着工して八カ月後の五七年（昭和三十二年）四月、心配していた破砕帯に遭遇。大量の冷水が噴き出して工事は中断を余儀なくされた。内部は滝か川かとみまごうばかり。地下水の噴出を止める手立てはことごとく失敗する。

三カ月後に工事を再開するが、直後に再び出水。「クロヨン絶望か」「関電、経営危機」などと報じられる。社内でも技術陣から、別のルートを探すべきだという意見が出始めた。

工事中止が長引き、現場はトンネル崩壊の危機に浮足立った。だが「後ろを向いたら立ち直れなくなる。心を鬼にしてでも前へ向けるしかない」。太田垣は設計変更を一切認めない。「あきらめるな」とゲキを飛ばし続けた。

進むも地獄、退くも地獄。八月には現地入りし、制止を振りきって破砕帯に足を踏み入れた。ずぶぬれになりながら、「でかい仕事に困難は当たり前じゃあないか。クロヨンはあなたがたにかかっている。一緒に苦労して、一緒に喜びましょうや」。泥まみれの作業員の肩をたたき、大声で笑いかける。太田垣はトンネルから二時間出てこなかった。忙しい中、五日間も現場にとどまったという。

普段は軽口をたたく太田垣が、口を横一文字に結んだままになった。怖くて、社長室にはだれも近づかない。孤独な部屋で空をにらみ、考え込む日々が続く。夫人によると、深夜自宅へ戻ると、ひとりになるのを待ちかねたように、応接間の壁に向かって立ち、怒鳴り始めたという。理由を尋ねても「関係ない」。腰に手をやって、いつまでも壁をにらんでいたそうだ。

十一月に掘削を再開できたのを聞いた太田垣は、うめくように「よく頑張ってくれた」。後に、このころを「生涯で最も苦しかった」と振り返っている。

太田垣士郎

クロヨンダム建設現場を視察する太田垣（左から3人目、1958年）

太田垣が危機を乗り切れたのは、単に運に恵まれていたからだけではない。五一年（昭和二十六年）五月、電力再編で発足した関電に、京阪神急行電鉄（現阪急電鉄）社長を辞した彼は、部下も連れず単身で乗り込んだ。待ち構えていたのは電力不足・労働問題・内部対立である。企業として団結、一つの目標に進む体制からは程遠かった。

太田垣は社長就任わずか二十日目に、建設費が百十億円、何と資本金の七倍にあたる丸山水力発電所の建設を提案している。水力発電は一万―二万キロワットが普通だった時代に、最大出力十二万五千キロワットである。「技術的に無理」「資金確保が難しい」。役員の大半が反対し、役員会は紛糾した。「素人社長は黙っていろ」という反発も当然あった。

しかし、太田垣には電力不足の解消以外に、計算があった。「でっかいことに全社を挙げて挑戦すれば、〝和〟が生まれ社内が統一できる」。「外敵」を作って、組織の求心力を高める作戦である。

最大の難関だった資金調達では、日銀総裁だった一万田尚登が来阪する機会をとらえて、自ら「暗やみ陳情」に出た。一万田の関西最初の夜のことだ。

京都の一流料理屋では財界人との宴たけなわ。そのとき突然、電気が消えた。あわててロウソクを用意するが、五回、六回と続くと、一万田は「関西の電力事情はひどいと聞いていたが、聞きしに勝るね」。すかさず太田垣が「もっとひどくなります。産業がマヒしかねません。電力を増やさないと」。一万田の「よく考えてみよう」の言葉で、資金調達の道が開けた。

ぬるま湯的な体質を引き締めるため、綱紀粛正にも取り組んだ。最初が顔パスの廃止だ。大阪市電や私鉄の職員の電気料金を半額にする代わりに、関電社員の顔パス乗車を認める慣行が残っていたが、「不明朗で筋の通らないものは認めない。社長のイスをかける」と反対を押し切った。

大胆な機構改革にも踏み切った。当時の関電は部が十八、課は六十あったが、一気に八部、三十九課に減らす荒療治。支店や営業所の廃止に抗議して労組はストに入るが、ひるまない。

産業別組合で活動の激しさでは定評のあった全日本電気産業労働組合（電産）を最初に切り崩し、五二年末、関電は社員との独自交渉で賃金などを決めた。

「筋を通す合理化経営に徹底すれば必ず報われる。恐れるな。焦るな。常に冷静であれ」。太田垣は経営訓にこう書き残している。

旧電力会社や在阪私鉄、自治体など十四組織からの寄り合い所帯だった関電を、太田垣は矢継ぎ早の改革と自らの腕力で、わずか一年半の間に〝戦闘集団〟に変身させた。そうでなければ、クロヨン着工のリスクは冒せなかったに違いない。

転職・降格…まわり道人生

太いまゆに太い声。身長百八十センチ近い巨漢。そして大胆な決断——。太田垣士郎には、若いころからエリート中のエリートだったというイメージがあるが、実際は、どこにでもいそうな普通のサラリーマンだった。

大学を卒業して入った新興の証券会社が倒産寸前となり、三十二歳で創業期の阪急電鉄に転

●年表

1894　兵庫県城崎郡城崎町に生まれる
1914　第五高等学校文科甲類入学
1917　京都帝国大学経済学部に入学
1920　日本信託銀行に入社、証券部に配属
1925　阪急電鉄に入社
1930　バス会社に出向
1933　1月に本社復帰、宝塚経営部に。6月百貨店部に
1936　百貨店部営業部長心得
1937　営業部次長に格下げ
1943　10月に阪急電鉄と京阪電鉄が合併して京阪神急行電鉄に。取締役就任
1946　10月に常務。12月社長に就任
1947　長男、長女を相次ぎ失う
1951　2月京阪神急行電鉄社長を辞し、5月に関西電力社長
1956　8月に黒部川第四発電所（クロヨン）着工。11月に関西経済連合会会長に就任
1959　関電社長から会長に
1963　クロヨン竣工式に出席。20日後に盲腸炎で入院
1964　3月16日、70歳で死去

職した。社長の小林一三から突然、「明日から車掌になれ」と言われても、「途中入社の身。毎日が戦いで試験」とひたすら耐えるしかなかった。

太田垣は後年、人生の師の一人に小林を挙げているが、商才にたけた小林イズムになじめず、衝突も多かった。子会社に左遷されたり、部長心得から次長に格下げされたりしている。出世が早かったわけではない。

このころ、太田垣は休暇を利用して、よく旅行をしている。できないことを要求され、苦しみから逃れようと思うと、逆にますます深みにはまって、夜も眠れず、思い余って旅に出た、と自ら記している。人知れず禅の修行も始めた。

京阪神急行電鉄の社長就任は、いわば〝棚ぼた〟だった。終戦の翌一九四六年（昭和二十一年）十月、常務に就いたが、大企業の経営者は戦争協力者として追放される、とのうわさが流れた。そして、社長以下の役員五人が自主的に退任。十二月に急きょ、お鉢が回ってきた。

太田垣への高い評価はこのころから始まる。労組と妥協する経営者が多いなかで、ストにひるまず正面から渡り合った。この闘いぶりが目に留まって関西電力の社長に抜てきされた。

実は京阪神急行の社長時代、労使交渉のヤマ場で長男、長女を相次ぎ亡くしている。それ以来、太田垣は変わった。自ら「捨て身の勇気」と言う。「二人に代わろうと心に決めてからは、どんな苦しい目に遭っても、あのときに比べればと思えるようになった。社会から見放されても地位がなくなっても、奪われた二つの命に比べれば何でもない。こうなると恐れを知らず、苦労を苦労とは思わなくなる」。晩年の述懐である。

大原孫三郎

（おおはら・まごさぶろう）

倉敷を拠点に数々の事業

実業人の器量は、お金の使い方で試される。倉敷を拠点に、紡績、銀行、電力など数々の事業を育て上げた大原孫三郎は、数少ない金づかいの達人であった。労働、学術、美術……。様々な社会事業に先鞭をつけ、一貫してその財をひとに投じた。それは生きた金となって、恐慌、戦争の時代をくぐり抜け、大きな果実を結んでいる。

倉敷市の美観地区。倉敷紡績（クラボウ）の工場跡はレンガにツタのからまる外壁を利用したホテルに変わった。白壁の家並みや掘割、大原美術館と調和し、人々に親しまれている。

この「アイビースクエア」と道一本隔てた敷地に、木造家屋が一軒ひっそりと残る。紡績工場で働く女子工員の寄宿舎である。床の間と押し入れ、縁側のついた六畳間は、今も茶道の稽古《けいこ》に使われる。

一九〇二年（明治三十五年）、二十一歳で父の経営する倉紡に入った大原孫三郎が真っ先に手を着けたのは、千人を超す女子工員の労働環境改善だった。

一八八八年（明治二十一年）の工場開設以来、少女らは十二時間交代の徹夜労働を強いられた。二階建ての大部屋に閉じこめられ、万年床で寝起き。伝染病の集団感染も起きた。「寄宿舎流れて工場焼けて、門衛コレラで死ねばよい」。こんな戯《ざ》れ歌もはやった。

「少人数の者が居心地よく睦まじく、家族的に寝起きすることのできるようにしたい」。綿塵と騒音の中で睡魔と闘いながら働く従業員の幸福を保証してこそ事業の繁栄がある、と大原は考えた。幹部の反対を押し切り、敷地を購入し平屋の「家族式寄宿舎」を建設した。

後に倉敷駅の北側に新しく万寿工場を作る。二棟が向かい合って中庭を持つ「分散式寄宿舎」を設計したのは大原自身だ。今はテーマパーク「チボリ公園」となり、花壇が敷きつめられているが、大正中ごろの写真には縁側や中庭でくつろぐ女子工員の姿がある。

大原は同時に「飯場制度」も廃した。請負業者が炊事一切、日用品の販売を仕切り、工員の口入れ手数料などでピンハネ商売……。工場内で隠然たる力を持つ業者を締め出した。外出や面会を見張る守衛もやめた。細井和喜蔵の『女工哀史』が出版される十年も前の改革である。

大原の生家は倉敷一の大地主。何不自由なく育った。が、生来の癇性と病弱で学校になじめず、いじめにあって、不登校を決め込んだこともある。

東京に遊学するが勉強に身が入らない。富豪の息子に悪友が群がった。高利貸から借りた金で吉原通い、放蕩息子の借財は利息も合わせて一万五千円に上った。今なら億単位の金だ。

驚いた大原家は孫三郎の義兄を東京に派遣する。だが、この姉の夫は高利貸との応対などで心労がつのり急死。大原は自責と悔悟の念に打ちひしがれて郷里に戻った。そのころ岡山で孤児院を営んでいた社会事業家、石井十次と出会う。

このクリスチャンとの巡り合いが、大原の心に一大転機をもたらす。濃尾大地震や水害、凶作は農村部を中心に多くの孤児を生んだ。石井の岡山孤児院は、最盛期に千二百人を収容する最大の施設だった。

大原は事業を支援する一方で、『聖書』を読み日記をつける。二宮尊徳や福沢諭吉の思想にも啓発された。過去を清算し、妻を迎えた一九〇一年（明治三十四年）の大みそか、二十一歳の青年は日記にこう書いた。「二十世紀の第一年に当たった本年は、余の心霊上の大改革の年であった」

「金持程世に不幸なものあるまい。悪魔に対して最もよい得意先なればなり」と自戒。「大原の財産なるものは神のために作られているもの……財産は余の天職のために与えられたものである」と決意する。

父の後を継ぎ倉紡社長、倉敷銀行頭取に就いた大原は、己の考える「天職」に向けて猛然と進み始めた。二十六歳になっていた。

吉備紡績所の買収を手始めに、倉紡を関西紡績界の雄に育てあげ、リスクの高い人絹事業に果敢に進出する。電力確保のため電力会社（後の中国電力）を、資金調達のために地元銀行を集め第一合同銀行（後の中国銀行）を作った。

孤児院に携わった経験から、「救貧は防貧に如かず」と考える。米騒動を見るにおよび、大原社会問題研究所設立に踏み切った。

「社会」の二文字だけで危険思想と見なされた時代である。『貧乏物語』を著した京大教授河上肇を訪ね所長就任を打診。だが河上は「私の所に度々来られると、あまりあなたのためになりませんよ」と東大教授の高野岩三郎を推した。

後に所長となる高野は「思想弾圧が予想され迷惑がかかる」と大原の名を外すことを提案。だが、「卑怯な気持ちがする」とそのままにした。

第一次世界大戦後、労使対立が世界的に広がる。日本では鐘紡の武藤山治が人道主義、温情主義を唱えたが、大原には子供の独立心、自立心を奪いがちな孤児院事業の反省があった。

恩を施し保護する慈善、施恩は時代遅れとし「労使は対等で、労働者一人ひとりの人格を認める」という意味で「人格主義」の言葉を使った。自社の労働環境改善、効率向上のため工場内に倉敷労働

大原孫三郎夫妻と六高在学中の総一郎（後方）＝1927年

科学研究所を設け「東洋一の病院」（現倉敷中央病院）も作った。

二七年（昭和二年）の金融恐慌で取締役を兼ねていた大阪の近江銀行が破たん、家に経営責任を追及する預金者擁護団員が大挙押し掛けた。大原は五十五万円の私財をすすんで提供、近江銀行との関係を清算している。

三〇年（昭和五年）、米国の大恐慌は金解禁に踏み切った日本経済を直撃し、紡績界も未曽有の不況に陥った。倉紡は無配となり、従業員は合理化反対のストを打った。

だが、大原の人柄と力量を買う蔵相井上準之助の力添えで救済融資を得、からくも危機を乗り越えた。

「わしの目は十年先が見える」と言い、後世、その先見性を評価された。だが、企業経営と社会事業の両立の難しさを「靴と下駄を一緒に履くようなもの」とこぼし、晩年「自分の仕事は失敗の連続だった」と振り返った。

日本の実業界で数少ない社会事業家の先駆でありながら、強さと弱さ、勤倹と浪費、進歩と旧弊、相矛盾した要素が同居した人間味あふれる人物だった。多面的な事業、活動を貫いたのは近代的な経営者理念というより、すこぶる素朴な人間愛と郷土愛であった。

親子二代で理想貫く

クラボウの元社長で現相談役藤田温は父を早く亡くしたこともあって縁戚の大原孫三郎は、家父長的存在だった。旧制中学の入学祝いに勉強机と本箱を贈られ「勉強せんでも立派な成績をあげるのが本物だ」と言われたのが強く印象に残る。

「学校嫌いで学問に劣等感を抱き、人に勉強してもらい耳学問で知恵を取り込み勘を養った。それが不学の大学者といわれるまでになった」と語る。

社会問題研究所員の時代に接触のあったマルクス経済学者の大内兵衛は「金を散ずることにおいて高く自己の目標を掲げそれに成功した人物として、日本の財界人でこれくらい成功した人はいなかった」と評した。

孤児救済、教育事業、今も活動を続ける農業、社会、労働の三研究所、そして大原美術館や日本民芸館とお金の使途は多岐にわたった。女子工員の待遇改善から左翼学者の支援まで、きっかけはどれもひとであった。

倉敷のシンボルとなった大原美術館も、同郷の画家児島虎次郎を支援したのが発端だ。「本場に留学できない画学生に西洋画を見せてやりたい」という児島の熱意をくみ、美術品を収集させた。そして、病没した一つ年下の画家を記念して昭和恐慌のただ中に開館を強行する。

これはと思う人物には支援を惜しまなかった。極め付きが「わしの最高傑作」と自慢したひとり息子大原総一郎に注いだ愛情である。東大に進学させ、二年半の欧米視察に出す。

大原孫三郎

●年表

1880　7月28日、岡山県倉敷村（現倉敷市）に生まれる
1901　東京専門学校（現早稲田大学）中退。岡山孤児院基本金管理者となる
1906　倉敷紡績社長、倉敷銀行頭取に就任
1908　阪本合資会社吉備紡績所（玉島）買収
1909　長男總一郎誕生。倉敷電灯（現中国電力）設立
1914　大原奨農会（現岡山大学資源生物科学研究所）設立
1919　大原社会問題研究所（現法政大学大原社会問題研究所）設立
1921　倉敷労働科学研究所（現労働科学研究所）設立
1923　倉紡中央病院（現倉敷中央病院）設立
1926　倉敷絹織（現クラレ）設立
1930　大原美術館開館。中国銀行設立、頭取に就任
1936　日本民芸館設立
1939　倉紡、倉敷絹織社長辞任
1943　1月18日、心臓発作のため永眠。享年62

総一郎は人絹部門の子会社倉敷絹織を継ぎ、現在のクラレの基盤を作った。「十人中五人が賛成するようなことは手遅れ、七、八人が賛成するなら止めた方がいい。二、三人がいいという間に事業はやるべきだ」。こんな父の言葉を実践した。

総一郎は戦後、国産技術でビニロンの工業化に成功。政財界を説得して国交回復前の中国向けにビニロンプラント輸出に踏み切った。

父譲りの理想主義で企業の社会的責任を説く一方で、芸術文化に造詣が深く、倉敷の町並み保存や、大原美術館の充実などに力を尽くした。戦後、財界の知性・教養派としても知られた人物である。

奥村綱雄（おくむら・つなお）

株の大衆化へ猪突猛進

戦後、財閥に指定された野村証券は、公職追放で役員の大半を失った。再出発の陣頭指揮を執ったのが、四十五歳という異例の若さで社長に就任した奥村綱雄である。「おれはいったん決めたことはとことんやる男や」。こう広言して株式の大衆化にまい進。野村を最大手に育て上げて、証券市場の国際化にも力を尽くした。豪快な笑い声、先見の明……。日本の高度成長期の切り込み隊長でもあった。

奥村綱雄は、ついに女子社員ばかりの登録係に回された。一九三七年（昭和十二年）、野村証券に入って十二年目のことである。

そのころ、野村の経営陣にはためらいがあった。課題の株式業務への進出は、危険性が大きいと考えたからだ。奥村はこれに反発。公社債専業に甘んじていた現状を打破しようと、社長の片岡音吾に直言する。

が、それは直言というより、暴言に近かった。場所は京都・宇治。長らく下呂温泉で療養していた片岡が全快、祝いの宴席が催されていた。業務部部長代理の奥村も末席に連なる。上席に居並ぶ幹部たちは、次々と片岡の前に進み出て祝いの言葉を述べ、盃《さかずき》をもらっていた。

突然、奥村は立ち上がり、持ち前の大声で一喝した。「貴様ら、茶坊主ばかりそろっているから、会社がこういう危機に陥るのだ。社長が株式業務に慎重だからといって、だれ一人進言したものはおらんじゃないか。そんなことでどうする。茶坊主は引き下がれ」

座は一気に白けた。それだけではない。翌日になると、その場に居合わせた幹部連中が騒ぎだした。「侮辱したあいつを辞めさせろ。さもなければ、われわれが辞める」。こうして奥村は数カ月間、登録係としての単調な日々を過ごすことになる。さすがに会社員人生の終わりも覚悟した。

その後も、奥村が幹部への道を歩んでいけたのは、新人時代の上司ら、引き立て役がいたからだ。ただ、一部を除いてその受けは悪く、境遇は順風満帆とはとてもいえなかった。四三年（昭和十八年）には、三年後輩の人物が先に重役になるという屈辱も味わう。

奥村は憤慨。後に奥村の後任として社長に就くことになる部下の瀬川美能留は、こうなだめたものだ。「あなたは仕事はするが酒も飲み、女遊びはやり、上には仕えずに言いたいことばかり言う。模範的社員だった後輩に比べ、出世が遅れるのは当然ですよ」

だが、人生の巡り合わせは、つくづく不思議だと思う。もしこの時、役員になっていれば、戦後の追放にあい、奥村が社長の座に就くことはなかっただろう。同期中でびりの幹部として終戦を迎えたところ、上層部がすべて追放された。そこで、取締役京都支店長だった奥村にお鉢が回った。これが本当のところだ。

当時、源氏鶏太の『三等重役』という小説がはやっていた。「おれは五等重役だ」と自嘲した奥村だったが、経験が浅いのを補うため「ダイヤモンド経営」という概念を導入する。大胆な権限委譲で、若手に身の丈より一回り大きい仕事をさせ、潜在能力を十分に発揮させた。

社長としての功績はいくつもある。財閥指定を受けた野村の社名を堅持したことはもとより、従業員持ち株制度や株式の保護預かり制度を創設した。さらには、戦後の投資信託の再開へ向けて基盤をつくり、東京・日本橋の現本店用地も購入した。これらは、その後の野村の発展や、株式の大衆化につながっていく。

そんな奥村の姿は、宮沢喜一の目に、証券界の近代化にまい進する部隊長のように映ったという。宮沢が奥村を知ったのは四九年(昭和二十四年)、蔵相だった池田勇人の秘書官を務めていたころだ。奥村は京都帝大で池田の後輩。先輩風を吹かす池田、社長の座に当惑する奥村、「宮ちゃん」と呼ばれる宮沢。三人でよく酒を飲んだ。

奥村は宮沢に、証券事業にかける夢を熱っぽく語った。「自分の一生のうちに、野村を〝株屋〟と呼ばせないものにしてみせる。インターナショナルフィナンシャー（国際的な金融会社）をつくり上げるんだ」

話は少しばかり、後年に移る。六一年（昭和三十六年）、会長になっていた奥村は、首相の池田の特使として欧州に赴いた。取り立てて重要な用事があったわけではない。だが、野村会長の名刺だけでは外国で相手にされなかった時代。「首相特使」の肩書は、欧州の有力政財界人に会うための方便だった。

訪欧中の根回しが功を奏し、翌年以降、ロンドンの国際金融街シティの大物を何人か日本に招いた。ウォーバーグ、ロスチャイルド……。そうそうたる顔ぶれだ。「えらいことをされましたね」。経済企画庁長官になっていた宮沢は、奥村の実力に感心したという。

この時、奥村は宮沢にからかわれたと思った、というから面白い。「宮沢さんから『大それたことをやっているが、分かっているのか』と諭された」。後々までこう言い回った。「インターナショナルフィナンシャーの入り口に立った奥村さんに対し、本当に素直な気持ちを申し上げたんです」。宮沢は当時を振り返って苦笑する。

証券界の地位向上にかけた奥村と宮沢を結ぶエピソードはほかにもある。奥村は六六年（昭和四十一年）のある日、宮沢を東京・原宿の自宅に訪ねた。「あなたは（後に日銀総裁になった）森永貞一郎さんの弟子だから、森永さんの東京証券取引所理事長就任について、口添えしてほしい」

森永は当時、大蔵省を背負って立つ人材である。戦前はともかく、戦後の東証理事長にそれほどの大物が就いた例はなかった。「ご依頼の内容は本人に確実に伝えます。しかし、率直に言って難しいと思いますよ」。宮沢も正直なところ、請け負い兼ねたのだ。

だが、宮沢の予想は外れた。六七年（昭和四十二年）、森永は戦後の東証の第五代理事長に就任する。「それみろ、おれの方が人を見る目がある」と奥村は胸を張った。

その後半生を証券界の地位向上にかけた奥村の死後も、愛してやまなかった野村の発展は続く。八〇年代後半には、欧州市場の証券引受業者の順位でも、しばしば上位に顔を出した。

だが、バブル崩壊後は不祥事にまみれ、一時は業務の縮小も余儀なくされた。「奥村さんは今ごろ、墓の中で立てひざをして野村の行方を見つめているよ」。宮沢のつぶやきが耳に残る。

社長業は「牢獄の思い」

ブランデーを手放さず、宴席では黒田節を舞う。週末には磯釣りに出掛け、晩年は〝オーケーゴルファー〟として政財界人に親しまれた――。周囲の目に、奥村綱雄はこう映った。だが、この豪放磊落《らいらく》ぶりは、実は寂しさの裏返しだったのかもしれない。

「自らを厳しく律し、闘志によって孤独の影を隠してきた人」。奥村の二代後の野村証券社長で、側近だった北裏喜一郎は、追悼文集で素顔の奥村をこう評している。

●年表

1903　滋賀県信楽町で生まれる
1926　京都帝国大学経済学部卒業。ふみと結婚。野村証券入社
1936　野村証券代表として旧満州（中国東北部）視察団に参加
1942　著書『投資信託の実証的研究』刊行
1945　取締役に就任、京都支店長に
1947　専務に就任
1948　社長に就任
1951　ＧＨＱと交渉の末、証券投資信託法を実現させる。財閥指定を受けた「野村」の社名も守る
1952　東京証券取引所理事に就任
1959　社長を瀬川美能留に譲り、56歳で会長に退く
1961　著書『僕のダイヤモンド経営』刊行。首相池田勇人の特使として訪欧
1962　経済団体連合会外資問題委員会委員長に就任
1965　野村総合研究所が発足し、取締役に就任
1968　野村証券取締役相談役に退く
1970　ボーイスカウト日本連盟理事長に就任
1971　著書『わが半生涯』刊行
1972　11月７日、69歳で死去

小説家の山崎豊子の胸のうちにも、こんな奥村が生きている。交流が始まったのは一九五七年（昭和三十二年）四月。奥村が山崎の処女作『暖簾《のれん》』の出版記念会の発起人を、杉道助や太田垣士郎とともに務めたのがきっかけだった。

奥村はこう持ちかけたという。「あなたの小説は心の魂。いい小説を書いてもらうには、取材などにもお金がかかる。費用のことで消極的にならないように、銀行預金の半分は野村でお預かりいたしましょう」

山崎は今でも野村に口座を持つ。「お話の通り、殖やしてもらったお金はすべて取材費に充ててきた」と振り返る。

奥村は相談役に退いた後も、山崎を食事にたびたび招いた。席上、山崎にこんな話をした。

「確かに私は浪人生活も闘病生活も投獄生活も経験していない。だが、社長在任十一年間、社長室に座っている時は、日々之《これ》牢獄の思いで過ごしてきた」

強い口調に、山崎は衝撃を受ける。奥村はこうも言った。「やがて野村はローマ帝国になる。ただ、ローマは必ず滅びる。その心を持っていなければならない」

「この言葉を今の自分に置き換えている。心しなければならないと思う」。奥村は小学校入学前に大阪府堺市に移り住んだ。同じ堺市内に住む山崎は、奥村を思い出しては自らに言い聞かせている。

小平浪平
（おだいら・なみへい）

発電機から日立製作所を興す

「模倣をもって満足する限りは日本の工業あに論ずるに足らむや」――。国を挙げて外国技術を導入した時代にあって、それを拒み、技術の国産化をめざした。その理想を、日立製作所という企業経営の上に結実していったのが小平浪平である。愚直なまでに自らを信じて歩き続けた国産主義の道。小平は一社、一国の枠を超えたその思想で、世界の最高水準に迫っていった。

床面積わずか八十平方メートルで、資材は使い残しの丸太。ガラスのない窓には、カーテン代わりにキャラコ布がつるされた。一九一〇年（明治四十三年）、茨城県日立村（現在の日立市）の山あいに、ちっぽけな丸太小屋があった。久原鉱業所日立鉱山の作業所である。

七人の作業員が、鉱山から次々に運ばれて来る掘削用モーターなど電気機械の修理に明け暮れる。その陣頭に立ったのが三十五歳の工作課長、小平浪平だった。世界を代表する電機メーカー日立製作所は、ここから出発することになる。

いったい彼はどうして、こんな辺ぴな鉱山で働くことになったのか。

一九〇〇年（明治三十三年）、東京帝国大学電気工学科を卒業した小平は、いくつかの水力発電所に勤めた後、東京電灯（現在の東京電力）に入社。富士山を水源とする駒橋発電所の建設に取り組んだ。

東洋一の出力を持つ発電所を建設することで、東京に電力を安定供給しようという国の一大計画であった。ところが彼は、そこで見た光景に強い失望感を覚える。発電機はドイツのシーメンス製、変圧器は米国のゼネラル・エレクトリック（GE）製、水車はスイスのエッシャウイス製……。現場でも外国人技術者が要所を取り仕切っていた。

この衝撃が、日立誕生の挿話として今も語り継がれる「大黒屋の会談」へとつながっていく。その顚末《てんまつ》はこうだ。

渋沢栄一のおい、渋沢元治は、小平と東京帝大の同級生で、卒業後は逓信省電気試験所の技師となった。一九〇六年七月十五日のこと。中央線甲府行き列車のなかで、小平は駒橋発電所の検査に向かう渋沢と偶然再会した。その日は豪雨のため、大月で途中下車。猿橋町の大黒屋旅館に一緒に泊まり、二人は夜を徹して語り合ったのである。

「日本は電気普及を国策として推進すべきだ。君は今、電力を遠距離に送る画期的な技術を担当している。人もうらやむ絶好の地位を捨て、鉱山へ移ることには賛成できない」

友の身の振り方を真剣に案じる渋沢に対して、小平はこう熱っぽく返した。

「ここでは、外国から機械器具を輸入し、海外から技術者を雇い入れ、日本人は据え付けるだけの仕事だ。僕は、これらの機械器具を、やせても枯れても自分で作ってみたい」

こうして小平は、久原房之助が営む日立鉱山への誘いを受け入れた。彼の仕事は、鉱山の動力源を確保するため、新たに発電所を建設することだった。学生時代から抱いていた電気機器国産化の夢を、久原の支援を得て、試してみようとしたのである。

外国製の発電機を使わない発電所など、考えようもない時代。小平の思いは時代から抜きんでていたと言ってよい。が、それがゆえに、その思いを現実のものにするには、いばらの道を歩まねばならなかった。

電気機械の修理のかたわら、丸太小屋で発電機の製作が始まった。「モーターは回るもんだが、なかなか回らなかった。やっと回ると、モーターの周りを皆で手をつないで、うれし泣きしながら回っていたものだ」。こんな苦闘を経て、わずか五馬力ながらも国産初のモーター三台の完成に、ようやくこぎ着けた。

日立の製品は今でこそ、頑丈で実用性が高いとの定評があるが、当時は、故障などで納品先から連日苦情が殺到した。納入の遅れも重なり、「日立納期」という不名誉なあだ名までつけられるありさまである。

先発の芝浦製作所（後の東芝）がＧＥと提携し、新鋭機を市場に投入するのを横目に見ながら、国産路線を走る日立の歩みは、実にのろいものだった。

が、自由な発想で製品を作らせる小平の姿勢は技術陣を発奮させる。「工場は粗末な丸太小屋でも、中の人間は不とう不屈だ」。技術者は意気軒高だった。

勢い余って、本業から脱線する製品も数多く生まれた。例えば、ある技術者がトーキー映画のフィルムの雑音を減らす研究に没頭してしまった。しかし、小平はその完成品を高く評価し、日立の製品として特許を出願している。

彼は若い技術者の養成にも力を注いだ。鉱山に入山した翌年には、早くも「徒弟養成所」を設立する。現在の日立工業専修学校である。養成所の卒業生が同業他社に就職することがあっても「いずれは日本の工業化に役立つのだから」と意に介さなかったという。

そこには、会社の枠を超えて、技術の国産化を追い求めた男の理想を見ることができるだろう。

寡黙な小平が国産化の抱負を熱っぽく語り、彼の情熱が、優秀な人材を田舎に呼び寄せた。単なる技術者を超えた彼のカリスマ性に魅せられた人間が集う。そして日立に、濃厚な運命共同体的意識を持つ専門家集団が形成されていった。

ただ、いかに高い地位と恵まれた給料とはいえ、使用人にとどまっている限りは、「自主技術によって立つ」という小平の思いを実現するには無理がある。

そこで、修理工場を電気機器の製作工場に転換する計画を練って、久原を口説いた。こうして、一九一〇年（明治四十三年）十一月、四千坪の土地を入手し、日立製作所として本格的な製造工場を建設することになった。さらに一九一二年には、久原鉱業所からの分離独立を果たす。

第一次世界大戦が勃発し、外国からの電気製品の輸入が途絶えるなかで、日立は受注を増やして順調に発展、経営基盤を確立していく。電気機関車、電線、家電の新製品などの開発に挑みながら、小平の経営手腕と実力を認知させていったのである。

「派手な態度はとらず、売名行為を嫌った彼の〝陰徳の思想〟が逆に日立に求心力を生み、国産主義の伝統として社内に引き継がれていった」。友人だった東急の五島慶太は、小平をこう評している。

日立製作所のすべてがここから始まった小さな丸太小屋。それは戦後、日立市の巨大な工場群のなかに復元され、日立関係者の間で「創業小屋」の名で愛されている。そして今も、「国産技術による産業振興」という、小平の熱い思いを伝え続けているのである。

福利厚生で人材確保

「電信柱さえなければ、時代劇に出てくるような村だった。食事をするにも旅籠《はたご》が一軒だけ。仕事が終われば、後は寝るだけの生活だった」。明治、大正期の日立村は、寂しい土地だったという。

都市部から離れたこんな場所に、他社とそん色のない優秀な人材を集めるため、小平浪平はさまざまな作戦を考えた。まず社宅や総合病院を建て、日用品の購買所を設けた。「ゆりかごから墓場まで」の面倒を見る福利厚生策に力を注ぎ、社員同士の家族意識を高めて、企業城下町を築いていったのである。

茨城県下では初めての大甕《おおみか》ゴルフ場もその一つである。「東京にいれば遊ぶ所も多いが、茨城の山のなかではそれもできないから」と、小平の発案で一九三六年（昭和十一年）に建設された。

クラブハウスは、東大の安田講堂を手がけた近代建築の巨匠、岸田日出刀が設計した。高床式の寝殿造りで、石造りのペチカを持ち合わせた和洋融合の建物。「三井や三菱も持っていなかった自前のゴルフ場だ」。めったに自らを誇ることのなかった小平の、数少ない自慢の種だったという。

「その性格通り極めて慎重で、ワンストロークもおろそかにせず、一歩一歩固めつつ攻めてくる。ゴルフまで真っすぐ正確な日立式だった」。ゴルフ仲間だった元国務大臣の下村海南は、

●年表

1874　1月15日、栃木県都賀郡合戦場で生まれる
1900　東京帝国大学電気工学科卒業、藤田組の小坂鉱山に入社
1904　小坂鉱山を去り、広島水力電気へ転職
1905　東京電灯に入社、駒橋発電所建設に取り組む
1906　久原房之助が運営する久原鉱業所の日立鉱山に入社
1910　日本初の5馬力モーター3台を完成。11月に日立製作所を創業
1912　久原鉱業所から分離独立
1920　日立製作所が株式会社に
1922　電気機関車を試作
1926　日立としては初めて扇風機の輸出を始める
1929　日立製作所社長に就任
1934　東京証券取引所に上場
1936　大甕ゴルフ場を開設
1947　社長退任、次期社長に倉田主税が就任
1951　10月5日死去、享年77

創業小屋と呼ばれた日立鉱山の作業所

小平のプレーぶりをこう伝えている。

　だが、その大甕ゴルフ場も、戦時中に一部を食糧生産のために芋畑とし、戦後は農地解放で敷地の相当部分を学校用地として手放すことになる。これにより、広さは三分の一に減っているが、今も六ホールのミニゴルフ場として、日立社員や地元住民でにぎわっている。

金子直吉（かねこ・なおきち）

猛烈な多角化で産業の礎

幕末、土佐（高知県）の没落商家に生まれた金子直吉は、神戸の砂糖商だった鈴木商店を四半世紀のうちに日本最大級の商社・企業集団にのし上げたが、超積極経営が裏目に出て昭和の初め、倒産に追い込まれた。しかし、金子が種をまいた神戸製鋼所、帝人などあまたの企業はめざましい発展を遂げ、日本経済躍進の原動力ともなった。金子の並外れた起業家精神の復活が、いまの日本に望まれている。

「この戦乱の変遷を利用して大もうけをなし、三井、三菱を圧倒するか、しからざるも彼らと並んで天下を三分するか、これ鈴木商店全員の理想とするところなり。小生、これがため生命を五年や十年縮小するもさらに厭うところにあらず」――。第一次世界大戦ただ中の一九一七年（大正六年）十一月、金子直吉が鈴木商店ロンドン支店長の高畑誠一（後の日商会長）に送った毛筆の手紙の一節である。

まさに意気天を衝《つ》かんばかりの高揚した精神が行間を躍っている。金子の人生にとっても、鈴木商店の歴史にとっても、このころが絶頂期であった。

一四年（大正三年）七月、欧州で第一次世界大戦が勃発。明治末期からの不況に開戦ショックが重なり、日本の貿易・海運業界は大混乱に陥った。だが、金子は世界各地に配した駐在員からの情報をもとに戦争の長期化を予測。十一月には「鈴木の大を成すはこの時にあり」と宣言してあらゆる商品・船舶の一斉買い出動を号令した。

金子の読みは見事に的中した。まもなく始まった諸物資の世界的急騰によって鈴木は巨利をあげ、一躍最大商社にのし上がった。一七年の年商は十五億四千万円と、それまで業界トップだった三井物産の十億九千五百万円に大きく水をあけたのである。

この鈴木の年商は「当時の国民総生産（GNP）の一〇％に相当した」（故桂芳男・神戸大学教授）というから、現代の日本に置き換えると、五十兆円にも達するすさまじい規模だ。

家が貧しく学校にも行けなかった金子は、高知で丁稚《でっち》奉公をしながら独学、一八八六年（明治十九年）満二十歳で神戸に出て鈴木商店に雇われる。創業者の鈴木岩次郎が九四年に急死、その夫人鈴木よねが金子と柳田富士松の二人の番頭に経営を全面的に任せた時から、金子のたぐいまれな商才が開花する。

まず九八年に、日本の植民地になって間もない台湾に渡り、初代民政長官の後藤新平と面会。台湾産樟脳《しょうのう》を専売制にしようとしていた後藤を全面支援する見返りに、翌年には樟脳油六五％の販売権を取得することに成功した。当時、樟脳は医薬品や防腐剤などに幅広く使われ、なかでも台湾産は世界の需要の八－九割を占めていたから、これが鈴木商店飛躍の第一歩となった。

続いて金子は一九〇三年（明治三十六年）、住友樟脳製造所を買収して樟脳精製事業、福岡県大里に製糖所を設立して製糖業に進出。二年後には神戸の小林製鋼所を買収して神戸製鋼所を立ち上げるなど、製造業に本格的に乗り出した。

以来、彼は何かにとりつかれたかのように事業の多角化に猛進する。私財を一切蓄えず、商売で得た利益のすべてを新事業や技術開発につぎ込み、それでも足りない分は銀行から借りまくった。「国がやるべきことを鈴木がやっている。人間社会に物を生産することほど尊いことはない」と言う金子は、日本の産業立国の大きな担い手だった。

手がけた事業は重化学、繊維、食品、海運、流通、保険など広範な分野に及び、鈴木商店の関係会社は約八十社にのぼった。いまにつながる企業を列挙しても、大日本セルロイド（現ダイセル化学工業）、帝国人造絹糸（帝人）、帝国麦酒（サッポロビール）、播磨造船所（石川島播磨重工業）、クロード式窒素工業（三井化学）、日本商業（日商岩井）など、まさに枚挙にいとまがない。

国内外の支店・出張所の数はピークで七十余りに達し、世界全域をカバーした。店主のよねは経営に一切口を出さず、もう一人の番頭、柳田は金子の〝女房役〟に徹していたから、金子はまさに寝食を惜しんで事業に没頭したのである。

しかし、金子と鈴木商店のけた外れの成功は、次第に国内各界のしっとを強めていく。一八年（大正七年）に起こった米騒動では、「買い占めの元凶」と指弾され、暴徒に本店を焼き打ちされてしまった。

鈴木は当時、外米の輸入、内販に奔走しており、それがえん罪であったことは、後に城山三郎のノンフィクション小説『鼠』や関係者の証言でも明らかになっているが、このころを境に金子の超積極経営が裏目に出始めた。

第一次大戦終了後の不況が深刻化する二二年、ワシントン軍縮会議の合意に基づいて軍艦の建造中止命令が出たことが、鈴木の重工業部門を直撃。さらに二三年の関東大震災の追い打ちを受け、二七年（昭和二年）台湾銀行の融資打ち切りで倒産に追い込まれた。

金子の敗因は、その成功体験に宿っていた。最大商社になってからも、個人商店時代そのままのワンマン体制を続け、組織経営に移行できなかった。三井、三菱に対抗しようとしながらも自前の銀行を持たず、しかも株式上場をかたくなに拒んだため、結果として資金の調達を台湾銀行を中心とする銀行融資に依存し過ぎたこともある。

倒産時の鈴木の借入総額は、台湾銀行の約三億八千万円を含めて五億円にのぼった。いまの金額にして十五兆円を超える、壮烈な倒産劇だった。だが、金子は鈴木商店の再興を悲願に、三一年（昭和六年）には太陽産業の前身である太陽曹達（現太陽鉱工）の相談役に就任、多角事業経営を再開する。

「鈴木をつぶしたのはわしじゃ。このままでは死にきれない」というのが晩年の口癖だった。太陽産業が神戸製鋼所など二十数社の系列会社を擁するところまで盛り返した四四年（昭和十九年）二月、金子はボルネオでのアルミナ製造計画を夢見つつ、波乱の生涯を終えた。

福沢諭吉の娘婿、福沢桃介は金子を評して「人造絹糸、窒素工業、樟脳再製など、我が国の基礎工業に先べんをつけた英雄的行為はナポレオンに比すべき」と最大級の賛辞を贈った。

仕事一筋　家計は赤字

鈴木商店が倒産した際に、台湾銀行は数人の整理員を送り込んで、帳簿や幹部の私財を調べ上げた。ところが大番頭の金子直吉には、家はもちろんのこと私財といえるものがどこを探してもみつからず、家計が赤字であったことに、驚きと同情を禁じ得なかったという。家計の赤字は常に数人の書生を養い、学費を援助していたためだった。金子の生涯は酒色はおろか、たばこもたしなまない、仕事一筋の修行僧のようであった。

「鈴木商店はある宗旨の本山である。自分はそこの大和尚で、関係会社は末寺であると考えて

金子直吉

●年表

1866	6月13日（旧暦）、高知県吾川郡名野川村に生まれる
1886	神戸市に出て鈴木商店に雇わる
1894	鈴木商店主夫人よね、経営を金子直吉と柳田富士松に委任
1899	台湾樟脳の専売制成立に協力し、樟脳油の65%の販売権取得
1903	大里製糖所設立、製糖業進出
1905	小林製鋼所を買収し、神戸製鋼所と改称
1912	帝国麦酒設立
1914	第一次大戦勃発で一斉買い出動
1916	播磨造船所買収
1917	鈴木商店の年商日本最大に
1918	米騒動で本店焼き打ちにあう。帝国人造絹糸など設立
1923	台湾銀行主導で組織変更、株式会社鈴木商店専務に就任
1927	台湾銀行の貸し出し打ち切りで鈴木商店倒産
1928	日本商業に鈴木商店の営業を移転し、再建はかる
1931	太陽曹達相談役就任、鈴木商店再興めざし事業再開
1944	2月27日死去。享年77

やってきた。鈴木の宗旨を広めるために（店に）金を積む必要はあるが、自分の懐を肥やすのは盗っ人だ。死んだ後に金（私財）をのこした和尚はくわせ者だ」――。金子はよく社員にこう語ったが、台湾銀行の整理員はこの言葉に掛け値がなかったことを知らされた。

そんな金子だが、最盛期には「政商」「米買い占めの元凶」といったひぼう、中傷にさらされた。第一次大戦期の一斉買い出動でも「国民の生活を脅かす」として米の買い占めはさせなかったが、事業のけた外れの成功が同業者の反感やしっとを買い、一部の新聞が鈴木商店をしつように攻撃した。

金子は学歴もなければ、風さいもあがらない。中肉中背だが、色黒で鼻低く、小さな目は近眼に乱視と斜視が重なり、相手は金子がどこを見、何を考えているか容易につかめない。しかも、いつもくたくたの黒ネズミ色の洋服を身につけ、頭には破れ帽子、といったいでたち。こんな男に産業界を牛耳られた旧財閥グループの内心は、穏やかではなかっただろう。

「鈴木はやましいことはしていない。いつか分かる」。新聞の反鈴木キャンペーンたけなわのころ、金子はこう言い、一切の反論、言い訳をしなかった。明治人の気質によるものかもしれないが、結果として鈴木商店と金子の〝敵役〟イメージが戦後まで続くことになったのは惜しまれる。

「どんな人にも頭低く、全く威張らない。どなられたこともない。なんともいえない人間味があり、仕えていて非常に楽だった」。金子晩年の数年間、秘書として身辺にいた松下重雄はこう語っている。

久原房之助（くはら・ふさのすけ）

「日立」を築いた〝怪物〟鉱山王

やることなすことが、けた外れの大きさ。明治、大正、昭和の三代にわたって、政財界で「怪物」の名をほしいままにした久原房之助は、とにかく〝どでかいこと〟が好きだった。鉱山事業で大成功を収め、第一次世界大戦での追い風に乗って新興財閥を築く。大正時代、大戦後のバブル崩壊で巨万の富を失ったが、壮大な構想のもとにまいた実業の種は、今も多くの企業群として花開いている。

一九九三年（平成五年）二月十九日の朝。高さ百五十六メートルの「山の上の高い煙突」は、強風にあおられ下三分の一を残して折れた。工業都市日立のシンボルとして親しまれた「五百尺煙突」が、七十八年二カ月の寿命を全うした瞬間だ。

この煙突を建てたのは、日立鉱山を営んだ久原房之助である。狙いは銅精錬による煙害の防止。当時は煙を地域に薄く低く封じ込める方式が主流だったが、これが農作物に大きな被害をもたらしていたからだ。

「煙突を高くすれば煙は高層気流に乗って拡散する。いまの技術で能《あたう》かぎり高く五百尺とする」。火山が高い煙突状になっているのも自然の摂理、というへ理屈までこねた。地元との深刻な紛争も、これで収まったという。

そのころ米国の精錬所には五百尺の煙突があり、「どうせなら世界一に」と五百十一尺に設計変更までしたほどだ。一五年（大正四年）に煙を吐き始めた大煙突は、何事も気宇壮大を目指した久原を象徴する。

一九〇五年（明治三十八年）、三十六歳で独立した久原は、日立鉱山を買収して久原鉱業所を創業。鉱山王となって、日立を一大鉱工業都市に導いた人物である。この新興財閥久原鉱業は、日本鉱業（現ジャパンエナジー）をはじめ、日立製作所、日産自動車など、直系、傍系合わせて百五十社を擁する「日産コンツェルン」の母体ともなった。

久原の鉱山事業成功には、前史がある。秋田の小坂鉱山での奮闘だ。時間を少しさかのぼろう。

藤田伝三郎ら三兄弟が興した藤田組は、長州閥、特に明治の元勲、井上馨と結びついて、土木事業や軍事物資の調達で巨利を成した。払い下げの小坂鉱山は、その基幹事業であった。

伝三郎の甥久原は貿易を志し、慶応で同窓の森村市左衛門が営む森村組の神戸支店に、倉庫番として入る。一年でニューヨーク支店駐在員候補に抜擢されるが、井上の横やりで藤田組への転身を余儀なくされた。久原の父で、伝三郎の兄庄三郎は藤田組の共同経営者。嫡子房之助が外国赴任すれば、家業継承に支障ありとの理由だった。

二十二歳の久原は、十和田湖の西、山深い小坂鉱山に赴任。山ごもりは十数年の長きにわたった。「おのれの希望にあらざることを山中でやりました。友人などは私をすでに死せりとなしたぐらい」。後にこう回顧している。彼は鉱員たちと起居を共にしながら採鉱、精錬の現場で働いた。

当時の小坂鉱山は銀を生産していたが、経営は危機的状況。銀を含む土鉱は枯渇しつつあり、金本位制の実施で銀価暴落をみた藤田組は、ついに売山を決める。一八九七年（明治三十年）には、極秘裏に閉山処理に当たらせるため、久原を所長心得に昇格させた。

が、久原は方針に従わない。銅生産に転換することで鉱山の再生を企てた。銅を含む黒鉱は埋蔵量が豊富にもかかわらず、精錬が難しいため捨てられていた。それを何とか利用しようという逆転の発想である。

久原は現場から気鋭の若手を抜擢。併せて学卒技術者の竹内維彦（日本鉱業初代社長）や小平浪平（日立製作所創業者）らを採用、黒鉱処理技術に集中させた。黒鉱に含まれる異物の硫黄や鉄分の酸化熱を利用、銅を抽出する自溶精錬法の実用化もめどをつけた。

この成果を藤田組にぶつけたが、閉山方針は変わらない。上京した久原は入院中の井上馨のもとに押し掛けた。「不思議な奴だが怪しいものではない」。面会謝絶を押し通す病院へ連日通ううちに、こんな評判が病人の耳にも入った。必死に訴える久原の話を聞いた井上は援助を約束。こうして小坂は銅山として蘇生、産銅量はやがて足尾、別子を追い抜くまでになった。

だが、時間は滑らかには流れない。藤田組は小坂鉱山再生で窮地を脱したものの、経営主導権を巡り藤田家内の内紛が起こったのだ。対立は井上ら長州系有力者の仲裁で収拾。その結果、久原は一九〇五年、経営権を手放す代わりに巨額の分与金を手に入れたのである。

この時、人生の転機が訪れたといっていい。その前年、本社に呼び戻されていた久原は、独立の機会をうかがっていたからだ。茨城・赤沢鉱山の売却話を聞き込み、素早く契約を結び、久原鉱業所日立鉱山と改称した。日露戦争の終わった半年後だった。

小坂時代の経験と蓄積を生かし、採鉱では米国製の探鉱・削岩機を導入、自溶精錬、動力には電力を活用した。明治に入って転売を重ねていた鉱山だったが、久原によって近代的な鉱山・精錬事業所に生まれ変わった。

この時活躍したのが、久原を慕って小坂鉱山から移った「小坂勢」約百人である。幹部職員だけでも四十人を超す。竹内維彦は小坂の精錬所長という将来の座を振っての決断だった。東京電灯（現東京電力）の送電課長になっていた小平浪平も、工作課長として入山。小平が指揮した電機修理工場は、やがて日立製作所に発展することになる。

久原鉱業の産銅事業は第一次世界大戦の追い風に乗り、創業十二年で業界首位の座についた。巨利を得た久原は国内だけでなく大陸の鉱山を買収、石油やゴムなどの資源開発、電機、造船、海運、製鉄、貿易などへの多角化に乗り出す。

だが、舞台は暗転した。久原の投機的拡大主義は大戦ブームの終えんとともに裏目に。戦後のバブル崩壊でまず商事部門が破たん。久原鉱業本体も二六年(大正十五年)下期の公約済み配当の原資さえ調達できないという事態を迎えた。

久原は「病気療養」を理由に事業を年下の義兄鮎川義介に譲る。鮎川は久原鉱業を整理し日本産業と改称。優れた経営手腕で日産コンツェルンを形成した。

久原の前半生を彩る「実業」は大正とともに終わった。大煙突は実業人生の絶頂期を彩る記念碑でもあった。煙突建造当時、二万人が住み、トロッコやケーブル、電動機が忙しく動いていた日立鉱山は八一年(昭和五十六年)閉山。敷地は今、山林に戻り全山うっそうたる緑に覆われている。

政界転身ロマン追う

「お手紙有り難う。父ちゃんもお前らの顔が見たいです。なるたけ早よう帰ります。ここにこんな高い高い煙突がありますよ。父ちゃんより」――。カタカナで書いた煙突の絵はがきが、鉱山跡地の日鉱記念館に展示してある。煙突稼働の年、久原が愛息にあてたものだ。

●年表

1869　6月4日（旧暦）、長州（山口県）萩に生まれる
1889　慶応義塾卒
1890　森村組神戸支店勤務
1891　藤田組入社、小坂鉱山赴任
1897　小坂鉱山再建に着手
1905　藤田組退社、日立鉱山創業
1912　久原鉱業設立
1916　株公開、「国宝株」と呼ばれる
1926　鮎川義介に事業再建を委嘱
1927　訪ソしスターリン書記長と会見
1928　衆院議員初当選、田中義一内閣で逓信大臣就任
1936　2・26事件の反乱容疑で8カ月余刑務所入り
1939　立憲政友会総裁
1952　衆院議員に当選
1955　訪中し毛沢東主席と会談
1965　1月29日、95歳で死去

大煙突が完成した当時の日立鉱山製錬所（1915年9月）

記念館の脇には「久原本部」と呼ばれた建物も残る。八畳二間、風呂おけと便所だけが付いた、質素な木造住宅だ。久原はここに陣取って鉱山事業を陣頭指揮した。

だが、下界での生活は豪奢《ごうしゃ》を極めた。神戸・住吉の三万五千坪の広大な敷地に建つ邸宅は、本願寺派宗主大谷光瑞から買い取った洋館。温室では、南方の果物をもぎ取れるように栽培させた。夏は六甲山からのパイプで冷房を施し、庭にはパーティーのためにレールを敷いて鉱山用の汽車を走らせた。東京・白金台の豪邸は結婚式場の八芳園になっている。

事業からの引退後は、するりと政界に転身。同郷の「おらが大将」田中義一と組んで活動し、立憲政友会の総裁にもなった。スターリンと単独会見したり、二・二六事件では反乱軍の黒幕容疑で逮捕されたり。戦後もいち早く毛沢東と会談、国交回復を求めるなど、九十五歳で没するまで意気軒高だった。

孫にあたるブリヂストンサイクル元会長の石井公一郎は、義父の石橋正二郎と対比しながら、「本質的に政治的人間で、実業より天下国家に関心のある野心家だった」と話す。

三人の女性との間に子供をもうけたが「剛胆にして細心、私生活では女性や子供に優しかった」。孫たちに将来を語っても、過去の自慢話はしなかった。「(久原の娘である)母の久子はおじいちゃんの大風呂敷、誇大妄想と取り合わなかったが、東アジアの経済圏構想などは今も斬新」と発想の奇抜さと大きさを評価する。

小坂鉱山時代、東北の地に「一山一家」の理想郷を築くことを夢見たという。実業だけでは成しえない青年のロマンを、死ぬまで温め続けた男だった。

郷　誠之助

（ごう・せいのすけ）

企業再建の「財界世話人」

株式市場の地位を上げたい——証券業に携わる人々が長年抱いてきた願いだ。郷誠之助は経営難の運輸会社を皮切りに、数々の企業再建に腕を振るい、晩年は「財界世話人」の異名も取った。財界に本格登場したのは四十六歳、東京株式取引所理事長に就いたとき。証券界を一段低く見がちな風潮の中で、取引所の重要性を訴えるために心血を注いだ。市場機能の回復が叫ばれる折、その思いは今に通じる。

第一次世界大戦が三年目に入った一九一六年（大正五年）、株式市場は連合軍の勝利を好感、熱狂的人気に包まれていた。中心銘柄は株式会社組織だった東京株式取引所の株式（東株）。「遠くの戦争は買い」。こんな相場格言がそのまま通用する場面が続いた。

その年の初めに東株の株価は約三百円と、大戦が始まったころの三倍近くに値上がり。その後も買い進まれ、十一月には四百八十円九十銭の高値をつけた。冷水を浴びせたのは、十二月十三日朝に配られた号外。「ドイツが講和を提議」の大見出しが躍っていた。

売り注文の殺到で、相場は下げの一途。恐慌状態に陥り、取引所は四日間の休会を決めた。しかし、再開後も値下がり分の担保を納入できない仲買人が換金売りを急いだ。十二月十八日に七十一円安、翌十九日も三十円安と急落が続き、市場機能はほぼマヒした。

今で言えば、仲買人は証券会社だ。市場取引が成り立つには、株式の買い手が売り手に約束通りの代金を支払う必要がある。ところが、東株の急落でその資金繰りがつかなくなる。不足金は、仲買人全体で千五百万円にも達したという。

「日本銀行へ行ってみよう」。取引所理事長の郷誠之助は決意した。日銀と証券界との距離の大きさは今の比ではない。取引所は博打《ばくち》の場と思われていた時代である。銀行界の人々は兜町に足を踏み入れることを拒み、証券界との交際すら嫌っていた。

郷は証券界の代表、南波礼吉や小池国三を伴い、日銀総裁の三島弥太郎を訪ねる。病気の三島に代わって応対したのが、理事の片山定次郎だ。だが、片山は「いずれ研究・調査の上、何分のお返事をいたしましょう」とにべもない。体よく追い返すつもりだった。

「きょうにもそのカネがなければ、経済界全体が重大な打撃を受けることになるのです」。市場崩壊の瀬戸際に立つ郷らの要請には、鬼気迫るものがあった。片山は折れた。「とにかく郷男爵のお顔に免じて融通の方法を講じましょう」。ついに、緊急融資に踏み切る約束をしたのだ。

日銀の後押しによって実際に資金を出したのは、日本興業銀行をはじめとする市中銀行だった。ようやく市場は落ち着き、東株は一七年（大正六年）の大発会で二百八十二円に回復、仲買人らに笑顔が戻った。

郷は明治の指導層の家で育った。父の純造は岐阜駅の北西約十二キロにある黒野村（現在の岐阜市黒野）の富農の出身。努力家で明治新政府に仕え、最後は大蔵次官にまで上り詰めた。

郷は夕食を整えるお手伝いさんらに頭から小便をひっかけるようなわんぱく少年だった。十五歳になった一八八〇年（明治十三年）には東京から京都への無銭旅行を計画。結局、大失敗に終わったこともある。

海外留学から戻れば、国の指導者への道が約束されていた時代である。郷も二十七歳になり、八年近いドイツ留学から戻って農商務省に勤めた。「ようやくまともになった」と父が喜んだのもつかの間、三カ月もしないうちに辞職する。

失望した父に分家を申し出た。土地、株券、五、六軒の貸家など総計二万六千円の財産分与を受け、本格的な放蕩生活に入った。「財産を勝手に使っていいか。明日にも芸者を女房につれてきてい

郷　誠之助

ドイツ留学時代の学友たちと(後列右から4人目が郷)

いか」と聞く郷に、父は「よろしい」と答えた。

吉原、下谷、柳橋、新橋、日本橋、赤坂と花柳界を縦断、財産を使い尽くす方針を立てる。三年半後に父の縁者の川崎銀行頭取、川崎八右衛門らが行く末を案じ、運輸会社の社長ポストを用意して説得に当たるまで、自宅で寝るのは月に三回という生活を続けた。

実業界で頭角を現したのは、一切の遊びを断って会社再建に努め、復配にこぎ着けたからだ。日本運輸の再建に成功したのがきっかけになり、三十代から四十代前半の郷のもとには日本メリヤス、日本鉛管、入山採炭、王子製紙、日本火災保険、日本醤油、帝国商業銀行、東京製絨などの案件が次々と持ち込まれた。

入山採炭の経営を引き受けたときには「刺客を送る」と書いた脅迫状も受け取った。部下が住む社宅にダイナマイトが投げ込まれたこともある。が、郷は一人で鉱区回りを敢行、「逃げない経営者」との評価を得た。再建に失敗した会社もあるが、私財をなげうって出資者の損失を補った。

郷は晩年、日本経済連盟会会長に就くなど、財界の枢要なポストを歴任、「財界世話人」と呼ばれた。そんな郷も、四十代で取引所理事長に就いた当初、証券界での評判は最悪だった。地位を利用して私腹を肥やす理事も多かった時代に、株式売買もせず、大所高所論をはき続けたからだ。

「大阪の島徳蔵理事長のように、郷さんも仲買人がどうしたらもうかるか、取引所がどうしたら繁盛するかを考えてくれればいいのに……。郷さんは役人のようで、理屈ばかりいっている」。周囲からは、こんな不満の声も出たという。

だが、さすがに日銀に救済融資を掛け合った後は、評判も一変。二三年（大正十二年）の関東大震災で取引所が焼失し、株価が急落して仲買人の多くが支払い不能になったときも、「取引所が破産してもいいから代弁済して、市場機能を回復させろ」と指示した。

株式市場に対する貢献を、郷の没後の四三年（昭和十八年）に出版された『男爵郷誠之助君伝』（郷男爵記念会編）は、こう記している。「取引所がいかに重要な財界の中枢的機関であるかを一般に認識せしめた……金融機関と取引所との関係が密接不離のものとなる端緒が開けた」

日本経済にとっての株式市場の役割は、ますます重要になっている。ところが一九九〇年代は、大手証券会社が特定顧客に損失補てんを繰り返すなど、市場機能は何度も本質を問われた。郷の思いをよそに、市場の担い手の意識改革は、今も昔も変わらぬ課題である。

ビリヤードで名を残す

青年期の郷誠之助は、周囲もさじを投げるほどの脱線ぶりだった。初恋の人との結婚に失敗し、留学先のドイツでも遊びほうけた。ただ、遊びを極めたかいもあってか、郷は日本のビリヤード史に名を残している。

中村のぶ子は、父の同僚で大蔵省銀行局長の岩崎小二郎夫人の姪だった。十代後半の郷が一目ぼれし、初めて真剣に愛した一つ年下の女性である。が、のぶ子の親族が結婚に猛反対。駆

●年表

1865　岐阜県黒野村（現岐阜市）に生まれる
1880　京都への無銭旅行に失敗
1883　東京大学法科選科に入学。初恋の女性が自殺
1884　ドイツ留学
1892　農商務省嘱託になり、すぐ辞職
1895　日本運輸社長に就任
1900　入山採炭社長に就任、リストラを成功させ、経済界に手腕を認めさせる
1911　貴族院議員当選。東京株式取引所理事長に就任、辞任する24年までの間にも東京商業会議所特別議員、日本工業倶楽部専務理事、日本経済連盟会常務理事などを歴任
1926　日本郵船と東洋汽船の合併を渋沢栄一らとともにあっせん
1927　蔵相高橋是清から十五銀行と川崎造船所の整理を要請される
1930　日本商工会議所会頭に就任
1931　全国産業団体連合会が発足し、会長に就任
1932　日本経済連盟会会長に就任
1936　財界第一線からの引退を表明、その後も日本貿易振興協議会会長、中央物価統制協力会議議長、経済団体連盟会長を歴任
1942　1月19日、77歳で死去

け落ち覚悟で郷のもとに走ったとき、「結婚を認めるから、準備のためにいったん帰宅させよ」といって、無理やり引き離した。

彼女は家から出してもらえないどころか、ほとぼりが冷めるまでといって九州の親類宅に送られた。最後はつらい気持ちをつづった手紙を郷に送り、自ら命を絶つ。郷は生涯独身を通した。彼の放蕩はしばらく変わらなかったが、心には常にのぶ子の面影があった。

遊び癖は欧州留学時も同様だった。口述筆記の『男爵郷誠之助自伝』（後藤国彦著）には、「我が輩がハルレ（ハルレ・アンデルザール）にいた当時の話」が記されている。二カ月余りの夏休みを利用してベルリンに出かけたときのことだ。「毎晩食事が終わると（留学生仲間と）二人で街に出て、森鷗外のいう球を撞《つ》いたり、酒を飲んだり、時には女遊びもした」という。

その成果か、帰国後の郷はビリヤードに強かった。「西洋から帰った時は撞球《どうきゅう》にかけては日本一だった。何しろ三つ球で百二三十撞いた」と述べている。明治初期までは、ビリヤードは華族や陸海軍の将官、外交官らだけが楽しんだ。競技方法には何種類かあるが、主流は台上に四つの球を並べて遊ぶ「四つ玉」だった。

郷はより難しい「三つ玉」を欧州から持ち込むとともに、台面に枠を引き、同じ枠内で球を突く回数を制限する「ボークライン競技」の普及に努めた。昭和に入り、日本はビリヤードの全盛期を迎える。今でも愛好者は多く、近くオリンピックの競技種目にもなる見通しだ。日本選手の強さの一端は、郷が支えているのかもしれない。

五島慶太（ごとう・けいた）

合併・買収で「大東急」を築く

五島慶太は、事業の鬼としての自らに冠せられた「強盗」の異名を、むしろ喜んでいたようだ。時には手段を選ばない敵対的な合併や買収も手掛け、首都圏の西南部を網羅する私鉄王国「大東急」を築き上げた。沿線開発を通じ、土地を利用して事業を展開する日本独特の経営手法も確立した。五島は閉塞した現代に求められる積極果敢な〝企業家魂〟の権化といえる。

五島美術館は、武蔵野の台地が多摩川に落ち込む東京・上野毛（世田谷区）の高台にある。元は広大な五島慶太の邸宅だった。裏手の日本庭園にある富士見亭の茶室は、前面が幅広のガラス窓で、多摩川の対岸から遠く富士山が望める。

晩年の五島は、ここで新たな事業意欲に胸を膨らませたという。「あの山林と畑しかない対岸の向こうに道路や鉄道を通し、大規模な住宅開発をすれば理想的な街づくりができるぞ」

一九五〇年代まで、二子玉川から川崎市、横浜市、町田市に至る地域は、東京都心から四十キロ圏内にありながら、未開発のまま残っていた。膨張、発展する東京の人口を受け入れ、ここに「第二の東京」をつくれないか。四、五百万坪（一坪は三・三平方メートル）を買収して事業に着手しよう。五三年（昭和二十八年）一月、五島は地主代表らを集め、「城西南地区開発趣意書」を発表、協力を要請した。「道路さえつくれば地価は上がり、地元の諸君は利益が出て、損することはありません」

一帯の農地に宅地転換の計画はなかったが、買い進めた。翌五四年、土地区画整理法が公布され、機運は盛り上がる。五九年五月には区画整理組合の一つが発足、事業は滑り出した。

今やこの地域は、五千ヘクタールの「多摩田園都市」となり、五十万人以上が住む人気の高い住宅地だ。東京急行電鉄社長の清水仁は「今の東急グループにとって、慶太さんの最大の功績は、多摩田園都市に着眼したこと」と言い切る。

九〇年代末の東急電鉄の土地含み益は五千億円で、うち多摩田園都市が三千億円、もともとその倍は優にあり、すでに半分を食いつぶしたといわれた。不振の東急グループを何とか支えているのは五島の遺産ということになる。

五島は鉄道を中心とした運輸業を代表する人物と目される。一時は首都圏西部で、北は今の京王電鉄から南は京浜急行電鉄までを支配する「大東急」を築いたのだから、それも当然だろう。もう一つは不動産開発者としての側面だ。

東急不動産会長の安芸哲郎は若いころ、後に社長になった当時課長の松尾英男と五島邸に通った。安芸は地図などを描いた模造紙を持ち、松尾が説明。冬は好きなたき火にあたりながら、五島は「そこは丘になっているだろう」などと的確に言い当てたという。

不動産開発の原点は、渋沢栄一と四男の秀雄が構想した「田園都市」だ。英国のエベネザー・ハワードが目指した理想の住宅地「ガーデンタウン」を焼き直し、東京一の高級住宅地、田園調布として結実させた。ハワードの街は職住一体だが、日本はベッドタウン。鉄道を必要とした。

そこで、渋沢らは田園調布を通る目黒蒲田電鉄に、関西で成功した阪急電鉄の小林一三を引っ張り出す。小林は二二年（大正十一年）、東横線を計画していた武蔵電気鉄道常務の五島に目蒲電鉄専務を兼務させ、経営を任せた。まず目蒲線を開業、田園調布の宅地を売って資金をつくり、東横線を建設したのだ。

著書『土地の神話』で五島を取り上げた作家の猪瀬直樹は「五島は郊外から満員電車で都心に通うという、日本のサラリーマンのライフスタイルをつくった。日本の不動産業の原型だ」と指摘する。

鉄道と沿線開発という経営手法は、五島が薫陶を受けた小林と同じだ。違いは五島自身が「大学を誘致したのは私の独創」と言っている程度だが、事業拡大の意欲は、むしろ勝る。沿線を広大な面でとらえた街づくりを目指した。今、首都圏で住宅地の人気が西高東低といわれるのは、五島の壮大な仕掛けの結果だ。

すさまじい合併・買収も五島の真骨頂である。典型は四〇年（昭和十五年）前後の地下鉄争奪戦だろう。五島は東京高速鉄道（渋谷―新橋）を完成させ、東京地下鉄道（浅草―新橋）と接続しようとした。地下鉄道専務で、地下鉄の創始者、早川徳次が五島の支配を嫌って反対。両社は新橋で折り返し運転した。

それならと、五島は地下鉄道の株を買い集め、過半数を握る。早川が「五島は株を取得する際は事前に相談するという約束を反故《ほご》にした」と怒っても、後の祭り。結局、早川が相談役に退くなどといった仲裁案で決着した。

五島のライバルといえるのは西武グループの創業者で「ピストル堤」こと堤康次郎だ。五島は「私はすこしも堤君と争うなどの気はない。だいたい、私は、人を意識して事業などを考えたことはない」（『事業をいかす人』）と否定する。

現場は白熱。松尾と安芸は五島の指示で鬼押出にある群馬県長野原町の町有地の借地利用に奔走した。すでに地盤を持つ西武が町議会を押さえ、事業はなかなか進まなかった。五島が都市型なら、堤はリゾート志向が強い。「箱根戦争」「軽井沢の陣」などというが、西武が先行していた。

晩年の五島が掲げた宿願の一つは伊豆・伊東―下田間の鉄道敷設だ。伊豆急行の建設免許申請に対抗し、西武も伊豆箱根鉄道が申請。「国鉄が事業化すべきだが、民間なら伊豆に実績のある西武側に」

1923年３月、東急の前身・目黒蒲田電車が開通（左端が五島）

と訴えた。この喧嘩は東急に軍配が上がった。

これほどの仕事ができたのは、人柄を愛されたからでもある。常に接していた元東急取締役の山本忍は「映画を見ていて涙をぽろぽろ流すほど人情にもろい。私が盲腸の時は自ら病院を手配してくれた」と思い出す。寄る者を拒まず、話をよく聞き、面倒見もよいとなれば、人も事業機会も向こうからやってくる。

五島亡き後、高度成長とともに「護送船団方式」などと、業界秩序を尊重する風潮が一般化する。今また日本の産業界は、秩序より市場での激しい競争を優先する時代を迎えている。現代版〝強盗〟が登場してもいいのではないか。

清濁併せのむ人脈

「お父ちゃん、白木屋を〝強盗〟が乗っ取ったって、ほんとかい」

「五島慶太ってんだ。山の手から攻めてきやがった」

東京の下町、人形町界隈では、こんな会話を交わしていた。当時子供の遊び場といえば、東は隅田川沿いの浜町公園、西は日本橋の白木屋屋上が相場。買収は一九五五年（昭和三十年）十二月、六七年九月には店名も「東急百貨店日本橋店」となった。経緯は「一編の小説的興味

●年表

1882　4月18日、長野県小県郡青木村に生まれる
1906　東京高等師範卒、英語教師に
1911　東大法科卒、農商務省嘱託
1913　鉄道院（後鉄道省）に転じる
1920　武蔵電気鉄道（後に東京横浜電鉄）に転出、常務就任
1922　目黒蒲田電鉄専務を兼務
1928　目蒲電鉄、田園都市を合併。以後盛んに会社設立、合併・買収を進める
1930　東京市長選の贈賄容疑で拘留（大審院で無罪）
1936　東横、目蒲電鉄各社長に就任
1939　東横と目蒲合併、東横電鉄に
1941　東京商工会議所副会頭に就任
1942　東横電鉄、小田急電鉄と京浜電鉄を合併、東京急行電鉄に改称
1944　運輸通信相に就任。東急、京王電気軌道を合併
1947　公職追放
1948　東横百貨店、京王帝都電鉄、小田急電鉄、京浜急行電鉄を分離
1951　追放解除、東急相談役に
1952　東急会長に就任
1953　東急不動産設立、会長就任
1958　白木屋、東横百貨店合併
1959　8月14日、77歳で死去

をすら覚える」と白木屋社史でさえ記している。

五島に白木屋買収の話を持ち込んだのは、当時三十代の横井英樹だ。八二年に、火災で三十人余りの死者を出したホテル・ニュージャパンの経営者として記憶に新しい。横井は老舗の白木屋の経営が混乱しているのに目を付け、日活社長の堀久作とともに株を買いまくった。

それぞれ百七十万株、八十万株を買収、発行済み四百万株の過半数に達した。ところが、堀の株が山一証券を通じて日比谷の三信建物社長、林彦三郎の手に渡ってしまう。林は会社側に支援を頼まれていた。このため横井は行き詰まり、五島を頼ったわけだ。曲折を経て五島は横井、林らから株を買い取った。

横井はじめ癖のある人物が続々登場する。林は管理する三井不動産株を勝手に担保として様々な事業に利用、三井の常務江戸英雄と対立していた。「三井不動産事件」だ。横井の資金源は千葉銀行頭取の古荘四郎彦。古荘は「レインボー事件」という不正融資事件の責任で、五八年辞任に追い込まれている。

晩年の五島には、様々な人間がまとわりついた。「五島邸に伺うと、暴力団や右翼の大物といった人物とよく出会った」（安芸哲郎）、「幼年時、〝やくざ〟のように見えるお兄さんに遊んでもらった」（孫の五島哲）。五島は清濁併せのみ、彼らが持ち込む話に乗ったり、利用したりして事業を広げたのだ。

死後、後継者の五島昇は、晩年の父が焦って着手したとしか思えない多くの事業から撤収した。東急日本橋店も最後は赤字が続き、九九年一月で閉店した。

小林一三（こばやし・いちぞう）

大衆をとらえた娯楽・サービス産業

無から有を生み出すのが独創であり、それを形にするのがベンチャー企業家なら、大衆の夢を結ぶことで娯楽・サービス産業の礎を築いた小林一三は、近代日本が生んだ大先達と言えるだろう。統制を憎み、自由市場経済と自立精神の重要性を説いたアイデアマンの発想は、日本が「経済敗戦」にあえぐ今、最も身にしみる箴言《しんげん》として企業人に迫る。

大阪・梅田にある阪急百貨店の大食堂。年配客を中心に「阪急カレー」の名で親しまれるカレーライスは、今も人気メニューの定番だ。地下室に並んだ一斗入りの大きななべでご飯をたき、大量に作ったカレーをかける。この元祖が小林一三である。

大正末期に阪急百貨店が生まれたころ、まだ一般には高根の花だったカレーライスを、福神漬け付き二十銭という破格の値段にして大ヒット。当時はダントツの売り上げを誇った。安いだけではない。水の入れ方と火加減で分量が二割も違うというコメを、カレーにあった硬さに炊きあげる。研究を重ねた結果だ。

小林の独創はこのカレーライスに凝縮されている。キーワードは「大衆」「価格」である。

小林は十四年間勤めた三井銀行を脱サラし、阪急電鉄の前身、箕面有馬電気軌道に入社した。郊外住宅、百貨店、宝塚歌劇……。大衆の求めるものを安く提供することで事業の幅を広げていく。当時、だれも思いつかなかった先駆的な事業ばかりだ。

鉄道を基盤にした多角的な事業展開は、戦前から戦後にかけて西武、東急、東武などの私鉄グループが発展させた。だが、そのいずれもが、小林の構想した路線を走った結果と言っても過言ではない。事実、東急グループの創始者、五島慶太は「東急の経営はすべて小林イズムを踏襲してきた」と後に語ったという。

中でも電鉄会社の百貨店経営は、「日本はもとより外国にも前例がなかった」と小林は述懐している。「素人にはとても無理。のれんもお得意さんも経験もないあなたの会社が成功するはずがない。

およしなさい」。相談を受けた松屋の主人はこう諭したらしい。

が、小林は考えた。「素人だからこそ玄人では気付かない商機がわかる」。大正時代の後半、駅から遠い旧繁華街の老舗百貨店は顧客集めに苦労、自動車で無料送迎していた。それで一日のお客は松屋で五万人、三越で八万人程度。対して阪急の梅田駅は毎日十二、三万人の乗降客がある。「便利な場所なら、のれんがなくともお客は集まるはずだ」。読みは当たり、ターミナル百貨店という新業態が誕生した。

宝塚歌劇にしても、そのもとになる西洋オペラは三味線文化の当時、まったく顧みられていなかった。しかし、小林は違った。すでに学校の音楽教育にオルガンが採用されていたからだ。「やがて日本の音楽は変わる」とにらむ。

折も折、東京の帝劇で歌舞伎の余興としてオペラが上演された。歌舞伎目当ての観客は独特の歌い方にあっけにとられ、笑いだし、ヤジを飛ばす。だが、若者が大勢いる三階席に上がった小林が見た光景は違った。「面白い、素晴らしい」。彼らの目は輝き、新しい音楽に興奮を隠さない。

これが少女歌劇団を作るきっかけとなる。ただ、当初は純粋なオペラを避け、桃太郎から題材を得た「ドンブラコ」など、親しみやすい出し物にした。結果は大成功。小林のアイデアの強みはここにある。一部の前衛ではなく、大衆の需要に焦点を合わせたのだ。

「千里先の見える人は世の中に受け入れられない。現状維持では落後する。百歩先を見て事を行う者が成功する」

庶民の立場に立てば需要がわかる。阪急沿線の住宅開発もそうだった。沿線のへんぴな田舎の風景を見れば、「こんなところで鉄道事業は成立しない」と凡人は思う。だが、工業化が進む大阪は人があふれ、市外にはけ口を求めていた。

その目で見れば、阪急沿線は大阪の都心からさして遠くなく、温暖で閑静な立地。小林は住宅販売に当たってその点を強調した広告を書いた。これがハイカラな家に住みたいという人々の願望を刺激。さらに、最長十年の住宅ローンを初めて導入し、手ごろな返済額で一戸建ての家を持てるようにした。これで、分譲件数は着実に伸びた。

庶民の手が届く価格を元にした「引き算の経営」は小林の事業の基本である。例えば、劇場経営。当時、面白い芝居を見せるには名優が必要、舞台装置も最高のものをと費用を積み上げ、観劇料を割り出す。この「足し算の経営」が一般的だった。対して小林は、まず一般大衆が出せる料金を設定、それで採算に合うような事業内容を計画し、経費、投資額を計算した。

だから歌舞伎の観劇料が五―十円のころ、宝塚歌劇は数十銭。「一円あれば一日遊べる」が宝塚のうたい文句で、歌劇を見て温泉に入り、昼のカレーライスが食べられた。

後年、米国の自動車王、ヘンリー・フォードの自伝を読んだ小林は、「わが意を得たり」とうなずいたという。フォードは大衆が買える乗用車の価格を三百五十ドルとはじき、その値段で収益を出すために大量生産方式を生みだした。

小林も一九二四年（大正十三年）、四千人の観客を収容する宝塚大劇場を完成させる。当代随一と

1934年、梅田駅移転時の工事現場に立つ小林

うたわれた歌舞伎座の二・五倍。観客がその大舞台で楽しめるよう、歌劇団の少女に発声法の練習を指示。さらに、舞台装置、振り付け、劇のストーリーも変えた。

「上手な歯科医」。ある経済人が当時、庶民の望みを心憎いほどつかむ小林を評した言葉だ。名医が患者に痛みを与えずに歯を抜くように、小林は庶民に懐の痛みを感じさせることなく、喜んで金を使わせた。

大衆を国民や市民、あるいは労働者としてではなく消費者としてとらえ、生活大国への道を目指した最初の経営者。それが独創の人、小林一三である。

三十四歳で脱サラ、目覚めた事業家魂

事業の天才、小林一三も、初手から企業家としての出世街道をばく進したわけではない。三十四歳までは普通の、と言うよりはむしろ、うだつの上がらないサラリーマンだった。

学生時代は作家志望の文学青年。コネを頼りに新聞社を目指すが、志果たせず、しぶしぶ三井銀行に入る。

やる気がないから、仕事は中途半端。山梨の豪商だった生家からの仕送りで茶屋遊びにうつつを抜かす。はっきりと意思を示さない優柔不断もあって出世は遅れ、最後は本店の調査課に左遷だ。

●年表

1873　1月、山梨県韮崎市の豪商の家に生まれる
1892　19歳で慶応義塾卒
1893　三井銀行入社
1907　三井銀行退社。箕面有馬電気軌道の設立に参画、専務に
1910　梅田―宝塚線営業開始
1911　宝塚新温泉の営業開始
1913　後の宝塚少女歌劇団を組織
1918　電鉄の社名を阪神急行電鉄（阪急電鉄）に変更
1924　4000人収容の宝塚大劇場完成
1925　日本初のターミナルデパート、阪急百貨店開業
1927　阪急電鉄社長、東京電灯取締役
1932　東京宝塚劇場を創設、社長
1933　東京電灯社長
1934　東京宝塚劇場完成
1935　約半年間の欧米視察旅行
1937　東宝映画を創設、相談役に
1939　日本軽金属を設立し社長
1940　第2次近衛内閣の商工大臣
1941　商工大臣を辞任
1945　幣原内閣国務大臣、戦災復興院総裁
1946　公職追放、国務大臣、復興院総裁を辞任
1951　公職追放解除
1956　新宿、梅田の両コマ・スタジアムを設立
1957　1月25日、84歳で死去

後に「紙くずの捨て場所」と自嘲気味に書いたその職場に、小林は退職まで五年近くも過ごす。

その後の小林の飛躍からは考えられないような不遇の時期だった。逆に言えば、やる気と自立心さえあれば、うだつの上がらないサラリーマンでも事業はできる、ということだ。

小林の場合は三井退職後、鉄道事業の責任を任された。このことが、眠っていたベンチャー精神に火をつける。一三、八十一歳のときに出版した『私の事業観』の中で、次のように書いた。

「青年よ、独立せよ。大会社にあこがれるな。商売はいくらでもある。仕事はどこにでもある」

青年だけではない、中高年に対しても独立の気概を説いた。自立して独力で苦難を乗り越え、成功したとき人生の充実があると思うからだ。

小林は国家統制を嫌った。商工大臣になったとき、産業統制を進める事務次官の岸信介（後の首相）と対立する。そこには健全な営利心に根差した事業が、経済を発展させるという信念があった。

他界する直前、大阪・梅田、東京・新宿の両コマ・スタジアムを相次いで完成。さらに次の構想を語っていたという。多くの産業分野が成熟化し、新産業の開拓による経済再生が求められる大転換期の今、死ぬまで大衆の夢を追い続けた小林一三の事業家魂は、一層輝きを増している。

桜田　武

（さくらだ・たけし）

「闘う日経連」の旗を掲げ

企業別労働組合を基盤にした労使の運命共同体。戦後日本の経済発展を支えた仕掛けを、敗戦直後に体を張って打ち立てた経営者がいる。労働組合の攻勢の矢面に立ち、闘う経営者の組織、日本経営者団体連盟（日経連）をつくった桜田武である。秩序ある自由と結果への自己責任を信条とし、事業への行政介入を嫌う。今や失われた感もある、妥協を許さぬ古武士。それが桜田だった。

一九七五年（昭和五十年）春、ウシオ電機社長（現会長）の牛尾治朗は、日清紡本社に相談役の桜田武を訪ねた。桜田は当時、日経連会長。四月の都知事選で知事の美濃部亮吉に挑戦する石原慎太郎の応援を頼みにきたのである。保守陣営には不戦敗の空気さえ漂い、態勢作りはまったく遅れていた。

「石原さんを推している経済人は僕ぐらいです。どうか、組織の応援をいただけませんでしょうか」。牛尾が切り出す。「君ひとりだって」。驚いた表情の桜田は、続けた。

「美濃部知事と保守の思想は相いれない。都知事選への取り組みは本来、私たちがやるべき仕事なのに、怠慢だった」

「今から間に合うことがあれば、何でも言ってくれ」。自分より三十歳近く年上の大物財界人。その率直で、潔い一言一言は、牛尾の耳に今も残っている。財界四天王といわれた桜田の信条は、正真正銘の保守であった。

桜田が日清紡社長に就いたのは、終戦の四五年（昭和二十年）十二月。「新しい時代には、新しい人と体制が欠かせない」。同社中興の祖、宮島清次郎が相談役に退き、空席となった社長に推されたのである。

宮島の意中の人物とはいえ、桜田は当時、まだ四十一歳。敗戦で焼け残ったわずかばかりの工場しかなく、国中に赤旗が林立するさなかの船出だった。

「桜田さん、あんたクルマ持っとるなら、あんたの会社に一緒に行く」。同じ中央労働委員会の委員

日経連首脳とともに
（1951年11月30日、左から桜田武、諸井貫一、三鬼隆、加藤正人、鹿内信隆）

だった共産党の徳田球一から、こう声をかけられたこともある。

「あなたが来るのは迷惑だ」。断ったが、強引に同乗した徳田は社長室に入ってくる。

「人事部の人たちを呼びなさい」

「何をする気だ」

「サツマイモ栽培のコツを教えてやろうと思ってね」

桜田は後に打ち明け話をしている(『いま明かす戦後秘史』)。敗戦という革命に直面し、組合側に押されっぱなしだった経営側は、巻き返しを図らねばならない――。こう思った。

四八年四月、組合運動の育成に力を入れていたGHQ(連合国軍総司令部)の反対が収まるのを待って、日経連が旗揚げされた。代表常任理事は秩父セメントの諸井貫一、八幡製鉄の三鬼隆、大和紡績の加藤正人。桜田は四九年四月に総理事に選ばれ、「闘う日経連」の顔になる。

「経営者よ　正しく強かれ」。日経連は正面からこんなスローガンを掲げた。経済同友会が、企業の社会的責任をうたう修正資本主義に配慮を示したのに対して、日経連は自由企業体制を前面に打ち出した。東宝争議、三井三池争議など戦後の大争議に対して、経営権の確立を訴える一方で、日本型の労使関係の育成を目指した。

桜田　武

御用組合作りが桜田の狙いではなかった。「経営と組合はお互いに教育し、教育される運命共同体だ。労働者が生産性を高め、経営者はそれを適切に配分する」。日清紡相談役の田辺辰男は、桜田からこんな経営哲学を聞かされている。企業別労働組合は、労使一体となった生産性向上と配分のための仕組みである。

こうした思想には、昭和初期の英国での経験が影響を及ぼしている。紡機を英国に発注しても、しばしば納期に一年ぐらい遅れる。現地に催促に行くと、工場が動いていない。事情をただすと、「照明、モーター、変電所などの組合は働いているのだが、最終工程の検査と包装の組合がストを続けている」と工場長が言う。「業種別組合ではいけない」。桜田は思った。

経営権確保のために闘った桜田は、行政指導に対しても自主経営路線を譲らなかった。戦後の復興期に、紡織機を一回がちゃんと動かせば、一万円の売り上げがあるという意味の「がちゃまん景気」をおう歌した繊維業界だったが、間もなく斜陽の悲哀を味わう。

通産省が音頭をとり、繊維業界は操業短縮、設備廃棄などの不況カルテルに走った。桜田は、真っ向から異を唱え続けた。「繊維事業は、業者が自らの発意で始めたものだ。事業経営が苦しくなれば、国庫の補助を当てにするがごとき経営態度で、繊維業の将来性があるとは思われない」

経営上の師、宮島が吉田茂と大学の同窓だったこともあって、桜田は吉田とよく会い、池田勇人、大平正芳ら保守本流の政治家の指南役ともなった。にもかかわらず経営の面では公私の別を守り、政治とは一線を画した。

自由な企業体制を守るための保守政治への支援と、自らの企業経営の自主性を譲らぬ決意。政治に頼り、そのことを恥じない経営者が後を絶たないなかで、桜田をつき動かしたエートス（気風）である。

石油ショック後、日本を襲った超インフレ。七四年春闘の賃上げ率は三二・九％となった。日経連会長として取り組んだのは、民間企業が主役となるインフレ克服だった。日経連内に「大幅賃上げの行方研究委員会」を設置し、「賃金上昇と物価上昇の悪循環を断つために、まず賃上げ抑制を」と全国を行脚した。

石油ショックは産油国への所得移転であり、企業は賃上げを価格転嫁すれば、売り上げ不振に陥ってしまう。まずは労使が一体となって、スリムな企業を作らなければならない――。

「幹部はこれを読んでほしい」。桜田が物価上昇と賃上げの悪循環を断つことを訴えるパンフレットをつくり、社内にも強く訴えた。日清紡の現会長、望月朗宏もパンフレットを手にした一人だ。

奮闘のかいあって、春闘の賃上げ率は七五年に一三・一％に低下し、七六年には八・八％とついに一ケタとなった。労使一丸となった日本企業は先進国のなかでもいち早く体質改善に成功、日本製品は次々と国際市場を席けんしていく。

そして桜田に続く財界の重鎮、土光敏夫が、経済団体連合会会長として第二次臨時行政調査会を舞台に、政府の合理化に着手する。ほんの少し前まで、経営者が国民の尊敬を集める時代があったのである。

指示待ちの風潮を排す

日清紡現会長の望月が入社して間もないころ、海外出張に際しては、社長あてにリポートを提出することになっていた。出張疲れもあって、望月は便せん五、六枚にごく簡単な報告をしたため、本社に送った。

帰国後、社長の桜田が感想を書き加えたリポートを手渡されて、望月は驚いた。「リバプールのつづりでRとあるのは、Lにあらずや」。赤ペンで様々なコメントを記している。簡単なリポートにも、丹念に目を通す。桜田は実に几帳面な経営者だった。

日清紡がニューヨークに駐在員事務所を開いた時のこと。初代事務所長の辞令を受けた現相談役の田辺は、会長の桜田に赴任のあいさつをした。

「米国では、どのような仕事をいたしましょうか?」「君も三十代半ばだろう。仕事は自分で考えろ。ただし、繊維の商売はやっちゃいかん」。それまで田辺は大阪で営業の現場にいた。だから、あえて新しい仕事を見つけろと、伝えたのだ。

桜田が戒めたのは「開口待餌《かいこうたいじ》」の風潮である。これは、ツバメのひなが口を開けてエサを待つ姿から、他人の指示を待つ人を示す。自らを社長に指名した宮島の「六十歳社長定年」という遺訓を守り、桜田は一九六四年（昭和三十九年）、六十歳で社長を退任。七〇年には会長から相談役に退いた。

「相談役は相談を求められて、意見を言うパッシブ（受動的）な仕事だ」というのが、持論だ

桜田　武

●年表

1904　広島県で地主の長男として生まれる
1926　東京帝国大学法学部卒、日清紡績に入社
1939　臨時召集、42年まで中国戦線などを転戦
1942　日清紡営業部次長（東京駐在）
1943　同常務企画部長兼営業部次長
1944　同専務
1945　41歳の若さで、同社長に
1946　経済同友会幹事
1947　経団連常任委員
1948　日経連副議長
1960　日経連代表常任理事（74年に規約改正で会長に）
1964　日清紡社長退任、会長に就任
1969　東邦レーヨン会長
1970　日清紡会長退任、相談役就任
1979　日経連会長退任、名誉会長に
1980　帝人相談役
1981　福山市名誉市民。東邦レーヨン会長を退任し、相談役に
1985　４月29日に逝去。享年81

ったという。それでも、後進を育てたいとの気持ちはもだしがたく、つい、「あっ、言ってしもうた」。

八五年四月二十九日、八十一歳の天寿をまっとうした桜田は、家族に遺言を残していた。その冒頭「小生死去の際、栄誉一切辞退申すべきこと」とある。勲章に未練がないと言えば、うそになる。師宮島の栄誉辞退に倣った、やせ我慢の美学だった。

「先人の踏を求めず。求めしものを求む」。先人の言行をそのままなぞるのではなく、その理念を現実のなかに生かす。桜田がよく口にした言葉である。

渋沢栄一

（しぶさわ・えいいち）

五百社設立、日本資本主義の父

生涯に五百社もの会社を設立した渋沢栄一は、〝日本の資本主義の父〟ともいえる存在だ。その渋沢は二十世紀に入ると経営の一線から退き、晩年は日米関係を基軸とした経済体制の確立に身を捧げた。民間の経済外交に励んだ渋沢の夢を追うように、日本経済は今また、米国の金融・経営システムに学ぶことで、よみがえろうとしている。

「日の国より星の国へ／今日を門出の人形よ／小さな口々がうたふ送別の歌／この日の国より星の国へ／今日を門出の人形よ」

一九二七年（昭和二年）十一月五日付の『中外商業新報』（現『日本経済新聞』）は、前日、秋雨煙る東京・神宮外苑の日本青年館で開かれた「答礼人形の送別会」を伝えている。渋沢栄一が会長を務める日本国際児童親善会が催した。

この年三月、米国の宣教師シドニー・ギューリックが、子供たちの募金をもとに一万体余の青い目の人形を制作、日本に贈った。渋沢は童謡『青い目の人形』の歌詞をギューリックに教えるほどの仲だった。

人形を配った学校の女生徒から一人一銭ずつ集めた渋沢は、不足分を負担して日本人形五十八体をつくった。返礼のためだ。

人形交換は晩年の渋沢が手掛けた日米民間外交のシンボルである。彼が日米友好に力を注いだのは、「日本資本主義の設計者」として米国と協調し学ぶことが最重要と考えたからだ。

渋沢の思想と体質を物語るエピソードを、子の秀雄が栄一から聞いている。

一八七八年（明治十一年）八月のある日、渋沢は三菱創設者の岩崎弥太郎から向島の料亭に招かれた。岩崎は「君と僕が手を握れば、日本の実業界を思うように動かせる」と持ちかけた。岩崎に対抗する海運会社が必要と考えている渋沢へのけん制が目的だった。

「独占は欲に目のくらんだ利己主義だ」。渋沢は決めつけ、申し入れを断った。岩崎は「君のいう合本法（株式組織）は船頭多くして船山にのぼるの類だ」と反論、議論は平行線をたどった。ついに渋沢はなじみの芸者とともに席を立つ。その後、二人の反目は長く続いたという。

岩崎は三菱というひとつの財閥の繁栄を中心に考えた。渋沢は日本の近代化に必要な産業を選び、あちこちから資金と人材を集めて企業を設立する方式だった。自分の出資は五―一〇％に抑え、頼まれれば社外役員になるだけだ。

長幸男・東京外語大名誉教授は「本人は『その気になれば、三井・三菱に負けない財閥をつくれる』と言っていたが、決してそうしなかった」と指摘する。今流に言えば岩崎はベンチャービジネス、渋沢はベンチャーキャピタルだ。


その日本資本主義の設計者が、世紀の変わり目から太平洋を挟んだ新興国に関心を持ち始める。米国は経済が急成長、日本の最大の輸出先にもなっていた。

渋沢の初訪米は一九〇二年（明治三十五年）。既に日本経済の第一人者だった。渋沢は米国に「様々な人種が融和して事業を進め、一体になって他国に商工業の拡張を目指している」という感想を抱く。「全世界を圧倒するまで勢力を伸ばすかどうかはともかく、日本は米国と協力して東アジアの開発に当たる必要がある」。思いは募った。

一九〇九年（明治四十二年）、古希を迎えた渋沢は多くの企業・団体の役員を辞すと、渡米実業団を組織し再び訪米。その後もパナマ運河開通博覧会参加や、ワシントン会議で英米との軍縮協調を推進するための訪米団で、相次ぎ米国を訪れた。晩年に四回は、当時では外交官並みの頻度だ。

最後の訪米となった二一年（大正十年）には、ニューヨークで渋沢の功績に報いるための午さん会に招かれた。ワシントンで先約があったが、周囲の反対を押し切って出席する。

十二月七日午前七時、列車でワシントンを立ち、午後一時にニューヨーク着。同三時には折り返しニューヨークを出て、八時にワシントンに戻るという強行軍だった。厳寒の米国東部で、いくら頑健とはいえ八十歳過ぎの高齢だ。

「多くの米国人は渋沢の日本での影響力だけでなく、日米関係にかける気迫に感銘を受けた」（木村昌人・東洋英和女学院大教授）。「もし日米に不測のことがあれば、棺に入っても米国に来る」。渋沢は思い詰めていた。

渋沢は訪米の際、教会や学校、福祉施設なども積極的に訪ねている。利益を追求する企業家は事業以外でも公益に貢献し、社会的な信頼と評価を得なければいけない——。こうした活動の基本が欧米はキリスト教なら、日本は儒教つまり『論語』だと考えていた。

財界や業界の団体を数多くつくった渋沢を「日本的談合の祖」と批判する声がある。近代社会に入ったばかりの日本では、企業家の見識を高めることが重要だと、渋沢は考えた。官僚や軍部に負けないためにも、組織化が必要だった。

渋沢らの努力で日米の信頼関係は深まった。それは二三年（大正十二年）、関東大震災での米側の対応に表れている。八十三歳の渋沢は「深谷（埼玉県）の実家に避難を」という家族の勧めを無視して東奔西走したという。モルガン商会はいち早く復興資金として日本政府の外債を引き受け、米銀が

渋沢栄一

1909年、渡米実業団を率いてエジソン電気会社を訪ねた渋沢(前列右から6人目)。
その右がエジソン(渋沢史料館所蔵)

それに続いた。

二十一世紀を迎え、日本は再び、米国との経済関係強化のときを迎えている。戦後、経済人による日米民間外交は活発になった。盛んに米国発のマーケティングや製造手法を学んだ。しかし、次第に独特の日本式経営や護送船団の金融システムなどをつくり上げてきた。

「日本経済は今、固有の方式が壁に突き当たり苦しんでいる。渋沢がそうしたように、もう一度、米国とのパートナーシップで青写真を描き直すことにより、新たにグローバル化への手法を確立すべきだ」

渋沢は一六年（大正五年）、日米関係委員会をつくっている。その趣旨を踏襲する日米経済協議会の会長である三菱商事会長の槇原稔は、先人からの教訓をこう語っている。

「青い目の人形」悲話

その古い人形の鼻は、先が少し欠け、黒くなっていた。持ち主の東京・江戸川区職員、吉田晴重さんは「父はミス・アメリカと呼んでいました」という。渋沢栄一が尽力した日米人形交換で、米側から贈られた各州代表の五十体のうち、唯一残った人形だ。

「青い目の人形」には、悲しい物語が隠されている。

人形交換は、実は米側の日本人移民排斥問題で悪化した日米関係を修復するのが目的だっ

●年表

1840　現埼玉県深谷市に誕生
1863　高崎城乗っ取りを計画、中止
1864　京都で一橋慶喜に仕官
1867　徳川昭武の留学に随行し渡仏
1869　静岡藩に商法会所を設立。明治政府に出仕
1873　大蔵大輔・井上馨とともに財政改革を建議、官を辞す。第一国立銀行総監役
1875　商法講習所（現一橋大）創立。後、東京女学館、日本女子大創立にも関与
1876　東京府養育院・瓦斯局（現東京ガス）事務長。生涯で設立・育成にかかわった企業は約500、社会事業は約600という
1877　択善会（現東京銀行協会）設立
1878　東京商法会議所（後に商業会議所、商工会議所）会頭
1891　東京手形交換所委員長
1902　夫人同伴で欧米巡遊
1909　多くの企業・団体役員を辞任。渡米実業団を組織し、渡米
1914　日中実業提携を図り訪中
1915　パナマ運河開通博のため訪米
1916　第一銀行頭取などを辞任し、ビジネスの一線から退く
1921　ワシントン軍縮条約などで訪米
1927　日米親善人形交換で歓迎会と送別会を主催
1931　11月11日、91歳で死去

た。一時的に効果はあったが、渋沢の死後、両国関係は急速に悪化した。太平洋戦争の勃発とともに、「青い目の人形」に対する世論は一気に冷たくなる。

「仮面の親善使／憎い敵だ許さんぞ」。四三年（昭和十八年）には、こんな新聞記事が載ったりもした。学校では、前日までかわいがっていた人形をスパイや捕虜扱いし、竹やりで突いたり、燃やすなど、廃棄処分が相次いだ。国立科学博物館にあった州代表の五十体も、がらくた同然に打ち捨てられた。

「博物館の近くに住んでいた少女が、かわいそうだと一体だけ持ち帰り、隠しておいた。後で館の職員だった父に戻したそうです」（吉田さん）。鼻の傷はそのどさくさでついたものだった。

「生き残った」青い目の人形は「九八年六月末に確認したところ、贈られた一万二千七百三十九体のうち、わずか二百九十三体」（埼玉県平和資料館の針谷浩一主査）にすぎない。戦禍を逃れた人形は、渋沢が築こうとした日米のきずなの行方を見守って来たのだ。

島津源蔵（しまづ・げんぞう）

京都ハイテク企業群の先駆者

ノーベル化学賞の田中耕一氏を輩出した島津製作所は京都ハイテク企業群の源流といわれる。明治、大正期に活躍した島津源蔵（二代目）は、少年時代から発明工夫の才能を発揮、「発明王」と呼ばれ、「日本のエジソン」とも評された。京都固有のモノづくりの伝統、職人の技をもとに欧米渡来の理論を吸収して、多くの国産第一号を試作した。富国強兵の先兵として事業を拡大、戦後の技術立国への下地をひらいた。

京都・木屋町にある島津創業記念資料館には、島津源蔵が手掛けた日本初の技術、製品が数多く展示されている。理化学器械をはじめ、京都大学の教授との共同作業によるエックス線写真。レントゲン機器、蓄電池、顕微鏡、そしてマネキン人形などだ。

これらは島津の事業につながっているから、まだいい。島津の現役経営陣がじだんだ踏んで悔しがるのは、事業化しなかったり、早期で撤退した事業だ。日本で初めてのプロジェクター（幻灯機）、電球、扇風機、モーター、そして自動車エンジンだ。

同社の藤原菊男会長が、友人の山口開生・元NTT会長を資料館に案内した時の、山口の感想がすべてを語っている。「きちんと事業化していれば、松下電器産業の十倍くらいの会社になっていたかもしれないぞ」

松下電器産業や東芝より十年早く電球やモーターを国産化したのに、撤退する。トヨタ自動車の首脳が来た折りには、「うちや日産自動車よりも自動車事業の先べんをつけていた」と驚き称賛の言葉を残していく。「たら」とか「れば」の世界だ。

「京都の天然記念物的な企業と言われている」という藤原会長は、源蔵の事業化の失敗を嘆いているわけではない。創業百二十五年という同社が「いまだに源蔵を超えられず、その遺産で食っている」という歯がゆさがあるのだ。

なぜ明治の時代に、京都で源蔵のような天才的な発明家や事業家が生まれたのだろうか。

源蔵の父、初代源蔵は仏具製造の職人だった。京都の伝統産業に従事し、金属加工や組み立ての技術を持っていた。そして一八七八年（明治十一年）、初代源蔵は、京都の工業試験所に派遣されていたドイツ人学者のゴットフリー・ワグネルと出会う。

ワグネルは陶磁器、電気メッキ法、旋盤の扱いなどを職人に教え、近所にいた初代源蔵に実験用の理化学器械を発注する。これが島津製作所の出発点だ。

モノづくりの基本があるからなんでも製作できる。京都府に依頼されて、国内初の有人軽気球を飛ばすことに成功したのも初代源蔵だ。

「京都で新しい事があると必ず島津さんの名が出る」という雰囲気の中で、二代目源蔵は育つ。十六歳で国内初の感応起電機を完成させた時には、学者たちから称賛を受けた。

小学校もろくに出ていないのに、父譲りの技能と欧米の先進技術をいち早く吸収する能力に秀でていた。二十五歳の若さで「源蔵」を襲名するが、以後、レントゲン、蓄電池など事業展開を加速し、事実上の創業者になった。

財閥史専攻の石川健次郎同志社大学教授は、源蔵の成功を明治の産官学共同路線の成果とみる。「特に京都大学から最新の海外情報や、機器の発注、人材を受け入れたことで視野が世界に広がった」。源蔵自らも科学雑誌を創刊するなど、明治の教育熱の波に乗った。

「発明報国」の源蔵の真骨頂は、蓄電池が日本海海戦に使用されたことだった。

日露戦争の最中の一九〇五年（明治三十八年）一月、島津本社の源蔵のもとに二人の紳士が訪れた。京都帝大教授で電気工学の難波正博士と海軍無線創始者の木村駿吉博士だ。「軍艦用の無線に使う蓄電池を作ってもらえないか。国内にある輸入品を全部徴用しても足りない」という要請だった。島津は前年に蓄電池の国産化に成功し、自社工場の予備電源に使用していた。しかし海軍が要望する納期と量には、とても間に合わない。源蔵は決断する。「工場の五十五個の蓄電池を全部取り外し、木箱入りの携帯用に改良しましょう」

それから約半年後、朗報が届く。日本海海戦の大勝利だ。「敵艦見ゆとの警報に接し、連合艦隊は直ちに出動之を撃滅せんとす。本日天気晴朗なれど波高し」。東郷平八郎司令長官が大本営に打った有名な電文だ。

源蔵は蓄電池が、重責を果たしたことを確信し、一晩中、感涙にむせんだ。戦前に出版した自伝『発明報国の一路』の中でも、自負心からか、下瀬火薬、宮原式ボイラーと並び、蓄電池を海戦勝利の科学面での貢献に取り上げている。

百八十の特許を持つ源蔵の最大の発明は、蓄電池に詰める鉛の粉の製造法だった。純粋な鉛粉を製造できれば寿命や容量も優秀な電池ができる。源蔵は、京都伝統の陶磁器の陶土粉砕技術と金粉製造からヒントを得て、製法を発明した。

この製法特許は、のちに米社を特許侵害で八千万ドルの損害賠償を請求するという、明治以降最大の特許訴訟となった。一九三九年（昭和十四年）に大陪審で島津が勝訴したものの、戦争でうやむやになった。「賠償金が入れば、海軍に戦艦を寄進できた」というのが源蔵の悔いだった。

一九三〇年に、源蔵は「十大発明家」として、天皇陛下から宮中に召され、御餐を賜った。ビタミンBを抽出した鈴木梅太郎、真珠の御木本幸吉、特殊合金の本多光太郎などと撮った記念写真は、人生の頂点を飾る。

源蔵は発明王としても事業家としても、十分すぎる能力を発揮した。島津の蓄電池部門から分離独立したのが日本電池、商標のGSは島津源蔵のイニシャルだ。電池の塗料部門からは大日本塗料が生まれた。蓄電池利用のフォークリフトの日本輸送機（現ニチユ）も遺産の一つだ。


敗戦直前に引退したが、その後はいかにも発明家らしい晩年だった。

戦後、暁雲荘と呼ばれた京都・北白川の大豪邸から源蔵の運転する電気自動車が出て、京都の街をすいすい走るのが名物になった。駐留軍の米兵も煙を出さない車に感嘆の声を上げる。

当時京都大学の学生だった樋口廣太郎アサヒビール名誉会長は言う。「戦争には負けたが、電気自動車と、運転する島津さんに夢を与えられた気分でした」

源蔵は、明治・大正を生き、時代の潮に乗った。その後継者たちは、戦後の成長の波に乗れなかった。源蔵の才能があまりにまぶしく、大いなる遺産に寄り掛かったからだ。

創業精神に回帰へ

京セラ、オムロン、ローム、村田製作所、任天堂など、京都企業群は京阪バレーと言われるハイテク地域の中核を形成する。京都産業情報センターの波多野進理事（京都学園大教授）

は、「伝統工芸から受け継がれたモノづくりの伝統と京都の都としての性格」を特色にあげる。

島津製作所は仏具の銅加工から、京セラは陶磁器からニューセラミックに、ワコールは足袋の縫製加工をブラジャーに応用した。現在の東京に人材が集中するように、鹿児島や福井など全国から起業家が京都に集まった。「島津が京都の近代産業のルーツだが、モノづくりに徹し、市場開拓が不得意というのが共通点だ」(波多野氏)

島津は老舗、名門として生き抜いたが、後発の戦後生まれの京都企業に追い抜かれていった。矢島英敏社長は「いまだに、島津は源蔵さんの手のひらで動いている」と手厳しい。「技術は超一流だが、金もうけは下手」という誤った島津イズムが、戦後一貫して経営者から開発、営業の現場までまん延してしまったと反省する。藤原会長は「源蔵さんが膨大な土地を残したので、資産の売り食いで何とかなった」とまで先輩経営陣を批判する。

体質打開のため、藤原会長、矢島社長と二代続けて、京都本社勤務の経験がなく、技術畑以外の人材がトップに登用された。「グローバル化どころではない。保守的という古い京都になじんだ社内との戦いが社長時代の仕事だった」と藤原会長は苦笑する。

東京勤務が長い藤原─矢島コンビは、同社の失われた半世紀を一気に取り戻すために、「次の島津を背負う人間は技術、営業ともにすべて海外に出した」(藤原会長)と、人事などで荒療治をした。

島津に学んだという京セラ、オムロン、ロームが何度かの円高を乗り切り、世界的な優良会社になったのを、今度は島津が短期間で学ぶわけだ。

●年表

1869　6月17日、京都市で初代源蔵の長男として出生。幼名は梅次郎
1875　父が京都・木屋町に島津製作所を創立
1884　16歳でウ式感応起電機を完成
1894　父死去。2代目源蔵を襲名、社長に
1896　日本初のエックス線写真の撮影
1897　蓄電池の製造に着手
1905　日本海海戦で同社製の蓄電池使用
1917　蓄電池工場を分離、日本電池設立
1920　画期的な鉛粉製造法の特許申請
1923　日本初のマネキンの生産開始
1930　10大発明家の1人に選ばれ昭和天皇の賜餐の栄にあずかる
1939　社長を退き、会長に
1951　10月3日、死去。享年82

10大発明家として宮中に招かれた島津(前列左端)。
鈴木梅太郎(同右端)、御木本幸吉(同右から3人目)の姿も

京都企業の多くは、創業者が健在で、その強烈なカリスマ性で成長を続けている。創業者精神をいかに維持、発展させるか——。これが長寿企業、島津の盛衰から学ぶべき最大の課題である。

荘田平五郎

（しょうだ・へいごろう）

〝三菱〟の基礎を築いた大番頭

戦前の三菱財閥といえば岩崎家。番頭に事業を任せた三井財閥とは違って、創業者の弥太郎、弟の弥之助ら主人が陣頭指揮をした印象が強い。だが、三菱にも基礎を築いた大番頭がいた。荘田平五郎である。福沢諭吉の高弟で、草創期からグループ各社の設立にかかわり、丸の内開発を推進した。西洋の企業会計方式をいち早く取り入れ、近代日本の資本主義企業経営の原型をつくり上げた人物でもある。

日本郵船、東京海上火災保険、明治生命保険、東京三菱銀行、三菱倉庫、三菱地所、キリンビール……。荘田平五郎が設立にかかわったのは、これら三菱系の企業だけではない。日本勧業銀行、南満州鉄道などの立ち上げにも加わった。

そんな荘田が「最後のご奉公」と、家族連れで長崎の三菱造船所に向かったのは五十歳のとき。岩崎弥之助、そして弥太郎の長男久弥を支える大番頭荘田の派遣である。造船業を三菱の戦略産業に位置づけたことを内外に示す人事だった。

「リベット（びょう）に不良や緩みがある」。赴任した荘田が最初に取り組んだ大仕事は、日本郵船が発注した六千トン級の常陸丸の建造だった。最大二千トンクラスの実績しかない三菱造船所にとっては、初めての大型船。長崎駐在で検査に当たるロイド協会の検査員ロバートソンのチェックは、ことさら厳しかった。

現在なら溶接する船舶の鋼板を、当時はリベットでつないでいたが、欠陥があるという。調べると、確かに緩いものもあり、交換や締め直しに追われた。だが、ロバートソンは次々と不良個所を言い立てる。

「私との感情のもつれから嫌がらせをしているに過ぎないのです。私を更迭してください」。部下からの悲痛な申し入れをはねつけ、「費用を惜しまず改善しよう」と呼びかけた。しかし、最後は理不尽な要求と判断。荘田はロイド本部に連絡をとり、ロンドンから検査員の派遣を求める。

本部派遣の検査員が認めた結果、ロバートソンは罷免できたが、常陸丸の建造は遅れに遅れた。このため続く受注済み船舶の起工ができず、三菱造船所の一八九八年度（明治三十一年度）決算は二十一万六千円の欠損を余儀なくされた。

だが、ここからが荘田の真骨頂である。「技術的には大きな収穫と教訓を得た」として、例年より盛大に忘年会を開いたという。

実際、この苦労は報われた。一九〇五年（明治三十八年）には、一万三千トン級の船舶二隻を建造するに至った。荘田自身が東京商議所特別会員として献策、実現したといわれる造船奨励法の施行期間（一八九七―一九一一年）には、三菱は、日本で建造された隻数の四〇％、総トン数で六四％も確保できたのである。

日露戦争をきっかけとした重工業化の波も押し寄せた。三菱は長崎の造船所を軸に、海運、金融、炭鉱・鉱山などに依存したグループの工業化を、軌道に乗せることに成功したのだ。

荘田の直系の孫にあたる勝彦は「平五郎の息子五人のうち四人が理科系で、私も技術者。祖父は技術者ではないが、元々技術系の人間で、英国訪問の際、グラスゴーで造船所をつぶさに視察して、造船技術にも並々ならぬ関心を持っていたのではないか」と語る。

三菱の造船発展には、荘田の顔の広さも寄与した。常陸丸にしても、日本郵船が遠洋航路用に六千トン級の新造船六隻を英国に発注する案を取締役会で討議したとき、荘田が一隻を三菱造船所に発注するよう要請、了承を得た船舶だった。

三菱造船所での荘田の功績はもう一つある。原価計算を本格導入したことだ。大型船の建造は工期が長い。材料、労務費をどの時点で計上するかの問題に加え、工場内部の取引や減価償却も含めて原価計算をしっかりしておかないと、国際競争にも勝ち抜けない。

荘田は会計のプロだった。彼は福沢諭吉が明治維新後にいち早く、西洋の企業会計方式を翻訳して出版した『帳合之法』の訳業に参加。その後、福沢の推薦で三菱に入ったが、すぐに会計の才を認められ、日本でほぼ最初に大福帳的な会計を複式簿記に変えた『三菱会社簿記法』を編さんする。

造船所でも荘田は英国から原書を取り寄せて目を通し、部下にも読ませたという。造船所の帳簿は英語で書かれ、荘田自ら訂正の赤字を入れ、Ｓｈｏｄａと署名した。原価計算のため、商業学校、中学校などの卒業生百人を採用、会計、倉庫などの部署に配した。

簿記は産業の発展につれて、現金収支や債権債務を伴う外部取引のみ記帳する商業簿記から、製造原価を知るための工業簿記へと移行した歴史がある。東北大学名誉教授の豊島義一は、「日本では長崎造船所で先駆的に、工業簿記に移行した」とみる。

三菱の歴史を研究する宮川隆泰は一八八五年（明治十八年）の日本郵船誕生のきっかけになった、三菱と反三菱の共同運輸のすさまじい船賃値引き競争のときも、三菱側は荘田の指導で「船舶ごとの採算が出せるよう減価償却費をはじいて競争に対応できた」と話す。こうした実績が、工業会計にも生かされたのだ。

福沢は『士人処世論』の中で実業の運営に当たっては数理を重んじる「クールカル（リ）キュレーション」（冷算）が必要と主張したが、高弟である荘田は、その実践者でもあった。

しかも荘田は単なる「経理屋」ではなかった。三菱造船所では労働者がけがや病気になったときの

居並ぶ三菱の首脳陣(後列右端が荘田、隣は岩崎弥之助。
前列左から2人目が岩崎弥太郎)=撮影時期不明

救護規則を制定し、独自の病院も建設した。技能工を養成するための工業予備学校をつくるなど、当時としては労務面でも新機軸を打ち出した。荘田はそれ以前にも三菱本社で年末賞与などの制度を立案、日本型企業の育成に腐心した実績がある。

「数理と経済にかけて、天才的頭脳と、これを実行する勇気をもっていた……明治年間に生んだ一番えらい人」。福沢の女婿で電力会社の経営などに当たった福沢桃介は、辛口評で知られる著書『財界人物我観』で、荘田をこう絶賛。「岩崎弥太郎も渋沢栄一も、そういう点では、荘田に到底及ぶまい」と記している。

「丸の内に倫敦《ロンドン》」の夢を実現

「マルノウチカイトラレルベシ」。日本のビジネス街の象徴、東京・丸の内。その誕生のきっかけは、荘田平五郎が英国から岩崎弥之助にあてて打った、一通の電報だったという。

皇居前の陸軍省直轄地が売りに出ているという新聞記事を現地で目にした荘田は、弥之助に買収を提案。三菱は約三十五万平方メートルを百二十八万円、八回払いで払い下げを受けた。

この地は江戸時代には大名屋敷が並び、維新後は一時、陸軍省の練兵場として使われたが移転。その後、大火事で兵営の大部分が焼失、草ぼうぼうになっていた。当時の東京市予算の約三倍にも上る買い物を、荘田はなぜ弥之助に勧めたのか。

荘田平五郎

●年表

1847　大分県臼杵町（現臼杵市）で臼杵藩士允命、節子夫妻の長男に生まれる
1867　江戸の青地信敬塾に入門、洋学・英語を学ぶ
1868　鹿児島開成所（洋学局）に入塾
1870　慶応義塾に入る
1872　慶応義塾教師兼務
1875　福沢諭吉の推薦で三菱商会に入る。翻訳係
1876　郵便汽船三菱の会計責任者に
1878　岩崎弥太郎のめい藤岡田鶴と結婚。会計規則つくる
1879　東京海上保険開業、重役に。以後様々な企業設立に関与
1885　岩崎弥太郎死去。弥之助が引き継ぐ。日本郵船理事就任
1886　三菱社本社支配人
1887　川田小一郎退任で2代目の大番頭に
1888　89年まで1年間欧米出張
1890　丸の内などの土地払い下げ受け、丸の内開発に着手
1894　三菱合資（93年設立の持ち株会社）支配人として久弥社長を支える。丸の内に三菱1号館
1895　日本郵船取締役として欧州出張
1897　三菱造船所支配人
1906　帝国劇場発起人総会で委員に
1910　退任。社業や岩崎家の重要事項について諮問の際には従来同様参画し、意見を述べるよう異例の委嘱
1922　74歳で死去

「我が国の事業が発展したが、依然として執務ぶりは旧態依然である。速やかに西洋式のオフィス・ストリートを建設することが必要、急務」と語った荘田を、三菱地所社長を務めたグループ長老の中田乙一は「欧州訪問でロンドンに似せた町をつくりたいという思いを強めたのではないか」とみる。

計画段階に入ると「技術者」荘田の一面がここでも発揮される。お雇い英国人建築家ジョサイア・コンドルの推薦を受けた建築家曽禰達蔵に「丸の内の地質はいっこうにわからないからボーリング調査をやらねばなるまい」と提案。当時民間でボーリング機械を所有するところはなく、鉄道寮から借りた。埋め立て地だけに、地下二十メートル以上掘らなければ硬盤に達しないことがわかり、工事には様々な工夫が求められた。

二十世紀に入って中央停車場（東京駅）を中心に馬場先通りの両側には赤レンガの建築が立ち並んだ。ロンドン市街の面影から「一丁倫敦」と呼ばれた首都の美観の出現である。荘田の夢は実現した。

荘田は貸オフィスだけでなく商品陳列所、サラリーマン向けの賃貸住宅の提供も計画。さらに「ミュージアム（美術館）のようなものをつくりたい」と曽禰に手紙を出し、福沢諭吉の勧めもあって劇場の構想も進めた。荘田も発起人の一人に名を連ねた帝国劇場が完成したのは一九一一年（明治四十四年）だ。

今日、荘田の時代の赤レンガはすべて消え、彼の死後完成した丸ビルも新しく生まれ変わった。草葉の陰で荘田はこれをどう見ているのだろう。

鈴木三郎助

（すずき・さぶろうすけ）

斬新な広告で家庭の味を変革

マーケティングという言葉すらなかった二十世紀の初め。自らの若い感性と冒険心だけを頼りに、大掛かりな広告宣伝を展開し、未知の商品の販売開拓に賭けた男がいた。味の素の三代目鈴木三郎助だ。「広告宣伝の神髄は、人の役に立つこと、消費者とともに歩むこと」。時代を先取りした斬新な戦略で、日本の食卓に革命をもたらしたのである。

鈴木商店が「味の素」の製造を始めたのは一九〇八年（明治四十一年）である。鈴木商店はもともと、この話の主人公、三代目鈴木三郎助の祖父、初代三郎助が、神奈川県葉山で開いた薬品メーカーだった。

父の二代目三郎助が引き継いだ一九〇五年のこと。東京帝国大学教授の池田菊苗が「うまみ」を工業的に採取することに成功した。昔から食物の味として甘味、酸味、苦味、塩辛味の四原味が知られていたが、カツオ節やコンブなどには「うまみ」があり、これを取り出すことができれば調味料として重宝されるだろうと考えられていた。

池田は、この「グルタミン酸ソーダを主成分とする調味料製造法」の事業化を、様々な経営者に呼びかけた。しかし、これまでにない未知の製品の商品化に二の足を踏んだのか、反応はまったくなかった。

が、話が持ち込まれたとき、原料が鈴木商店で扱う同じ海草であることに気づいた二代目三郎助は、飛びつく。持ち前の起業家精神に火がついたのだ。二代目の指揮のもと、その弟の忠治（後の昭和電工初代社長）が製造、後に三代目の三郎助を襲名する三郎が、宣伝・販売を受け持った。まだ十八歳のときである。

既成の観念にとらわれぬ若き三郎のみずみずしい発想は、まず商品の命名に現れる。当初、「味精」と名づけられたが、これでは薬品のようで親近感が持てないと、五音の呼びやすい「味の素」と決めた。

製造開始の翌年には早くも新聞に広告を出した。かっぽう着姿の女性のイラストの周りを、ぎっしりと宣伝文句で埋め尽くす。従来の概念から外れた新しい商品であったため、説明を詳細に、と配慮したのだ。

が、この方法は費用がかさむ割には効果が薄かった。商品自体に興味が持てなければ、印刷物でどんなに細かく説明しても消費者は飛びついてこない。そこからが彼の真骨頂である。

思いついたのは、鳴り物入りの宣伝隊を駆使することだ。消費者に直接商品を見せながら、名前が売り込める。ここに目を付けた。

「耳かき一杯でカツオ節の数倍のうまみが出る」。彼は「味の素」と染め抜いた印半纏《しるしばんてん》を着て大きなノボリを持ち、口上を声高に叫びながら全国各地を練り歩いた。古今東西、名経営者は数あれど、こんな形で自ら先頭に立って宣伝に努めた人物はほかにそうあるまい。

この宣伝隊による全国巡回は、彼に多大な「ビジネスの栄養」をもたらしたという。行く先々で、その土地の名物や生活習慣など様々な生活情報を得て、これを丹念にメモしている。これが後に、新しい〝広告の素〟となったのである。

訪れた食堂や旅館などでは、商品の試用を頼んだが、これも流通経路の開拓に役立った。それまで鈴木商店は薬種問屋にのみ依存していたが、乾物店や酒販店、食料品店などにも流す必要に気づいたのである。

彼は寝ても覚めても、メモ帳を片手に新しい広告宣伝案を考えに考えた。で、こんな着想も生まれる。

東京・京橋の事務所に畳二枚ぐらいの大きさの看板をつくり、そこにぎっしり五千個の豆電球をつけた。まずお椀が出て、湯気が立ち、女の子がよだれを垂らすという点滅広告である。評判を呼んで、大勢が見物に来たという。

また、店の前に相撲の星取表をはり、新聞社と組んで勝敗の速報を始めたこともある。まだラジオが十分に普及していない時代。国技館のある両国へ行くより京橋へ行った方が早く結果がわかると、これも押すな押すなの人気となった。

「私は広告に二つの信念を持っている。あまり金をかけずに効果をあげる方法を考えること。それともう一つは、この考えとはいささか矛盾するようだが、金をかけてもよいから、あんまり人のやらない広告をするということだ」。前者が星取表であり、後者が電球看板だったのだろう。

だが、こうした努力にもかかわらず、売り上げは今ひとつはかばかしくない。使用法がなかなか理解されなかったからである。「あんなまずく、高いダシはない」。こんな文句を言う婦人がいたので、話を聞いてみると、吸い物に瓶一本丸ごと入れている。ひどい場合は、洗い粉と間違え、髪を洗う人もいたという。

こうした悪評をなくし、売り上げ増を図るため、彼は次に「者方式」と呼んだ新たな手を打つ。〝医者、役者、記者〟など「者」とつく人々に、重点的に見本を配る作戦である。

医師が「これは体にいい」と言えば、患者も素直に従うだろうし、俳優が「これは気に入った」と言えば、ひいき筋も興味を持つだろうという具合である。つまり「者」のつく人たちは他人と接触する機会が多いので、そこから大衆に効用が伝わるというわけだ。

味の素の市場開拓のため全国を巡回した宣伝隊（1910年）

例えば親交の深かった喜劇俳優の曽我廼家五郎。舞台の電柱に「味の素」のポスターをはってくれただけでなく、芝居の中の小道具としても使ってくれた。

そして、とどめの発想が飛び出した。全国の女学生に、料理本と小瓶を一緒にして、卒業記念として贈ったのだ。これで、数百万人の〝主婦予備軍〟をつかむことに成功した。

「われわれ専門家でさえ及びもつかない斬新な考えは、広告宣伝の天才的な先駆者と呼ぶにふさわしい」。〝広告の鬼〟と呼ばれた電通の吉田秀雄も、こう言って舌を巻いたという。

広告宣伝を中心とした懸命の営業活動によって、「美味・経済・重宝」という三大特徴が大衆へ浸透し、「味の素」は新しい市場の創造と、声価の定着に成功したのである。

「PRとは結局、人に奉仕する真心である。ただ宣伝したのでは、商品も売れなければ、宣伝効果も上がらない。人間の誠意がこもった商品でないといけない」。こう回顧録『味に生きる』で述懐するように、三代目三郎助の販売史は、そのまま味の素の広告史とも言えるものだった。

「美味求真」の八十二年。それは、無名の若者が、卓越した近代的経営者として成長を遂げる道程にほかならなかった。

晩年まで美味追求

七十代に入っていた鈴木三郎助は、経営の第一線から退き、生まれ故郷の葉山で悠々自適の生活を送るようになる。だが、この晩年にも、彼は二つの仕事を成し遂げている。

一九六四年(昭和三十九年)に開かれた東京オリンピックの前、五輪担当国務大臣の河野一郎からこんな相談を受けた。「ヨット競技に出る外国選手らのために、ヨットハーバーつきの宿泊施設をつくれないものか」

そこで彼は六三年、葉山マリーナを設立した。通常のホテル設備のほか、プールや結婚式場、会議用ホールなど設け、幅広く利用されるものとした。なかでも特筆されるのが、和洋中のレストランを入店させ、自ら運営にあたったことである。

「『おいしいものを食べさせて、心からもてなしてあげよう』という気持ちこそ、料理をうまくする根本精神であります」(遺稿集『葉山好日』)。こんな考えから、レストランを訪れた客に「もし食べ物がまずかったら、おカネは払わなくても構いません」と言って回った。

そんな三郎助に、日本の料理人の集まりから「ガストロノーム(食通)賞」が贈られた。これは、彼自身の舌そのものと、美味に対する研究心、鑑識力を評価するものであった。

六六年には老人性結核を患い、その後二年間の療養生活を送る。風光と気候に恵まれたこの土地で散歩に出て、隣近所の人たちと歓談するのが最高の楽しみとなっていた。このとき身寄りがなかったり、経済的に不遇だったりする高齢者が病に倒れると、いかに心細いものである

●年表

1890	6月23日、神奈川県葉山町で生まれる
1907	京華商業学校を卒業。英国人商社に入社し、自転車など販売
1908	池田菊苗の開発したグルタミン酸ソーダの特許を取得し、味の素の販売を開始
1909	販路開拓のため宣伝隊を組織し、全国を巡回
1911	原料の小麦から出るデンプンの販売で鐘紡の武藤山治と交渉
1914	市場開拓のため台湾と中国を訪れる
1917	初めて米国を訪問し、ニューヨーク出張所を開設
1931	父の2代目三郎助が死去、3代目三郎助を襲名
1940	社長に就任
1963	経営の第一線を退き、葉山マリーナを設立
1965	「勲三等旭日中綬章」受章
1969	老人ホーム建設のため私財2億円を寄贈
1973	6月19日死去、享年82

か、しみじみ実感した。

三郎助は二億円の私財を提供して、老人ホームを建設することを思い付く。横須賀市が彼の提案にこたえ、市有地を提供し、七一年にベッド数百五十の「寿寿喜《すずき》寮」が完成した。昔からの遊び仲間だった理髪店や食堂の主人たちも、この老人ホームで奉仕したいと、協力を申し出てくれたという。

高橋是清（たかはし・これきよ）

デフレと闘う先取の策

丸っこい風貌と率直な人柄で「ダルマ宰相」と親しまれた高橋是清。大正、昭和を通じて大蔵大臣を七期も務め、「積極財政」を掲げて金融恐慌やデフレに立ち向かった。「日本でケインズ理論を先取りした男」といわれ、蔵相として残した足跡は輝かしい。だが、恬淡《てんたん》とした性格が災いし、政治のトップリーダーとしては必ずしも成功しなかったのだ。

高橋是清が世に出るきっかけとなったのは一九〇四年（明治三十七年）、日露戦争に際した外債募集の成功である。大国ロシアとの戦争で、当時の日本は戦費の調達に苦しんでいた。日銀副総裁だった高橋は、元老の松方正義、井上馨の命を受け欧米を歴訪した。

高橋に白羽の矢が立ったのは、その英語力が買われたからだ。交渉は難航したが、彼の熱意が実ってロンドン、ニューヨークで外債の引き受けが決まる。

成功の知らせを聞いた政府は小躍りした。帰国時、凱旋《がいせん》将軍のように迎えられた高橋は、明治天皇に拝謁《はいえつ》、貴族院議員にも勅選された。さらに男爵となり、一一年（明治四十四年）には日銀総裁に。金融界のトップに躍り出たのである。

一三年（大正二年）、憲政擁護運動の高まりで長州閥の桂太郎首相が辞任に追い込まれた。「大正政変」だ。後任首相には薩摩出身の海軍大将、山本権兵衛が政友会の支援を受けて就任。山本は同じ薩摩閥の松方に蔵相の推薦を求めた。

松方は迷わず高橋を推す。政治家としての歯車が回り始めた瞬間であった。

山本内閣は政友会との協定で、閣僚が全員、政友会に入党することになった。高橋にはとりたてて政治的野心はなかった。だが、政界の激変と松方の推挙により、あれよあれよという間に政界に深く足を踏み入れたのだ。歴史の綾というべきであろうか。

山本内閣はシーメンス事件で短命に終わり、せっかく入党した政友会は野党に転落。高橋は野党時代に政友会の選挙委員長となり、総裁の原敬に全面協力して信頼を得た。

一八年（大正七年）、原が日本で初の本格的政党内閣を組織すると、高橋は蔵相就任を要請された。病弱を理由にいったんは固辞したが、原の強い要請を断りきれず蔵相に返り咲く。

原政友会内閣は国防の充実、交通の整備、教育の振興、産業の奨励の四大政綱を掲げ「積極政策」を推進。これを支えたのが高橋の積極財政である。

「財政均衡論には一理あるが、第一次大戦後の景気後退がこの程度で済んでいるのは積極財政を展開しているからである。財政均衡にこだわったら、景気の後退はさらに進んでしまうだろう。景気が回復すれば財政の収支は改善するのであり、性急に財政均衡を図るのは妥当ではない」

当時の野党、憲政会は財政均衡論を主張。幹部の若槻礼次郎や浜口雄幸は、議会で高橋財政を厳しく批判したが、高橋は議会でこう反論している。

二一年（大正十年）、原首相が東京駅頭で暗殺された。ワシントン軍縮会議開催中であり、政権の継続性が最優先されて高橋が急きょ後継首相に。実はここでも、高橋は歴史の回転に乗せられることになった。

当時の政友会は原が圧倒的な力を持ち、他の幹部はドングリの背比べ。高橋が後継の首相・総裁になったのは単に「幹部の中で宮中席次が最も高い」という理由でだった。高橋は日露戦争時の功績で爵位も位階勲等も高かったのである。

高橋は蔵相を兼務、閣僚はすべて留任させて新内閣を発足させた。だが、就任早々、専門学校大学昇格案や鉄道敷設法案をめぐって中橋徳五郎文相らと対立し、内閣改造を試みようとしたが失敗。閣

原敬内閣当時の政友会系有力者たち。
前列左から高橋是清、後藤新平、伊東巳代治、原敬、犬養毅（憲政記念館所蔵）

内不統一により、わずか半年で総辞職を余儀なくされる。

元来、首相になろうとする野心がなく、準備も心構えもなかった。お人よしで開けっ広げ。その性格も政治のリーダーには向いていなかったといえる。

高橋は首相を辞めてからも政友会総裁の座にとどまったが、党内統制に苦しみ続けることになる。高橋を擁する横田千之助ら主流派と、反発する床次竹二郎、山本達雄、中橋徳五郎ら反主流派の抗争は抜き差しならない事態になった。

二四年（大正十三年）、高橋は「重大決意を固めた」と政友会総裁辞任を表明した。だが、策士といわれた側近の小泉策太郎に「辞めてはいけない。爵位を返上して平民になって衆院選に出馬し、清浦内閣打倒の戦いを挑めば、政権をとれる」とそそのかされるとあっさり辞意を撤回。加藤高明の憲政会と提携して選挙戦に臨むことになった。

この高橋の決断は悲惨な結末をもたらす。高橋の辞意撤回に床次らが反発し、脱党して政友本党を結成。政友会は分裂した。

選挙戦は漁夫の利を占めた憲政会が第一党になり、加藤が首相の座を奪う。高橋は加藤連立内閣に渋々入閣したが、求心力は完全に失われた。二五年（大正十四年）、政友会総裁と農商務相を辞任、ついに政界引退を表明したのである。

まさに刀折れ、矢尽きたみじめな政界引退だった。高橋は後年、政友会総裁当時を振り返り「原敬は政友会のことなら陣笠議員に至るまで、その経歴や人脈を実によく知っていた。自分はそういうことにはさっぱり興味がなかった」と述懐している。政党総裁失格の弁である。

職歴多彩、実務に精通

高橋是清が「財政金融の第一人者」として華々しく復活するのは、昭和に入ってからのことである。

金融恐慌で若槻礼次郎憲政会内閣が倒れると、田中義一政友会内閣となり、田中首相は三顧の礼を尽くして隠居老人の高橋を蔵相に迎え入れた。高橋は直ちに日銀非常貸し出し、金融機関の二日間臨時休業、さらにモラトリアム（支払い猶予令）を実施。手際よく金融恐慌を収拾した。

その後、浜口雄幸民政党内閣の井上準之助蔵相が実施した金解禁と緊縮財政は、深刻なデフレを招いた。犬養毅政友会内閣ができると、高橋はまた蔵相になる。直ちに金輸出再禁止の手を打ち、積極財政に転換するなど、デフレの食い止めに手腕を発揮した。

五・一五事件で犬養首相が暗殺され、政党内閣の息の根は止められた。その後も斎藤実、岡田啓介と二代続いた内閣で、高橋は請われて蔵相に就任。在任中に軍事費の削減に努めたが、三六年（昭和十一年）、二・二六事件の反乱軍将校に私邸で射殺され、足掛け八十三年の生涯を閉じた。

●年表

1854　江戸で出生。絵師川村庄右衛門の非嫡出子。仙台藩足軽高橋是忠の養子となる
1867　仙台藩留学生として渡米。だまされオークランドで奴隷労働
1869　大学南校の教官手伝となる
1870　放蕩で大学南校を辞す
1875　東京英語学校教師となる
1881　農商務省工務局に入る
1889　農商務省初代特許局長となる。ペルー銀山開発の日秘鉱業会社代表となり、農商務省退官。ペルー渡航
1890　ペルー銀山が廃坑と判明し、帰国。多額の負債を負う
1892　日銀に入る
1899　日銀副総裁となる
1904　日露戦争の戦費調達のため欧米歴訪、外債募集に成功
1905　一時帰国、明治天皇に拝謁。貴族院議員、従四位
1906　正金銀行頭取を兼務
1907　男爵となり、旭日大綬章
1911　日銀総裁となる
1913　大正政変で桂太郎内閣総辞職。山本権兵衛内閣の蔵相に就任（1期目）。政友会入党
1918　原敬内閣の蔵相に（2期目）
1920　子爵となる
1921　原首相暗殺。後任首相となり、蔵相兼務（3期目）で高橋内閣発足。政友会総裁となる
1922　閣内不統一で高橋内閣総辞職
1924　清浦奎吾内閣打倒で憲政会などと提携。政友会分裂し、床次竹二郎らは政友本党結成。爵位を返上して衆院選に出馬、当選。加藤高明の憲政会が第1党になり、政友会は第3党に転落。加藤連立内閣の農商務相に入閣
1925　政友会総裁、農商務相を辞任。政界引退を表明
1927　田中義一内閣の蔵相に就任（4期目）。モラトリアム実施
1931　犬養毅内閣の蔵相となる（5期目）。金輸出再禁止を断行
1932　5・15事件で犬養首相暗殺。斎藤実内閣蔵相に（6期目）
1934　岡田啓介内閣の蔵相となる（7期目）
1936　2・26事件。赤坂の私邸で反乱軍の青年将校に射殺される

高橋は昭和天皇の信頼が厚い「重臣」の一人だったが、青年将校からは「君側の奸《かん》」とみなされたのだ。

昭和の初期、高橋は蔵相としてほとんど出ずっぱりの状態である。経済が危機的な状況となり、蔵相の役割が重要になったにもかかわらず、政友会は長年の党内抗争で人材が払底、民政党は緊縮財政論で極めて評判が悪かった。だれがみてもこの時期の蔵相には、高橋以外の適任者は見当たらないありさまだった。

高橋の死から六十二年後、元首相の宮沢喜一が「平成の高橋是清」として蔵相に引っ張り出され、深刻な不況に立ち向かった。

「財政均衡にとらわれない積極財政論者」「英語が堪能で英字新聞を常に手元に置く」「権力への執着心が薄く、人心の掌握が下手」「総裁時代に党を分裂させた」――など二人の似ている面は多い。

ただ、宮沢が名門出身の大秀才、超エリートなのに対して、高橋は若いころから様々な職業を転々とした経歴を持つ。彼は金融実務に精通し、民間経済の実態にも明るかった。二人の最大の違いは、そこにあるといえる。

高峰譲吉

（たかみね・じょうきち）

消化酵素など画期的な発見

高峰譲吉は近代資本主義の二つの神器、科学技術と産業をともに手にした最初の日本人である。研究開発が産業と結びつけば、巨大な富を生むことを実証してみせた。三共の初代社長にして、二十世紀初頭の世界をリードした化学者。米国人女性と結婚し、日米の融和に尽力した国際人。その独創を支えたのは、粘り強い知的探求心と、臆することなく世界と向き合う「志の高さ」ではなかったか。

日本人の独創的な研究成果は、まず海外で評価され、逆輸入の形で日本に入ってくる。これが日本の研究開発の「風土」として定着しているようにみえる。

その元祖ともいうべきは、高峰譲吉が発見した消化酵素「タカヂアスターゼ」と、世界で最初に結晶として抽出に成功したホルモン「アドレナリン」である。いずれも米国で産業化された後、日本に上陸した。

加賀藩の典医の長男に生まれた高峰は、幼くして藩校に入り、才を見込まれて長崎に留学する。そこで宣教師フルベッキの英語学校に通い、さらに七尾で藩のお抱え教師オズボーンに英語を学んだ。

次いで、大阪で医学を修める傍ら、舎密《せいみ》学校でリッテルに師事して化学を勉強。高峰はここで、医学ではなく、化学の道に進むことを決めたとされる。化学分析を身に付けた若き学徒の胸には、大いなる志が宿った。

父・精一が、カイコのさなぎを使って、火薬の原料である硝石をつくる研究をしていたことが、化学に傾斜する遠因になっていることは間違いない。

もう一つの背景もある。子ども時代に金沢近郊・卯辰山の「泣き一揆」で見た農民の窮状だと、高峰譲吉顕彰会（金沢市）の山本譲理事長（金沢大学名誉教授）は指摘する。「医学が救うのは一人ひとりの患者だが、化学は万人を救う」という思いが強かったのだ。

高峰は工部大学校（現・東京大学工学部）の第一期生に選ばれ、三十二人の英才とともに六年間東京で学び、その後英国へ留学した。そのいずれのときも高峰の脳裏には、欧米に大きく遅れた日本の化学工業をいち早く立ち上げるという使命感が、ついて回った。

帰国後、農商務省に職を得た高峰は、肥料による日本の農業改良に乗り出す。

高峰がただの頭でっかちの科学者と違っていたのはこれからの動きだ。単に日本の土壌にあった肥料を探したり研究するだけでなく、それを製造して販売する会社を設立してしまう。技術を浸透させて、実際の農業を変えていくには、官の指導や援助よりも企業の活動の方が向いている。このことを、英国や米国のエネルギッシュな社会から学びとってきたからだ。

この東京人造肥料会社は友人の渋沢栄一の助言を受けて設立され、日本の肥料工業の先駆けとなった。

肥料の前には、腐敗しやすい日本酒づくりの改良に取り組んだ。こうじ菌の研究を続け、高峰式元こうじ改良法を確立。これがきっかけとなって、高峰は今日の日米間にある技術摩擦や貿易摩擦の原型ともいえる波乱万丈の経験をする。

日本酒など東洋の酒は、でんぷんを糖化するのにこうじを使う。一方、ウイスキーは大麦のモヤシに当たる麦芽（モルト）を利用する。この麦芽づくりは時間も手間も費用もかかるし、製造可能な季節も限定される。こうじならいつでも手軽につくれ、生産効率は格段に上がる。

米国の有力なウイスキートラストからの招きで、高峰式ウイスキー醸造法の確立のために渡米した。軌道に乗ったばかりの人造肥料会社を渋沢らに託し、勇躍乗り込んだ米国だった。

だが、技術的には成功しながら、モルト業者の反発・妨害、ウイスキートラストの内紛など新技術導入に伴う摩擦に遭い、事業はとん挫を余儀なくされた。

歴史に「れば」「たら」はない。だが、このとき東洋のこうじが西洋の麦芽を駆逐していたら、世界の酒文化は様変わりしていたに違いない。技術摩擦は実は文化摩擦だったのかもしれない。高峰はその後、失意のうちに重い肝炎との闘病生活を米国で送る。

挫折にめげず研究を続けたことが、タカヂアスターゼという消化酵素の発見につながった。デトロイトの医薬品会社パーク・デービスが消化薬として商品化し、またたく間に世界に広がった。高峰は日本での販売権だけを契約から除外した。母国日本への強い思いがそこに感じられる。

その二年後、一八九九年（明治三十二年）に、日本でタカヂアスターゼを販売する三共商店（現三共）が塩原又策、西村庄太郎、福井源次郎の三人によって設立される。一九一三年（大正二年）に三共株式会社となり、高峰は初代の社長となった。

一九〇一年（明治三十四年）、高峰は東京大学から招いた上中啓三と一緒にニューヨークの高峰研究所で、当時の化学界の焦点だった副腎《ふくじん》ホルモンのアドレナリンの純粋結晶の抽出に成功した。不眠不休ともいえる猛烈な研究生活の結果だ。

科学的にも、医薬品としての可能性でも、タカヂアスターゼを上回る画期的な成果である。劇的な治療効果を持つホルモンが、純粋な化学物質・薬品として初めて商品化されたのだ。高峰の友人である北里柴三郎ら当時の日本人科学者は、ノーベル賞クラスの成果を連発し、世界の耳目を集めていた。

注目すべきは、高峰が残した「個人資産」だ。遺言状などから推定すると、当時のお金で三千万ドル、現在の日本円に直すと約六兆円にものぼるという。

日本で特許局長代理も務めただけに、知的所有権への関心は深く、研究成果は必ず特許を取得した。企業の売却などによらず、研究開発だけでこれだけの財をなしたとすれば、まさに「知は財なり」である。

民間外交、高い志を貫く

高峰譲吉は、一八八四年（明治十七年）にニューオーリンズで知り合ったキャロライン・ヒッチと婚約し、三年後に渡米して結婚している。二人の息子は東京で生まれた。当時としてはきわめて先進的な国際結婚である。高峰の悠揚迫らぬ物腰が、二人を結びつけたという。

　高峰はタカヂアスターゼやアドレナリンの特許収入が膨らんだ一九一〇年（明治四十三年）から二年がかりで、ニューヨークはマンハッタンのリバーサイドに、内部に日本的な建築様式をふんだんに盛り込んだ豪邸を建築した。

一九〇四年（明治三十七年）に開かれたセントルイス万博の日本館を移築したニューヨーク州メリーワルドの別邸は、敷地二千エーカー。湖や滝まである広壮なものだった。

高峰はそこで活発な民間外交を展開した。日露戦争を巡る日米のやりとりでも、外債による

●年表

1854　加賀藩典医、高峰精一の長男として、現在の富山県高岡市に生まれる
1862　金沢の藩校、明倫堂に８歳で入学
1865　長崎留学、英語を学ぶ
1868　京都の兵学塾、大阪の緒方塾に学ぶ
1869　大阪医学校・大阪舎密（せいみ）学校入学
1873　工部大学校（現・東大工学部）に入学、応用化学を専攻
1880　英国留学
1884　帰国後、米国ニューオーリンズ万博に事務官として出張、キャロライン・ヒッチと婚約
1885　特許局長代理
1887　キャロラインと結婚、人造肥料会社を興す
1890　高峰式元こうじ改良法で特許。米国移住
1892　高峰式のウイスキー製造実験に成功
1893　モルト業者が強く反発、工場が全焼。肝臓病で重体に
1897　米パーク・デービス社と消化酵素タカヂアスターゼの製造開始
1899　日本での同酵素製造販売のため、三共商店（現・三共）を設立
1901　上中啓三とともに、アドレナリンの抽出に成功
1905　ニューヨークに日本人倶楽部設立
1921　ワシントン平和会議の事前パーティーなど、日米の融和に奔走
1922　７月22日、68歳で死去

資金調達や財界外交などで、高峰の果たした役割は大きい。金子堅太郎枢密院顧問官、高橋是清日銀副総裁ら、要人が次々とニューヨークの高峰を訪ねた。

二一年（大正十年）から翌年にかけて、ワシントン平和会議が開かれ、軍縮や極東問題が話し合われた。日米間が少々ぎくしゃくし始めていたおり、旧知の渋沢栄一からの要請で、譲吉は日米の要人を集めて幾度もパーティーを開き、懸命に日米の懸け橋たらんと努めた。

それが死期を早めたのか、二二年（大正十一年）七月にこの世を去ることになる。

ペリーの黒船に鎖国の夢を破られた極東の島国の住人が、新興資本主義国の本拠地で、尊敬される知識人として堂々と振る舞うのに、そう時間はかからなかった。それは往時にあって現在に欠ける日本人の「志の高さ」によるものだろう。

明治の文明開化をリードした下級武士層に共通するのは、ある種の覚悟と誇りである。権力や財力などとは別の、相手を説得する明確な論理ともいえる。その気骨あるいは志に対して、国際社会は「サムライ」の称号を冠した。

高峰の科学的業績に対する評価も、社会活動への賛辞も、根拠はそこにある。米国の新聞のいくつかは、高峰の死に際して、社説をもってその業績をたたえた。

高柳健次郎

（たかやなぎ・けんじろう）

電子式を成功させた〝テレビの父〟

三十年先を読む冷静な技術史観と、並外れた実行力を持つ人物だった。戦前、欧米に先がけて電子式テレビの開発に成功し、〝テレビの父〟と言われた高柳健次郎である。学、官、軍、民の研究現場を歩き、組織を活用した日本的な技術開発の仕組みを確立した先駆者でもあった。特許や規格への戦略的な取り組みも、現在の世界市場を見越した鋭い先見性のあかしといえる。

「サルかヒトかを見極めることです」。神奈川県久里浜にある日本ビクターの研究所で、高柳健次郎はこう繰り返したという。現時点では気が利いてすっきりしている技術が、需要の高度化にこたえてどんどん成長していくとは限らない。今ははしにも棒にもかからない技術や発想でも、先にいって時代の屋台骨を支えるほど、賢くたくましく育つかもしれない。それを判断しろという意味だ。

その見極めこそが、技術者高柳の真骨頂である。

一九二〇年代、欧米列強は多くの人材と巨費を投じて、テレビジョンの開発で覇を競った。主流は、穴の開いた円盤を回転させて画像を走査するなどの機械式の映像伝送。だが、極東の島国、それも中央の学界とはやや距離を置いた浜松で、一人の青年が「電子式こそテレビの本道」と見極めて、その道を猛進したのだ。

始まりは高柳二十五歳のときだった。「テレビの研究をする」。新設の浜松高等工業に助教授として赴任した際、校長の関口壮吉に宣言、全面的な支援を受ける。そしてわずか二年半で、受像側だけだが、電子式の映像伝送に成功した。

二六年（大正十五年）十二月二十五日、実験室のブラウン管に「イ」の字が鮮やかに映し出された。現在の電子式テレビの土台ができた瞬間だ。その日、大正天皇崩御の報がもたらされる。テレビは昭和とともに産声をあげたといえる。

当時、英国では機械式のテレビシステムで試験放送が始まり、日本でも早稲田大学が世界最大の画面をつくるなど、機械式の進歩もめざましかった。このため、高柳の電子式に対する評価も割れ、機械式への転向を勧める声も出てきた。

　ここで高柳が口にしたのが、サルとヒトの見極めだった。サルの赤ちゃんは生まれて間もなく動き回り、瞬く間に親と同じに成長する。一方、人間の赤ちゃんは成長は遅く育てるのに手間はかかるが、成長すればその能力は極めて高い。

　機械式は、いわばサルの赤ちゃんだ。幼稚な画像を送るだけなら鮮明だが、動画像を送る本格的なテレビには、原理的にとても対応できない。一方、電子式は生まれたばかりの人間の赤ちゃんで、今はまだはいはいの段階だが、将来は確実にこれが本命になる。

　様々な外野の声にも、理論的でち密な考察を基にした高柳の見極めは揺るがなかった。三〇年（昭和五年）高柳のテレビ装置は天覧の栄に浴し、それにともなって、教授に昇格する。三十一歳の若さであった。

　だが、受像側が電子式でも、撮像装置が機械式のままでは、いい画像は得られない。三〇年に高柳は人間の目の性質に着目し、積分方式の撮像管を考案する。ただ、その試作までには至らなかった。

　そうした折の三三年だった。米国のＲＣＡ社のツヴォルキン博士が、積分方式に似たアイコノスコープを開発して、全電子式テレビを試作。高品質の画像を実現したというニュースがもたらされたのである。

　翌年、高柳はツヴォルキンに会うため渡米。ＲＣＡを訪れた高柳は、自分がかなりの有名人であることに驚いた。試作機は完成しなかったものの、積分方式などの特許を取得していたことで、アイコノスコープの特許は日本で拒絶されていた。このためＲＣＡには「日本にはタカヤナギというかなりできる人物がいる」との認識があったのだ。

だが、これは同時に彼我の差を思い知らされた訪問でもあったという。ツヴォルキンと話すことで、同じころに同じ発明をしながら、装置作りで後れをとった理由が理解できたからだ。向こうは一週間に一個の割で猛烈に試作をしている。研究チームに必要な専門家と装置がそろっている。「もちはもち屋」などといって、他人任せにしていると、結局は前に進まない。

高柳は狭小な専門家意識を捨て、自分たちで製品を完成するプロジェクト方式の重要性に思い至った。帰国後、即座に研究チームにそれを徹底。独自のアイコノスコープ型撮像管を開発し、三五年には走査線が二百四十本の全電子式テレビシステムを完成させた。

こうして戦前、高柳の研究は順調に進んだが、一時停滞を余儀なくされた。四〇年（昭和十五年）開催予定の東京五輪をテレビ放送する計画が決まり、高柳は放送システムを確立するため、ＮＨＫ技術研究所のテレビ担当部長の職に就いた。三七年のことである。そして、三九年には日本初の電波によるテレビ放送に成功。本番に備えたが、国際情勢は急を告げ、東京五輪は中止となった。

ここから戦後しばらくまで、日本のテレビ研究は実質的に中断することになる。高柳は四三年から海軍技師として電波兵器や暗視装置の研究に従事した。仮に五輪が開かれ、研究が継続されていたら……。歴史にイフはないとはいえ、そう思わずにはいられない。

そして戦後。高柳は海軍時代に集めた優秀な研究者、技術者を引き連れ、ＮＨＫに戻って研究を続

高柳健次郎

日本ビクターの研究所で研究スタッフと議論する高柳(右から2人目、1965年ごろ)

けたいと考えた。だが、GHQ（連合国軍総司令部）から、待ったがかかった。一人ならば教職にも戻れるが、二十人を超す頭脳集団をどうするか。そのとき、かつてRCAの子会社だった日本ビクターが引き受けてくれることになった。

ここから高柳の第二の挑戦が始まったのである。戦争中の空白は大きく、技術は米国の先行を許していた。それはやむを得ないとしても、「将来のカラー放送などに備えるなら、規格まですべて米国に追随する必要はない」。三十年先を見る高柳のこうした主張は、「復興第一」「追いつき、追い越せ」の大合唱に、かき消されてしまった。

しかし、映像文化の先行きを見通す目は、その後のVTR、DVD（デジタル・ビデオディスク）などの開発戦略に見事に生かされている。家庭用機器としてのVTRに2ヘッドの採用を提言し、様々な曲折はあったにせよ、日本製のVHSが世界規格になることについて、大きく貢献したことは間違いない事実だ。

七三年（昭和四十八年）ビクターの業績低迷で、同社の会長、社長、そして副社長だった高柳も第一線から退いた。親会社の松下電器産業の相談役松下幸之助から社長就任を要請されたものの、高齢と人心一新を理由に総退陣を唱えたという。その潔さも、確かな見極めゆえなのだろうか。

基礎物理を足場に前進

高柳は、帝大や高等工業出身のエリート技術者ではない。一八九九年(明治三十二年)に生まれ、高等小学校、師範学校、東京高等工業に付設された工業教員養成所を卒業している。工業学校の教諭をしながら、テレビの研究を生涯のテーマと決め、それを成し遂げた。

高柳が技術を志した動機は、師範学校での物理学との出合いだったといわれる。二十世紀を開いた鮮やかな物理の理論の数々は、おくてだった天才少年の頭脳にずんと響いた。だが、工業教員養成所では、電気や機械を扱う技能伝授が主で、原子レベルでの理論を求める青年には不満が残ったらしい。

テレビという未踏の技術体系の確立に悪戦苦闘していた高柳だが、いつも基礎物理の最新の動向を見据えながら、技術的な課題の解決策を模索していた。原理や原則に立ち返る〝フィードバック〟と、あるべき未来形をつねに修正する〝フィードフォワード〟が、高柳流の極意といえるかもしれない。

物理学への情熱は、戦後すぐ、テレビの研究を禁じられていたわずかな時間だったにもかかわらず、原子核研究用のリニアアクセレレーターという線型の粒子加速器を開発し、特許を得たことにも表れている。占領軍が理化学研究所のサイクロトロン(円型加速器)を、東京湾に投棄したことに怒っての発明だったという。この線型加速器の技術は、今も基礎物理の研究のほか、食品や医療分野にも広く応用されている、大発明なのである。

●年表

1899　1月20日、静岡県和田村（現浜松市）に生まれる
1921　東京高等工業（現東京工業大学）付設工業教員養成所卒。神奈川県立工業学校教諭
1924　浜松高等工業助教授、テレビ研究を始める
1926　ブラウン管に「イ」の字電送
1928　人間の顔電送、電気学会で発表
1930　浜松高等工業教授、天皇行幸に際しテレビジョン実験を視察、積分法による送像装置考案
1934　渡米、ＲＣＡ社にツヴォルキン博士を訪問。帰国後、独自のアイコノスコープ型撮像管を開発
1935　全電子式テレビシステムを完成
1937　浜松高工在任のまま、ＮＨＫ技術研究所テレビ担当部長を兼務
1939　ＮＨＫにテレビ実験局を作り、日本初の電波によるテレビ放送に成功
1940　東京オリンピック中止で、テレビ放送計画も中断
1943　海軍技師、電波兵器など研究
1946　海軍技術陣と日本ビクターに、同社顧問
1950　取締役技師長
1953　常務
1959　２ヘッドＶＴＲ発明
1961　専務
1970　副社長、４チャンネルステレオＣＤ４開発
1973　技術最高顧問
1980　文化功労者
1981　文化勲章
1990　死去、享年91

団 琢磨

（だん・たくま）

炭礦に賭けた技術者魂

海外留学生に選ばれた団琢磨は、明治初期のエリートには珍しく鉱山学という異色の選択をする。帰朝後、学閥、藩閥の壁に阻まれ雌伏の時期が長かったが、志を守り三池炭礦でがんばって三井物産の益田孝の知遇を得た。炭礦を三井のドル箱に育て上げ、財閥を発展させた功績の第一は団に帰する。益田のあと三井の総帥になるも、超国家主義テロの凶弾に倒れたのは悲運であった。

団琢磨の生涯は、悲劇的な最期をのぞけば地味な印象がある。だが、人物観察に異能を発揮した福沢桃介はこう評している。

「悠々たる大江の流れは、最初は平凡のようだが、眺めれば眺めるほど味の出るものだ。団の生涯もまた、大江のごときものか」

まず、三井が大財閥に発展したのは三池の石炭を握ったからだ。それを地道に開発してドル箱にしたのは団の功績である。

政府から三池炭の販売を任されていた三井物産の益田孝は、炭礦の民間払い下げにあたって「三井の海外発展のためどうしても必要だ」と三井銀行を説得し、当座の資金百万円を借り受けた。予想通り三菱との激しい落札競争の結果、指し値の四百万円を超える四百五十五万五千円で払い下げに成功した。

当時、大蔵省所管の三池鉱山工業所の一等技手だった団は、炭礦の将来がかかった勝立《かったち》坑開発のネックになった湧水《ゆうすい》処理技術視察のため外遊中で、払い下げを知ったのは、帰途のニューヨークでだった。

彼の失職を心配して義兄（夫人の兄）の金子堅太郎（のち伯爵、枢密顧問官）が福岡県知事に頼み、県の鉱山技師にほぼ内定したが、かねて団の能力を買っていた益田が、経営史に残る名セリフを吐いて覆した。「四百五十万円の中には団の値打ちも入っている」。月給二百五十円という破格の処遇で三井組三池炭礦事務長になる。

そのころ三井は元勲井上馨の息がかかり、長州人でない団の登用に反対する声が強かったが、益田

団　琢磨

三池炭礦が三井組に払い下げられて発足した三池炭礦社の新幹部たち。
前列右より２人目が団（1888年）＝団伊玖磨氏提供

は「事務長は技術者にしなければならぬ」と押し切った。

「(三池は)実にむつかしい地方であるが、私はただの一度も地方の人たちから三池炭礦に対する苦情を聞かされたことがなかった。これは実に団のえらいところである」(益田)

その後の活躍はめざましかった。水没した勝立坑の排水に成功、採掘量を飛躍的に増大させ、三池港をつくって輸送の合理化をはかるなど経営の近代化を着々と進めた。ここからは順風満帆。三井の鉱山部門のリーダーをこなし、やがて益田のあとを継いで一九一四年(大正三年)、三井の総帥(三井合名理事長)になる。だが、それまでの道のりはむしろ逆境の期間が長かったのである。

人生の門出は恵まれた。福岡藩馬廻《うままわり》二百石、神屋宅之丞《たくのじょう》の四男に生まれ、大組六百石の家柄、団尚静の養子になって何不自由ない少年期を過ごした。同藩留学生の先輩、平賀義質に英語を学び、旧藩主黒田長溥《ながひろ》の子長知の留学にあたって十七歳(数え)の金子堅太郎と十四歳(同)の彼が同行者に選ばれた。

一八七一年(明治四年)、横浜港を出航した客船アメリカ丸は維新史のハイライトだ。不平等条約改正の準備交渉や先進諸国の視察など重要任務をおびた岩倉使節団四十八人に加え、初めての女子留学生五人をふくむ団ら五十四人の留学生が同船していた。

団と金子はボストンに留学、グラマースクールで優秀な成績を修めた。金子はエリートたるべくハーバード大学で法学を学ぶが、団はマサチューセッツ工科大学で鉱山学を志す。資源開発の重要性にめざめ地味な技術者の道を選んだのは、封建意識から一歩飛び出た彼の非凡さだが、金子は「武士の子、ことに大組の家の若様が鉱山掘りになるというのだから余程どうかしていると思った」。

だが留学七年、学士号を得て勇躍、帰国した彼を待っていたのは学閥、藩閥の壁だった。工部大学校出身で固めた工部省はあえなく不採用。官途をめざした金子も、筑前人は危険人物が多いと言われて用いられず「二人で米国に戻ろうか」と不遇をかこったのだ。

そのうち団には大坂専門学校の助教の口がかかった。数学、化学、地理を英語で教えた。二年後、東京大学から助教授の誘いがあったが、これは留学中の寺尾寿のピンチヒッターで星学（天文学）の先生だ。

やがて寺尾が帰国してポストを失った彼に同情した上司の文部少輔《しょうゆう》、九鬼隆一のあっせんや、当時、工部卿の秘書官のようなことをしていた金子の推薦もあって工部省に就職した。ただし官等が奏任から准奏任に下がって月給百円が七十円になった。

団は純粋だ。「飯が食えさえすれば、官等などどうでもよい。研究したいのだから」と三池鉱山局に赴任。翌年、開坑長になるが閑職だ。局長の小林秀知は俗吏で長州閥、工部大学閥を偏重し、団を工部大輔、井上勝の回し者とみて敬遠した。表面の待遇はよかったが、何の仕事もない。「十年ばかりの間というものは言語道断、実に不愉快ばかりでお話にならぬ」状態が続いた。

そのうち工部省が廃止され、三池鉱山局は農商務省、次いで大蔵省に移管。開坑長は廃止され、団はさらに一等技手に降格されるが、ものともせず勝立坑に賭けた。

小林もさすがにその情熱に感じて開鑿《かいさく》主任を命じ、排水ポンプ導入のため欧米視察となったのが払い下げまでのいきさつであった。

益田が三井総帥の後継者を決めるポイントは三つあった。慶応閥の排除、技術的知識の必要、欧米通で英語に堪能であること。団はすべての条件を満たした。さらに、このポストは三井の当主とうまくいかねばならぬ。益田は三井合名社長、三井八郎右衛門（高棟）の洋行のお供をさせ「あれならだれよりも一番よい」と言わせている。

三井の工業化に指導力を発揮し、財界活動でも日本工業倶楽部理事長、日本経済連盟会長など要職を占め、労働組合法制定などで大資本の利害を代表した。

他方、金解禁、昭和恐慌という時代の激震のなかで財閥三井への反感は高まり、ドル買いのデマを契機に、一九三二年（昭和七年）三月五日、血盟団員菱沼五郎の凶弾に倒れた。

内面には東洋的美質

「団は断ではなく（優柔）不断だ」という批判があった。彼が暗殺されたあと、益田孝が三井総帥に推した池田成彬も「あの人は決して自分の意見を言わない」と手厳しい。

しかし、擁護論もまたあった。樺山愛輔伯は「物を表から見る人というものは判断が長くかかる」と言い、三菱の幹部だった木村久寿弥太は「組織の上からああしなければならなかったろうと思う」と述べている。

「団の深慮は奥底が判らない。団は一度こうと目星をつけたらダニのごとくくっついて、どこまでも離さぬ恐ろしいネバリの人だ」という加藤友三郎（海軍軍人・政治家）のような評もある。

外見は温和だが、いったんノーと言ったらテコでも動かなかった。団は、益田と議論で衝突したようなことはなかったかと聞かれ「それは向こうでいう論点とこの方でいう論点とを食い違いさせる、そうすれば平行線は何時まで経っても衝突することはない」と答えている。単純ではない。

友人の小花冬吉によると「団はつねに《が》と《も》の使いわけを知っておった。《私が》といわずして《私も》と言った」。小柄で瘦身《そうしん》、鼻眼鏡をかけて洋服がよく似合った。バタ臭くて「ミスター・ダンは米国人か英国人か」と聞いた米国人がいたほどだが、内面は東洋的な美質をもっていたのである。

相性が悪かったらしい池田さえも「しかし団という人は評判のいい人でしたね。山本権兵衛さんなども団さんをほめておった。大体当たりのいい人でしたね。物はよく知っておるし、学問もあり、常識もありでね。殊に外人には評判がよかった」と認めている。

不遇時代、ボストンの縁で日本美術の振興につくしたフェノロサと無二の親友になった。団が大阪にいたころは、しばしばやってきて家に泊まっている。その感化で美術にも高い見識をもっていた。

そういう団を昭和ファシズムの凶弾は倒した。池田によると彼は「自分は悪いことはしない

●年表

1858　8月1日（旧暦）、福岡藩士神屋宅之丞・やす夫妻の四男として誕生
1870　團尚静の養子となる
1871　黒田家より海外留学生に選抜
1875　マサチューセッツ工科大学鉱山学科本科第2学年に入学
1878　バチュラー・オブ・サイエンス（学士号）取得、帰国
1879　大坂専門学校（大阪中学校）助教
1881　東京大学奏任助教授
1882　金子堅太郎の妹芳子と結婚
1884　工部省入省、三池鉱山局御用掛准奏任
1885　三池鉱山局開坑長
1887　欧米炭鉱事情視察のため派遣
1888　三井組三池炭礦社入社、事務長
1894　三井鉱山合名専務理事兼三池炭礦事務所長
1910　三井八郎右衛門の海外旅行に随行
1914　三井合名理事長
1917　日本工業倶楽部理事長
1928　日本経済連盟会長
1932　3月5日、遭難、死去。享年73

から殺されることはないよ」と護衛をつけられることに不服だったようだ。しかし「世の中には誤解というものがある」（池田）

「団は団ではなく胆じゃなと思ったが、その胆が不幸にもアノ凶変に機会を与えたのだと思う」と益田は惜しんでいる。

堤　康次郎（つつみ・やすじろう）

開拓者魂で西武王国誕生

堤康次郎は土地に執着して西武王国を築いた。果敢に土地を買い占め、壮大な開発に挑戦し、わが国の代表的な観光地や住宅地を切り開いた。長野・軽井沢や東京・国立は大正期に始まった〝一億総中流〟への道を先取りした事業感覚のなせる業でもある。時代の潮流をつかみ、未知の事業に挑む「ピストル堤」といわれた男の開拓者魂――。復活を目指す現代日本の企業家にも、それが求められている。

「彼（社員）は立上ると入ってきた難民を追い散らすために駆け出した。手に棍棒《こんぼう》を提げていた。『甫、親切が仇になるというのを忘れるな、皆をこの屋敷内に入れたら此処《ここ》は取られてしまうぞ。家は燃えてもいい、然し土地は絶対に譲ってはならんぞ』非難する眼で見た私に答えて、父は真剣に言った」（『彷徨《ほうこう》の季節の中で』）

東京大空襲の情景を描いたこの下りについて、著者の辻井喬こと二男の堤清二は「事実です」と言い切る。戦後、堤康次郎は西武鉄道の起点である東京・池袋の土地や、華族の屋敷・別荘跡地を買いまくった。それが「プリンスホテル」などとして残っている。

堤の土地に対する執着はどこから来ているのか。一つの答えは「堤家を再興せねば」という強烈な意思だろう。堤は琵琶湖に近い故郷の田園を後にし、早稲田入学のために上京する。『人生劇場』風だが、弱冠二十歳の胸中には悲壮感が漂っていたはずだ。

堤は四歳の時、父と死別、母と生き別れた。育ての親は祖父、清左衛門夫婦。その祖父が亡くなるや、田畑を売り払い、立身の元手とした。堤にとり、家の再興は「土地」を取り戻し、増やすことだった。

様々な事業に失敗した堤が土地に目覚めたのは、軽井沢だった。一九一五年（大正四年）夏、早稲田の恩師、永井柳太郎の「いい土地がある」という話に乗り、紹介状を持って、沓掛駅（現中軽井沢駅）に降り立った。駅前にある村長、土屋三郎の家を訪ねる。

土屋の孫、慎はこの時の様子を父親から聞いている。「かんかん帽子に早稲田の詰め襟姿の若造だった。それでも祖父が頼むと、大隈重信の推薦状を持って来ることもした。地域の振興を考えていた祖父はすっかりほれ込み、二人共同で土地買収に奔走した」

どちらの知恵か、買収資金三万円の見せ金をつくる。銀行から一万五千円借りられた。残る一万五千円分は新聞紙を十円札大に切り重ね、上下に本物の札を付けて札束とした。それで村有地売却を討議する総会を乗り切ったという。もっとも、実際の支払いは別荘が建ち始めてからだった。

一九一八年に着手した軽井沢開発の理念は、大正期に都市で勃興してきた中産階級に「別荘を」だった。そのころまでの軽井沢は東京にいた欧米人や、明治維新で成り上がった政治家、実業家らの広大な別荘があるだけ。堤は上流階級でなく、都市サラリーマン向けを考案した。

当初の分譲は四十戸。「土地付き簡易別荘」という呼称を使う。二つのタイプがあり、一つは「土地百坪(一坪=三・三平方メートル)・建坪七坪で五百円」、もう一つは「同・建坪十一坪で八百円」。当時の別荘としては破格の廉価だった。

堤は「千ケ滝遊園地」と名付け、温泉や物販店も設置するなど、着々と開発を進めていった。早くも翌一九年には、箱根の土地買収に着手。観光地、今でいうリゾート開発の先駆けとなる事業を展開した。

関東大震災後に活発になった堤の住宅地開発も中産階級向けだ。当時、英国の「田園都市」思想が移入され、五島慶太の田園調布などができた。堤は「学園都市」として開発に当たった。東京・大泉、小平、そして国立学園都市と続く。

本来、英国のハワードが唱えた田園都市は職住一致の独立した住宅地だった。田園調布が初めからベッドタウンだったのに対し、国立は一橋大学などの学校を誘致、職住一致を目指した。当初、田舎の国立に教職員は移住しなかったが、堤の発想は先進的だった。

ここでも、堤は積極果敢に土地を買い占めた。くにたち郷土文化館の学芸員、平松左枝子は「国立を開いた堤康次郎はもちろん市の恩人として評価される。でも、買収された農家の中には『だまされた』との反発もあった」と指摘する。

やはり買収代金の支払いは分譲が始まってから。待たされた揚げ句、もらった金額は分譲価格に比べてあまりにも小さい。いくら開発効果による付加価値がついたとはいえ、割り切れない思いだったようだ。

堤は投機はしなかったという。「土地は開発してこそ生きる」。若いころ、もうけようと思って失敗を繰り返した教訓だ。後年、箱根を見たインド首相のネールは、堤を「土地のロマンティストだ」と持ち上げたそうだ。

コクドの前身で西武グループの中核、箱根土地は一九二〇年（大正九年）の設立。当初、決算を公表していたが、昭和初期の恐慌で経営が行き詰まると取りやめてしまった。現コクド会長で、三男の堤義明は「土地開発は収益を得るまでに時間がかかる。株式を公開して常に高配当を求められては仕事にならない」と説明する。

公開しない理由はほかにもある。一つは、事業は再興する堤家そのものという意識だ。堤は社員に

大磯ロングビーチの開業日、吉田茂（中央）を案内する
堤康次郎（その左）と先導役の堤義明（右端）＝1957年７月

「大将」と呼ばれ、家父長のように振る舞った。堤に書生、秘書として身近に仕えた近江鉄道社長、甲斐田保は「大将には何回殴られたか分からない」と苦笑する。

西武鉄道にストライキがなかったのは、家族のような企業風土で、大将が「感謝と奉仕」を説くからだ。

もう一つは、事業の目的が政治活動の資金を得ることにあったことだ。政治家を目指した堤は「自前の政治資金を持たなくては、まともな政治活動はできない」と考えていた。だから、義明に経営権を譲った後は「もうけを政治のために寄こせ」と言っている。

社内でも、家庭内でも専制君主だった。そんな堤に結局、皆が付いていったのは、一本気な人柄と頼もしさだった。有名な「ピストル堤」の逸話がある。

一九二四年（大正十三年）、伊豆箱根鉄道の経営権を巡る株の争奪戦で、相手方は右翼の岩田富美雄を使った。堤を訪ねた岩田はピストルを発射、弾は堤の首筋をかすめた。堤は静かに「今日のことは水に流そう」といい、岩田をかばう。岩田は信服し、堤のために逆に株を集めてくる。でき過ぎた話だが、度胸はあったのだろう。

堤が狙った中産階級は今や大衆になった。清二や義明の時代の発展はそこにある。それに続いて、現代の巨大成長市場を見定め、才覚をみせるスケールの大きい企業家はだれか。

「家を興さねば」の悲願

「考えてみると、お父さんは可哀想な人よ。狡《ずる》い人ならもっとうまくやったと思うのよ。子供の頃、生母と生き別れしているでしょう、ずっとマザーコンプレックスから脱け出せなかったんじゃないかしら」(『彷徨の季節の中で』)

堤は子供のしつけや社員教育に厳しく、道徳教育の推進にも熱心だった。それと自らの女性遍歴に矛盾を感じていない。何人もの女性との間で子供をなした。「祖父から託された堤家を再興するために必要なのだ」と子供たちに言い訳している。

長女の淑子は最初の妻、コトの子。長男清は入籍しなかった岩崎ソノの子。二人を育てた二人目の妻、文には子供ができなかった。三人目の妻の操が二男の清二、二女の邦子(冒頭の言葉の主「美也」のモデル)を育てた時は籍を入れていなかった。義明、康弘、猶二の母、石塚恒子は操と同じ年に亡くなり、正妻になっていない。

清二は父子の関係を三分類する。「父の若いころ育った清さんはその激しさに抑えられ、学者肌の静かな性格になった。中年のころ一緒だった私はアンバランスで、女性関係など許せないと思うこともあれば、人間的に悩む姿に共感することもあった。晩年に従った義明君は父の良い面ばかりを見ていた」

清と清二は相次ぎ、廃嫡された。清二は学生時代に共産党に入党、勘当される。後に許されて、百貨店経営を任されるが、後継者は義明に決まった。

堤　康次郎

●年表

1889　3月7日、滋賀県秦荘町に誕生
1913　早稲田大学卒業。卒業前から様々な事業を手掛け、失敗
1918　軽井沢・千ケ滝の開発に着手
1919　箱根・強羅の土地買収
1920　箱根土地（現コクド）設立。目白文化村を分譲
1923　大震災後、華族の土地分譲。渋谷・百軒店開設
1924　大泉・小平学園都市の開発に着手。衆議院議員に初当選
1925　国立学園都市を開設
1928　多摩湖鉄道を創立
1930　箱根専用道路の開設許可
1932　武蔵野鉄道に経営参加
1940　多摩湖鉄道を吸収、池袋・菊屋デパート（現西武百貨店）買収
1942　近江鉄道などを傘下に
1946　西武鉄道に改称。公職追放
1951　ユネスコ村完成。追放解除
1953　衆院議長に就任。乱闘国会
1962　西武百貨店、ロサンゼルス出店
1963　東京プリンスホテル着工
1964　4月26日、満75歳で死去

その義明も「私一人かわいがってもらったけれど、父親を感じたことはない。社長か恩師といったところだ。お前がだめなら、まだ弟が二人いると言われた」と述懐する。学生時代から経営を厳しく仕込まれる。

義明は「おふくろさんの苦労を見ていたから、どんなに苦しくても親父さんに逆らわず、この仕事を引き継ぐぞと思い定めていた」。堤の「家を興さねば」という執念がこの子供たちを育て、世に出したといえる。

土光敏夫

（どこう・としお）

質素な再建請負人

タービン一筋のエンジニアからモーレツ経営の教祖へ。誠心誠意の仕事ぶりを買われ会社再建に腕をふるった「ラッキーな男」は、財界総理にまで上りつめた。それだけなら、国民の幅広い尊敬は集めなかったろう。収入のほとんどは私立学校へ寄付、メザシの土光さんに象徴される清廉さ。正論居士の一徹は、ついに行政改革という国家再建に駆り立て命を削らせた。土光敏夫こそ現代の偉人というにふさわしい。

出発点は東京石川島造船所という小さな会社。三菱や満鉄が学生に人気で、母校の東京高等工業は売り手市場だったが、生長（級長）として同級生の落ち着き先を見送り、最後に残った同社を選んだ。給料は低いが「技術屋としていかしてくれるならえり好みはしないつもりでいた」。

学校ではまだ未熟な水準だったタービンを勉強、入社後もタービン一筋に歩む。国産化をめざし、五時間睡眠でドイツの科学雑誌を猛勉強するうちに、スイスのエッシャーウイス社という最先端企業に研究留学するチャンスに恵まれた。

帰国後、国産化した発電機用直結スチームタービンを、秩父セメントに売り込んだ。「国産だからダメ」といわれて憤慨し、一主任技師でありながら「万一、欠陥が判明したら引き取れ」という条件を即座に了承。社内で物議をかもしたが、「やらせてみよう」という判断でがんばった。

「食前食後にタービン」の日々、「水力軸承《じくうけ》の改良」などで特許や実用新案をとっている。発注が急増して芝浦製作所（現東芝）と石川島芝浦タービンが設立されると技術部長、取締役。そして太平洋戦争、終戦。パージでトップがいなくなり社長に。

資金繰りに奔走するある日、第一銀行本店に乗り込んだ。営業部次長の長谷川重三郎（のち頭取）に「今日は、どうしても融資してもらわねば困る。弁当を用意してきたから夜明けまでがんばりますよ」と駅弁をどっさり広げて、とうとう成功した武勇伝が残る。

通産省から補助金を引き出そうと日参し「また、あの悪僧がきた」といわれたのもこのころだ。すでに頭ははげ上がり、叡山の僧兵か海賊の末裔とみまがうばかりの勢いで陳情したからだ。

子会社で健闘する彼に思わぬ運命が訪れた。石川島重工業と名前の変わった親会社が、戦時標準船の改造工事で大赤字を出し無配転落。「しょっぴかれるように」社長就任。再建人生の始まりだ。山本五十六の「やってみせ、言ってきかせて、させてみせ、ほめてやらねば、人は動かじ」を好む土光の打った手は、徹底した合理化の率先垂範。伝票、領収書をもってこさせ、冗費は大きく減ったが、社長が自らチェックしたという伝説を生んだ。

目標管理の徹底、技術開発、海外の技術導入なども大きいが「言ってきかせて」の方法に社内報『石川島』をつくり、正月、出勤してくる社員一人ひとりに正門前で直接、手渡す土光流が泣かせた。「日本一のケチ会社」にあげられた同社は、おりからの朝鮮戦争特需で業績が急回復する。

思わぬ落とし穴があった。朝鮮戦争の休戦で造船不況。政府の利子補給をめぐって巨額のリベートが政界に還流した造船疑獄で土光も逮捕、拘留された。不起訴になったが、担当検事は、質素な家から電車通勤する土光をみて「この人は違うなと直感した」という。

会社が息を吹き返したのはブラジルからの発注。船の頑丈さを評価され、石川島ブラジル造船所を設立。日本政府は政情不安を理由に難色を示したが押し切った。同国は老後を過ごす見果てぬ夢の土地になる。

世間をアッといわせたのが播磨造船所との大合併だ。「ゆくゆくは十万トン以上の大型船必至とみていた」が立地条件から設備がもてない。だが陸上部門には強い石川島と、主力の造船が不況で陸上部門進出をねらう播磨。陸と海の結婚はスムーズに運び石川島播磨重工業（ＩＨＩ）が誕生した。

一九六二年（昭和三十七年）から三年間、進水量で相生第一工場が世界一になった。真藤恒（のち社長、NTT社長）という天才エンジニアを起用しズングリムックリした低コストの「経済船型」の開発で、受注競争を勝ち抜いたからだ。おかげで「ミスター・ダンピング」とあらぬ誤解も招いた。

東京オリンピックの年、「思い残すこともなく」社長を田口連三に譲った。「真っ先に考えたのはブラジルへの移住」だが、何と減配続きの東京芝浦電気（東芝）再建を、尊敬する同社会長の石坂泰三に頼まれる。IHIの三倍もの大会社。病気を治す秘策は、むろん率先垂範。「一般社員は、これまでより三倍頭を使え、重役は十倍働く、私はそれ以上に働く」。かくて第二次高度成長と相まってモーレツ教教祖となる。

事業部への百パーセント権限委譲など機構改革や「チャレンジ・レスポンス経営」。朝七時半から社長室を社員のために開け、トップが工場ひとつ見たことがないのはおかしいと全国行脚し「オヤジ、オヤジ」と歓迎される、これまた土光流活性化。またまた幸運の女神がほほ笑んだ。社長就任後、間もなく「いざなぎ景気」が到来した。石坂泰三が言うように「経営者はラッキーな男でなければならない」のだ。

東芝の先行きを確かめ、玉置敬三を後任にリリーフ役を降りた彼は、経済団体連合会第四代会長に推される。ためらいを吹っ切らせたのは三井銀行会長田中久兵衛の「経済界の名医が日本経済という重病人を見殺しにしていいのか」という殺し文句だ。おりから石油ショック。「行動する経団連」に変身させ「私は土光さんに怒鳴られっ放しだった。土光さんではなくて、怒号さんだ」とは経済企画庁長官福田赳夫の弁。政治献金も「個人レベルでやるべきだ」と主張して問題化したが「保守党が正

土光敏夫

時間があると、工場へ出かけた（1972年、東芝提供）

道を歩んでもらいたいがために正論を吐いたつもり」。献金窓口再編で決着させた。

「政治オンチ」「書生っぽ」という批判はある。しかし、そういう彼を時代は欲した。三期六年で経団連会長を稲山嘉寛に譲り「ようやく楽ができる」と思う間もなく行政管理庁長官の中曽根康弘に引っ張り出され、臨時行政調査会会長に就任。「増税なき財政再建」を基本理念とした最終答申を出して解散後、臨時行政改革推進審議会の会長もやって、大槻文平に後を託して引退した。

九十歳で民間人として初めて勲一等旭日桐花大綬章に輝いたが、すでに衰弱がすすみ、叙勲には車いすで出席した。病床から発表した「私は『個人は質素に、社会は豊かに』という母の教えを忠実に守り、これこそが行革の基本理念であると信じて、微力をささげてまいりました」というコメントは、いかにも土光のものであった。

「公」に殉じた精神の見事さ

私利私欲にまみれた現代社会にあって、土光が多くの国民に感動と共感を覚えさせたのは、その生き方が清廉潔白で、「公」に殉じる精神が見事だったからである。

ＮＨＫテレビの放映で「メザシの土光さん」は一躍、有名になったが、一汁一菜、粗衣粗食、横浜市鶴見区の小さな家に住んで、石川島の社長のころまでは、バスと国電（現ＪＲ）で

土光敏夫

●年表

1896　9月15日、岡山県御津郡大野村（岡山市北長瀬）で農業、菊次郎、登美夫妻の二男に生まれる
1920　東京高等工業学校卒、東京石川島造船所入社
1922　スイスのエッシャーウイス社に留学
1936　石川島芝浦タービン入社
1937　同社取締役
1946　同社社長
1949　橘学苑校長
1950　石川島重工業社長
1957　東京芝浦電気非常勤取締役
1958　石川島ブラジル造船所建設議定書
1960　石川島重工業と播磨造船所合併、石川島播磨重工業社長
1964　同社会長
1965　東京芝浦電気社長
1972　東芝会長
1974　経団連会長
1978　勲一等旭日大綬章
1980　経団連名誉会長
1981　臨時行政調査会会長
1983　臨時行政改革推進審議会会長
1986　勲一等旭日桐花大綬章
1988　8月4日、逝去、91歳

に出勤した。

通勤した。

元気なころは、新入社員時代に身についた五時間睡眠を実行し、午前四時に起床、ふとんで読書したあと仏間で三十分、読経。それから散歩して庭で木刀の素振り。朝食をとって六時半に出勤した。

ゴルフはやらず、料亭も大嫌い、正面から堂々と付き合うのを善しとした。休日には庭や畑で土いじり。まるで修行僧のような生活で、およそ凡俗の及ぶところではない。

「暮らしは低く、思いは高く」を貫いた土光の精神形成に大きく影響したのは、何といっても母、登美の存在であろう。これといった学歴もなかったが、意識は高く「日本及日本人」や「改造」「中央公論」などの熱心な読者で、七十歳にして独力で私立学校の橘学苑を設立した。土光の収入のほとんどは学校への寄付で消えたのだ。

「備前法華」というように、岡山は日蓮宗が盛ん。父母も信仰あつく、土光も熱心な信者だった。「思うに母は毎日、日蓮宗の行をしていて、女子教育をやらなければならないとの啓示を得たのではなかろうか」

青春時代に蹉跌《さてつ》がある。県立岡山中学の受験に三度失敗し、私立関西中学に入った。ここで校長の山内佐太郎に、至誠を本とすべし、勤労を主とすべし等々、国士魂とデモクラシーの調和を徹底して仕込まれた。

一浪して入学した東京高等工業学校では、校長の手島精一から「実践で役立つ技術者たれ」という薫陶を受けた。誠実な資質は、こうしてますます磨かれていった。

豊田喜一郎（とよだ・きいちろう）

自動車産業の基礎を築く

欧米に五十年遅れての出発でも、すぐに世界で勝負できる。一九三〇年代に純国産車の生産を決意した豊田喜一郎に、迷いはなかった。技術も産業基盤もおぼつかない当時の状況を知りながら、戦前戦後の激動期、日本の自動車産業の礎を築いていく。影も形もなかったわが国の大衆車の未来が彼には見えたのか。それは機械技術者の確信なのか、それとも経営者の持つ慧眼なのか――。

日本を代表する企業に成長したトヨタ自動車。その創業者である豊田喜一郎にまつわるエピソードは、どうしても神話化されやすい。例えば、豊田家には「一人一業」という精神が、不文律のような形で受け継がれているといった説である。

豊田式自動織機の発明者として教科書にも登場する喜一郎の父佐吉は、一人一業を説いて、喜一郎に自動車づくりの道を歩ませた。そして喜一郎は、長男の章一郎（現トヨタ自動車名誉会長）に、住宅産業への進出を勧めたというものだ。

三代にわたってそれぞれが別の事業を切り開いていく。これぞ創業者精神の伝承、といういささか美談仕立ての物語でもある。

一九二三年（大正十二年）の関東大震災以降、急成長した日本の自動車市場には、米国のフォード、ゼネラル・モーターズが相次いで進出してきた。三三年（昭和八年）に喜一郎は豊田自動織機製作所に自動車部を設立、技術の蓄積が段違いのこれらの巨人に、純国産車で挑むことを表明する。トヨタ自動車工業の設立はその四年後、三七年（昭和十二年）の八月である。一連の決断は佐吉の遺志による、と巷間伝わっている。

この説には、トヨタの関係者にも異論があるようだ。名古屋市西区則武新町の豊田紡織工場跡にあるトヨタグループ十三社が設立した産業技術記念館。館長の斉藤謹吾は「喜一郎は自分が決断した自動車への進出を、グループ内世論とするため、佐吉というカリスマの名前を上手に使ったのではないか」という。

九九年四月に刊行された『豊田喜一郎文書集成』の編者、東大教授の和田一夫も、同書の解説で決断は喜一郎自身によるという見方を示唆している。

父の遺志を継ぐ息子という構図を強調したのはなぜか。父が自動織機で欧米からの輸入を日本からの輸出に転じたように、それと同じことが自動車でも起こり得る、と印象づける高度な戦略という解釈である。

大財閥も足を踏み出さなかった、純国産乗用車生産の難事業。それに進出するに際して、社内はもちろん、経済界や投資家、国民一般にまで歓迎されるようにことを運んだ。なかなか心憎い経営手腕ではある。

そうしたたかさの一方で、喜一郎は技術開発については入念な下準備を進めていた。自動織機の開発でも、最終的に仕上げたのは、喜一郎だといわれている。G型自動織機のライセンスを与えた見返りに、英国のプラット社から十万ポンドを得た。それを元手に自動車エンジンの試作に必要な鋳造や鍛造という金属加工の基礎の基礎から、経験と知識を積み上げていった。

独学で発明の才を磨いた父佐吉と異なり、喜一郎は旧制二高（現東北大）から東京帝大の機械工学科を卒業している、当時、日本屈指の機械技術者だった。それが、プラット社との交渉などで二度にわたって長期間の欧米視察に出かけ、自動車産業の隆盛をつぶさに見て回っている。

燃えないはずはない。「自動織機では世界のどこにも負けない」という自負。それに加え「自動車産業を興すには製鉄、ガラス、ゴムなどの産業基盤の充実が不可欠」という冷静な技術者の目もあった。豊田自動織機の機械工場内に自動車研究室を設けた三〇年（昭和五年）の時点で既に、日本にも勝算ありとの判断を下していたに違いない。

高価なプレス機械、最新の鋳造装置などに惜しげもなく資金を投じた。とても特許料の十万ポンドでは足りない。豊田グループを切り盛りしていた豊田自動織機社長で義弟にあたる豊田利三郎の了解のもと、準備段階から相当な資金が出ていたことは想像に難くない。

二高、東大を通じての人脈が、自動車事業を支えた。自動車はその国の科学技術の総合力が試される産業だ。東大の隈部一雄、東北大の抜山四郎らの知恵を借り、工学的な改良に加え、理学的な検証や探求も怠らなかった。

持論は「技術はカネでは買えない」である。個別の技術で優れたモノは海外から導入してもいいが、大きな技術の体系、産業としてのシステムは、自前で組み上げないと、決して定着しないという哲学だ。技術者・研究者を育て、関連の産業の振興も視野に入れてこそ、日本に自動車産業が根付くと考えていた。

安易な技術導入に走らない姿勢が現在のトヨタの基盤を形成したのかもしれない。三七年（昭和十二年）に国産乗用車トヨダ号のマークを一般から懸賞募集したところ「トヨタ」のマークに決まり、「トヨタ号」に改名、社名も翌年にトヨタ自動車工業と決めた。

三八年（昭和十三年）には愛知県西加茂郡挙母《ころも》町（現豊田市）に、自動車専用工場が完成。喜一郎はこのころから、必要なモノが必要な時に供給される仕組みについて、「ジャスト・インタイム」とい

乗用車ボディーの生産ライン(1939年ごろ)

う言い回しを盛んに使うようになったとされる。世界に冠たるかんばん方式の哲学的な原初である。出遅れた日本の自動車産業が欧米と伍して、あるいは欧米を追い抜いていくには、生産の徹底した効率化が必要、と喝破していたようだ。

しかし、戦争の気配が濃くなり、将来の世界に向けた乗用車生産ラインを想定した広大な挙母工場ではトラックの生産が主力となった。軍事的な要請を背景に、自動車製造事業法も制定され、時代は、乗用車の生産こそ自動車産業の柱、と考える喜一郎の思いとは別の方向へと進んだ。

戦後はGHQ（連合国軍総司令部）のトラック生産再開を受けて、自動車産業の再生へと奮闘したが、五〇年（昭和二十五年）労働争議の責任をとる形でトヨタ自動車工業の社長を辞任。争議が決着し、経営再建のための協調融資についても一段落した五二年（昭和二十七年）、取締役会で喜一郎の社長復帰が内定した直後に、脳出血で他界した。五十七歳だった。

喜一郎が夢見た、日本の乗用車が世界の街角を走る光景。その実現は、没後まで待たなければならなかった。

自然の生態系に関心

いつも紙と鉛筆を前に、何か書いていた――。豊田喜一郎の日常生活に触れた人の多くは、こう思い出を語る。アイデアやヒントを、すかさず図面に書き留めるきちょうめんな人間。し

豊田喜一郎

●年表

1894　静岡県浜名郡吉津村生まれ
1908　名古屋・明倫中学入学
1914　第二高等学校入学
1917　東京帝大機械工学科入学
1920　同大卒業、豊田紡織入社
1921　10カ月間の欧米視察
1922　飯田二十子と結婚
1926　豊田自動織機常務
1929　自動織機特許交渉と自動車事情視察で欧米へ
1930　自動車研究室設置、佐吉死去
1933　自動車部設置
1935　ＡＩ自動車、ＧＩトラック完成
1937　トヨタ自動車工業設立、副社長に
1938　挙母工場完成
1941　トヨタ自動車社長に
1949　自動車輸出振興会会長
1950　トヨタ自動車社長辞任
1952　57歳で死去

かも、数字に強く、効率を重視する人物だった。

こう並べると、近代科学技術の申し子のような、理詰めで非妥協的な技術系の経営者像が浮かんでくる。が、その素顔は、意外にも機械とは対極にあるようにみえる、エコ（生態）派だったという。

最初の自動車組み立て工場を建てた愛知県の刈谷でも、大規模な自動車専用工場を建設した挙母（現豊田市）でも、喜一郎は「田んぼをつぶすな」と命じた。そして、未利用の荒れ地を探した。

自然の生態系としては、荒れ地の方が貴重だという見方もある。だが、喜一郎が水田を重視したのは、食糧の生産地というだけでなく、その生態系に強い関心を抱いていたためらしい。長男、章一郎の子ども時代の記憶によると、喜一郎は休日はいつも庭いじりをしていたという。しかも、自ら池を掘り、小さな流れをつくって水辺の風景を再現していたようだ。草花や樹木の風情を楽しむというより、それらを植えて育てることを好んだ。

産業技術記念館館長の斉藤謹吾は、そのルーツを父佐吉と遊んだ故郷・静岡県湖西町での「かいぼり」にあるのではないかとみる。かいぼりは川の一部や池の水を抜いて、魚などをとる豪快な野遊びのこと。佐吉は好きで、よく喜一郎を伴っていったようだ。

水田を取り巻く生態系の豊かさは、少年の心に焼き付いていったのだろう。今日のトヨタ自動車の環境への取り組みには、こんな創業者の感性とのかかわりが、いささかでもあるのかもしれない。

西山弥太郎（にしやま・やたろう）

〝鉄鋼王国〟幕開けの立役者

戦後の高度成長は、この工場から始まった。川崎製鉄の初代社長、西山弥太郎が、周囲の反対を押し切って建設した千葉製鉄所である。新鋭製鉄所の成功を見て、わが国の鉄鋼業は一斉に近代化に走り、その後の鉄鋼王国を築き上げた。良質安価な「産業のコメ」を確保できたことで、「メード・イン・ジャパン」が世界にはばたいたのだ。

一九五三年（昭和二十八年）六月十七日、川鉄千葉製鉄所の第一高炉の火入れ式が、社長の西山弥太郎の手によって行われた。川鉄が八幡、富士、日本鋼管に次ぐ第四の銑鋼一貫メーカーになった瞬間である。

式典には西山が計画をぶち上げた当初、「業界秩序を乱す二重投資」「身の程知らず」と批判した政府、金融、鉄鋼などの関係者も招かれている。「ここで西山は男でござる、と言わせたいなあ」。来賓の間でこんなささやきも聞かれた。

新製鉄所の計画をめぐっては、官民入り乱れての大議論があり、西山は大方の反対論をはねのけて高炉建設にこぎつけたからだ。

その象徴が後々「ペンペン草発言」と語り草になった、当時の日銀総裁一万田尚登の対応であった。一万田が「千葉の埋め立て地にペンペン草を生やしてみせる」と言ったと面白おかしく伝えられ話題になった。

後に一万田は「私にはそのような文学的表現はできない」と否定、大型投資に慎重さを求めたのだと弁明している。だが、時の金融界に君臨し「法王」と呼ばれた一万田の「慎重に」は「ノー」と同義だった。

西山は「だれが反対しようとやると決めたらやる」と闘争心を燃やし、建設を強行、結果はもくろみ通りに。一工場で戦前の日本の粗鋼生産量に匹敵するまでになった。

この成功を見て、先発の高炉メーカーも大規模な設備投資に踏み切った。さらに、平炉メーカーだった住友金属工業、神戸製鋼も高炉を持つ一貫製鉄所に変わり、六社による寡占競争体制ができた。

川鉄の前身は、造船大手の川崎重工業の製鋼部門である。軍需産業だった川重は敗戦で解体され、公職追放でトップが辞任した後、製鉄担当の西山ら五人の取締役が経営にあたった。

最年少の「三等重役」だった西山を襲ったのが四八年の大争議だ。経済闘争が政治闘争に発展、神戸・葺合の製鋼工場のストは三カ月続いた。「東の東宝、西の川崎」と呼ばれたほど苛烈を極めた。西山は政治的要求を断固としてはねつけ争議を収拾する。この試練をくぐったことで、西山は技術者としてだけでなく経営者として頭角を現したのである。

五〇年（昭和二十五年）、製鉄部門は川重から分離独立し、川崎製鉄が誕生する。西山は敗戦からの再出発を機に「高炉を持つ一貫製鉄所」の青写真を描いた。製鉄部門の分離をめぐり役員会は紛糾。造船担当役員は「日本の製鉄業は官営だ。もうかるなら三井、三菱が手を出していたはずだ」と反対した。しかし、西山は「多角経営は責任の所在があいまいになる」と持論を押し通す。

川鉄初代社長になった西山は三カ月後、千葉製鉄所の建設計画を通産省に提出した。高炉二基、平炉六基、熱間・冷間圧延装置を持つ大製鉄所構想である。

資本金五億円の会社が百六十三億円の設備投資をする。計画を公表した当初、政府や産業界から「無謀、蛮勇だ」と笑われた。当時、わが国には三十七基の高炉があり、需要不足で稼働しているのは十二基だけ。古い設備をうまく使うことが貧乏国の常識だった。

通産省は八幡、富士、日本鋼管の高炉三社に川鉄、住金、神鋼の平炉メーカー三社の構成で第一次合理化計画を進めようと構想中。このため、西山を官にたてつく反逆者とみなした。

通産省の認可を待たず、川鉄は手持ち資金を投入し千葉工場の建設に着手、埋め立て工事も始めていた。高炉技術を持たないため、旧満州（中国東北部）の昭和製鋼所などからの引き揚げ技術者を採用。社内では労使一丸、西山に従うとの意思統一ができていた。西山は「天皇」と呼ばれた。

最大の壁は資金問題だ。金融界には一万田はじめ依然、警戒論が強い。そのとき窮地を救ったのが日本開発銀行の融資決定である。

五一年に発足したばかりの開銀は、川鉄の融資審査が初の大仕事。当時、日本興業銀行から理事で出向していた中山素平は「川鉄の体力、技術力では荷が重いという印象だった」と振り返る。中山が興銀から連れてきた審査部長の竹俣高敏は「断る理由を見つけるために」計画を調べた。

だが、技術顧問の助けで採算性を丹念に計算してみると、償却が進んでいる八幡など高炉三社よりはるかに安く製造できることがわかる。「鉄鋼業の将来を考えると計画を支援すべし」。結論は変わった。中山は腹心の竹俣の意見を重視し、他の理事が反対の中でただ一人「積極賛成ではないが反対もしなかった」。

最後は民間出身の総裁、小林中が決断した。中山に「安全確実を優先するなら政府系金融機関はいらない。一万田君が反対しようと構わない。ただし、主力銀行の第一銀行が迷惑というのならやめる」と言う。

中山は第一銀行頭取の酒井杏之助を訪ねた。「典型的な商業銀行家の酒井さんが協力すると言った。そこで融資が決まった」。川鉄はすでに三十億円もつぎ込んでいて、主力銀行も引くに引けなかったのだ。

西山の成功をみて、経営者は大胆に借金し、大型の設備投資をするようになった。技術者が自信を持ち、技術革新が新規投資を呼ぶという、拡大再生産の好循環が始まったのである。

西山は「鉄屋」を自称する。「鉄以外のことをおれに聞かんでくれ」と財界活動も嫌った。小学校を出ると、横浜にある親せきの金物店に奉公に出る。そのときに「鍋釜を売るより、そのもとになる鉄を作ってみたい」と考え、中学に編入学し、東大の冶金科に進んだ。

川重の前身である川崎造船所での実習の成果を「川崎造船所製鋼計画」として卒論にまとめた。この中に盛り込んだ製鉄所建設の夢を実現してしまったのだ。

中山は「良い意味で剛腹の人。経営者というより、したたかなモノづくりの事業家。平炉から高炉に躍り出たいという単なる野心でなく周到な研究と準備の蓄積があった」と評する。

常識の枠をはみでる大きな事業を構想し、強烈な指導力を発揮した。情熱的な挑戦心と組織の内外を説得する合理精神。四つ相撲の正攻法で官に立ち向かった。世間は「法王」一万田でなく「天皇」西山に軍配を上げた。

現場主義で争議解決

神戸の川鉄本社隣にある西山記念会館。西山の遺品を展示する部屋に、富岡鉄斎筆の扁額《へんがく》がある。「以勤補拙」。勤勉努力で欠点を補う。これが西山の信条であり、その通りに行動した。

少年時代の学業成績は中程度だったが、負けず嫌いの努力家。腕力が強く、水泳が得意だった。一高には一浪して入った。同じ寮で起居を共にした哲学者の谷川徹三は『西山弥太郎追悼集』に「一人でコツコツ勉強するタイプで（中略）西山君くらい、逸話のない男も珍しい」と記している。

川崎造船に入ってからは技師として頭角を現し、平炉の製鋼時間を短縮する技術を開発するなど、四十代でわが国の平炉技術の第一人者になった。

一九三七年（昭和十二年）入社の川鉄顧問尾上慎一（元常務葺合西宮工場長）はその前年、東北大学の指導教授の指示で技師長の西山と面談、「銑鋼一貫」という言葉を聞いた。

尾上によれば「むしゃくしゃすると現場に行く。東京から夜行列車で戻った午前四時にそのまま工場に来る。とにかく現場が大好きな人だった」。

深刻な労働争議を解決したのも現場主義がモノを言った。造船から独立した理由の一つは、製鉄部門が終日切れ目のない三交代制で、夜間操業のない造船部門と同一賃金では不公平になるという思いやりだった。

争議の最中、温厚寡黙な西山は「自分は若い時代から長く工場内で工員や職員と共に働いて

●年表

1893　神奈川県吾妻村（現二宮町）生まれ。養蚕業を営む旧家の十男
1909　私立錦城中学に編入学
1919　東大鉄冶金科を卒業し川崎造船所入社、神戸・葺合工場製鋼掛
1935　欧米製鉄所視察
1939　川崎造船所、川崎重工業に改称
1942　取締役就任
1946　公職追放で5取締役の合議制に
1948　葺合工場で大争議
1950　8月、川崎製鉄が分離独立、初代社長に。11月、千葉製鉄所の建設計画を通産省に提出
1952　日銀政策委員会に出頭
1953　千葉製鉄所第一高炉火入れ
1956　世界銀行から2000万ドルの借款成立
1961　岡山県・水島製鉄所開設
1965　胃がんを切除
1966　7月、再入院し病床で藤本一郎副社長を社長に指名、会長に。8月10日に逝去、享年73

臨海型で近代的レイアウトを誇った千葉製鉄所（1968年）

きた。この工場内に自分と生死を共にするものは大勢いる」と顧問弁護士にもらしている。

事務所に立てこもった先鋭分子がハンストを始めて一週間たち、組合員係長の尾上は「放っておいたら死んでしまう」と西山に訴えた。すると「毎晩、牛乳飲んでおって死ぬものか」。西山はハンスト要員が栄養を補給しているという情報を、とうにつかんでいたのだ。

六七年（昭和四十二年）四月、西山が楽しみにしていた岡山県・水島製鉄所の第一高炉が完成。西山の大きな遺影が火入れ式を見守っていた。

福沢桃介（ふくざわ・ももすけ）

相場師から電力王に

貧乏な家に生まれ、才知と眉目秀麗を認められて福沢諭吉の婿養子になった桃介。約束されたエリートコースを結核で棒に振るが、ハングリー精神を発揮、天下に知られた相場師となる。後年は実業家に転身、電力王と称された。「天は人の助けざる者を助く」が信条の偽悪家は、始末に負えぬ拝金教と評された。が、川上貞奴と浮名を流した一代の鬼才の屈折人生は、一片の痛快さもある。

人、生きて己を飾る。偽善こそ浮世を渡るコツならば、偽悪で通した男の生涯は、人間の真実を暴いて面白かろう。ましてそれが福沢諭吉の選んだ婿養子なら、なおさらだ。

時事新報の記者で福沢桃介と親しかった大西理平は「福沢先生という着物を裏返しにして被たのが桃介氏である」と言った。けだし名言である。

桃介は拝金教だと批判された。だが、実は諭吉その人が「拝金宗」の批判を浴びた。独立自尊たる文明の先覚者は「人をして無情冷淡孤立ならしむる傾きなきにしもあらず」(山路愛山)。「文明男子の目的は銭にあり」などと言った諭吉の言説は、必ずしも明快というわけではない。

その婿養子は「憎まれて、いやがられて世を渡れ。これが世渡りの一秘訣と信ずる。天は人の助けざる者を助くと言いたく思う」と説いた。

「(私は)世間のいわゆる軽薄才子だ」「私の口は信頼できぬ。なぜかというと、私には一定の主義がない」「世の中の金持ちは、偶然今日の結果を得たくせに、賢ぶってホラを吹くので、先見の明とは真っ赤なウソだ」「人を見たらたいがい泥棒と思えば間違いない」

こんなことを公然とうそぶいた男は一八六八年(慶応四年)六月二十五日、武蔵国横見郡荒子村(現埼玉県比企郡吉見町)で、岩崎紀一、サダ夫妻の二男に生まれた。六人兄弟だ。田んぼが一反の貧乏所帯。おっとりした婿養子の父は野良仕事に向かず、気丈な母が開いた荒物屋も行き詰まり、能書家の父の特技をいかそうと川越に引っ越してちょうちん屋になった。金持ちだった岩崎一族などの出資で八十五国立銀行ができ、父は書記になるが、一族の没落で再び貧窮した。

桃介は神童の誉れ高かったが、ゲタも買えず、小学校にはだしで通った。友達に笑われ「大きくなったら金をもうけて今の貧乏を忘れたいと子供心にもしみじみ思った」。あだ名が「一億」。「一億円の金持ちになるのだ」が口癖だった。

その才を惜しんで学問を薦める人があり、慶応義塾に入る。養子のきっかけは運動会だ。桃介は眉目秀麗で背が高い。絵のうまい学友にシャツの背中にライオンを描いてもらって、さっそうと駆け回ったから、諭吉夫人の目にとまった。

洋行を条件に養子縁組。ただし「諭吉相続の養子にあらず、諭吉の次女お房へ配偶して別家すること」。諭吉には四人の息子がいた。なぜ養子か分からない。米国に留学、ニューヨーク州のイーストマン商業学校を四カ月で卒業すると、ペンシルベニア鉄道で実務見習い。帰朝後、結婚式をあげ、北海道炭砿鉄道に入社、破格の月給百円は恵まれすぎた門出だ。

ところが六年後に血を吐き結核治療のため辞職した。前途は暗黒。給料の半分を貯金していたとはいえ大したことはない。養子の身分で面倒をみてくれとは意地でも言えぬ。思いついたのが株だ。北炭の社員で株に詳しい者からイロハを学び才能が開花した。千円の証拠金で始めて一年でもうけが十万円。それからの桃介を「相場師になってしまった」と諭吉は嘆いた。

二度目の挫折は諭吉も支援した丸三商会の行き詰まりだ。米国の材木商社の下請けで、神戸支店長が弟分の松永安左エ門。電力の鬼の人生は桃介と深くかかわる。破たん原因は東京興信所が「桃介は相場を好む性質だから、信用できない」と商社に報告。前金を止められ三井銀行が取引を停止。いずれも慶応出身者の血も涙もないやり方に逆上し屈折した。

桃介は元上司、井上角五郎の世話で再び北炭に。重役付き支配人待遇で、ロンドンから日本初の外債百万ポンドを調達、栄達は保証されたが宮仕えには見切りをつけた。銭がすべてだ。

日露戦争後の株式ブームは多くの成り金とまた没落者の山を築いた。その中で桃介はさっさと手じまい、二百五十万円を手にした。天才というほかはない。しかし、だんだん虚業がいやになる。「富者に対する反抗心が強く、金持ちになって金持ちを倒してやろうと実業界に発心した」

だが根が相場師、企業のビジョンに欠けた。人造肥料、ビール、鉱山、紡績、鉄道と次々に手を出して、ようやく終生の事業は電気だと見定める。ただし福博電気軌道（後の東邦電力）の社長就任は安左エ門の口説きだ。ソロバンの桃介が「松永のために損をしようと決心した」。

名古屋電灯の場合、慶応の先輩で三井銀行の名古屋支店長、矢田績が、桃介に経営させたら発展するだろうと口説いて常務にした。これで水力発電の意義にめざめた。自分の足で探査、木曽川に注目したのは、水力発電に必要な豊富な水量、落差の大きさ、消費地に近いなどの条件を全部満たしていたからだ。

ところが半年で辞任。名古屋財界人の反感に嫌気がさした。だが、水力の夢は捨てず、木曽川に発電所をつくる。各地の電気会社の社長になって、さらに千葉県から代議士に当選、政治力もつけようとした。

彼を見直した名古屋電灯から復帰の要望があり、返り咲いて常務、そして社長に。京阪進出の大計をもつが「白昼夢を語る」と株主からも批判が出てとん挫。別の道を模索した結果、山本条太郎らと

桃介が木曽川に造った日本初のダム式貯水池、大井発電所全景（1924年）

大同電力を創立、社長になった。

他方、名古屋電灯は経営が悪化。桃介は松永に救援を求め東邦電力の設立をみて手を引いた。大同電力は東京電灯、東邦電力、日本電力、宇治川電気とともに五大電力の一角を占めた。

木曽川の大井発電所は桃介が情熱を注いだ日本初のダム式貯水池。工期半ばに大震災で金融が途絶。背水の陣の彼は、排日運動が高まる米国で初の民間外債の発行に成功した。桃介ならではの快挙といえよう。

孤高のジャーナリスト三宅雪嶺が桃介を評して「何にせよ偽善めかぬところがよい」と書いている。

貞奴との恋仲も公然

桃介といえば、川上貞奴との公然たる愛人関係が有名だ。福沢の養子コンプレックスのなせる業ともいう。貞奴は自立した女で経済的援助は受けなかった。桃介は彼女の美ぼう、才知と反骨精神を愛し、貞奴もまた彼の複雑性を理解した。

彼女は不動尊の信仰あつく、犬山城の対岸に自力で金剛山貞照寺を建立した。これに感じたか桃介も、禅僧、朝比奈宗源に師事しようとした。初対面で「一回、いくらで聞かせてくれますか」。「そんな俗物に、金なんかもらっても話はしない」と怒らせた。平謝りで週一回来ても

福沢桃介

●年表

1868　６月25日、武蔵国横見郡荒子村、岩崎紀一、サダ夫妻の二男として生まれる
1883　慶応義塾に入る
1887　福沢家に入籍、米国留学
1889　帰朝、福沢諭吉二女、房と結婚、北海道炭砿鉄道に入社
1899　丸三商会経営
1901　北海道炭砿鉄道再入社
1906　北炭退社、株成り金に
1909　福博電気軌道社長
1910　名古屋電灯常務、半年で辞任
1912　千葉県選出代議士
1913　再び名古屋電灯常務
1914　愛知電気鉄道社長、名古屋電灯社長。政界断念
1918　木曽川電気製鉄社長
1919　大阪送電社長
1920　大同電力社長
1926　帝国劇場会長
1928　引退声明
1932　隠居
1938　２月15日、永眠、享年69

らうが、法話が佳境に入ると家人を呼びつけ、ブローカーに電話を命じる。何度かやって、ついに「度し難い」と見放されたという話がある。

松永安左ェ門が桃介を回顧して「有り難い先輩だから、力を入れてもらうのは感謝の外ないが、時とするとプイと気が変わって泣かされることが度々あった」。盟友にしてこの言ありだ。池田成彬は極秘の株売りを桃介に見事見抜かれて驚いたことがある。「一口にいうと眼から鼻に抜けるというか。とにかく非常にすばやいのです。そのかわり昨日いったことは今日忘れるというたちです。その点はすっきりしたものです」

自分が批判される半面、人を見る目は正鵠を射た。その著『財界人物我観』は希世の人物評といわれる。

「人間万事ウソ半分本当半分、もしくは三割ウソ七割本当という程度か」と言いつつ、例えば「大隈重信は実に雄弁であって、演説も座談も上手であったが、人の言うことを面倒くさがって聴かなかった」「だから偉い人と見られたけれども、本当に肝の中から、この人のために馬前に討ち死にしようという人は少なかった」という具合だ。

ほんのさわりだが「金子（直吉）は、婦人の愛情が何処から湧出するかを知らない。従って、俗界に処するには、汚い媒介物が必要だということを御存じない。（中略）あらたかな要路の生き神様へしかるべくおさい銭をあげて置くべき事を念頭にかけなかった。それが鈴木（商店）没落の最大原因である」。

おのずと自らを語ってしまうところが面白い。

藤原銀次郎（ふじわら・ぎんじろう）

瀕死の王子製紙を日本一に

「士魂商才と独立自尊」。この福沢諭吉の思想を見事に体現し、瀕死の王子製紙を日本一の大会社としてよみがえらせた。〝製紙王〟藤原銀次郎である。三井財閥の「単なる使用人」を脱した藤原は、強靭な足腰を持つ実業家となる。人間を信じ、人間の能力を引き出し、人間を育てながら事業を拡大していった。根底には「涙でもって人を使う」という、労使共栄の経営哲学があった。

明治維新後の激動期、十七歳の藤原銀次郎は青雲の志を抱いて信州の村を飛び出した。そして福沢諭吉の慶応義塾の門をたたく。

「福沢先生から我々の受けた薫陶は、独立自尊の強い意志を貫き通す士魂商才で、理屈よりは実行、官途に身を立てるよりは実業につくことであった」(『世渡り九十年』)という。

その後、三井財閥のかじ取りをしていた福沢の甥中上川彦次郎に才覚を見込まれる。二十六歳で三井銀行に入った。

東京・深川の出張所長時代のことだ。木綿の着物に角帯、前垂れ姿の行員たちが、格子の中に座って窮屈そうに事務をとっている。それを見て、合理的に動けるようにと、椅子と机を置き、洋服で客と応対するよう改めた。

深川周辺には倉庫が多く、米や肥料を担保に金を貸すが、預金業務はしていなかった。だから、深川の商人たちは人力車を雇い、預金のためにわざわざ本店まで出向く必要があった。

藤原は考えた。「預金を取り扱ったら、お客さんに喜ばれるだろう」。ビラを配って広く宣伝した。お堅い銀行がビラをまくだけでもニュースになった時代。銀行内では藤原への非難が高まった。だが、反響はすさまじく、出張所には面白いように金が集まった。

倉庫品を担保とした貸付金利にも、新機軸を打ち出す。それまでは金利はすべて同じだったが、ものによっては売れ方に差がある。その格差に応じ、倉庫保管料や利息に段階を付けた。今日の倉庫業界はすべてこの方式をとっている。

改革の実績を評価された藤原は、三井傘下の富岡製糸所の支配人に抜てきされた。ここでも果敢に動く。「家柄」などで女子工員の賃金を決める不合理な制度にメスを入れ、完全な出来高払い制を取り入れた。

そしてグループ内の人事交流で三井物産へ移る。三十歳だった。台湾支店長の時には、台湾米を内地へ送って大もうけ。その後、木材部長となり、赤字にあえぐ北海道産材の欧米輸出に成功、木材部門を立て直した。自ら馬を駆って樺太の森林地帯を踏査し、パルプ会社の設立も進言する。

まさに「士魂商才」を体現する、優秀なサラリーマンであった。

だが、当の藤原の思いは違っていたらしい。「本当は、白羽の矢が自分に立つたびに〝またか〟とうんざりしていた」と述懐している。なぜか。どれだけ実績を積んでも、それは「独立自尊」からは遠く、三井の「単なる使用人」の域を出なかったからだろう。

ところが一九一一年(明治四十四年)、「またか」とは言えぬ白羽の矢が藤原に立つ。三井財閥の首脳だった井上馨と益田孝から直々に「王子製紙の再建」を依頼されたのである。

調べると、王子の置かれた状況は予想以上のひどさ。融資してくれる銀行は皆無で、原材料や燃料は現金でないと買えない。重役陣は派閥抗争に明け暮れ、工員たちは「禁煙」の張り紙の下でタバコをふかすありさまだ。会社の信用はゼロ。五十円払い込みの株は十円台に落ち込んでいた。

「あんなボロ会社を引き受ければ、自分もボロボロになる」。周囲は猛反対。だが生涯最大の岐路に立つ藤原は、王子再建を千載一遇の好機ととらえた。恩師からの独立自尊の教えを実現するためだ。

それまでの蓄えはおろか、自宅を抵当に入れて調達した資金のすべてを投入して王子株を買った。

その株券を担保にして借りた金でまた王子株を買い足す。

この常識外れの自社株買いには、三井内部で批判が噴き出した。だが、「王子の盛衰はまた私自身の浮沈。王子株を買うのはつまり藤原が藤原自身を買うのに等しい」とはねつける。

それは、ボロ会社と命運をともにするという覚悟の表れであり、同時に「会社使用人」と決別し、オーナー経営者として、強い足腰を持った真の実業家を目指す決意表明でもあった。

再建方法は極めて常識的なものだった。不採算工場を閉め、北海道の安い原木や石炭などを使うため、苫小牧工場に生産を集中して合理化を図る。最新最高の設備に置き換え、販売能力と一致する水準にまで製造能力を高めた。

厳しい状況にあっても、人件費など安直な経費節減策はとらなかった。「賃金は高く払ってよく働いてもらう。これが根本的な原則だと思う。そういう方針で人を使うことになると、涙でもって人を使うことが徹底してくる」(『工業日本精神』)

涙で人を使う。つまり、人間を信じ、人間に感謝し、人間を育てながら事業を拡大していく「労使共栄」の考え方が徹底されていた。藤原の真骨頂である。

改革が実を結び、五年目には復配を実現。第一次世界大戦による製紙需要の盛り上がりにも恵まれて、驚異的な速さで収益が回復した。倒産寸前の会社が、人もうらやむほどのもうかる会社に生まれ変わった。

そして三三年(昭和八年)、競争相手の富士製紙と樺太工業を電光石火の早業で吸収合併し、日本の洋紙生産の九〇%をも占める巨大会社を誕生させた。
と同時に、藤原の成長と足並みを合わせて、王子製紙は三井財閥に支配される一会社から、敢然と独立していったのである。
慶応の後輩、小泉信三はこう言う。「藤原氏が笑顔で人に接し、優しい声で語るのを聞けば、いかにも慇懃そのものに見えたかもしれないが、この老紳士は、実は剛強無比の闘士であって、いざとなれば、危険も困難も意に介せず、毀誉褒貶すべてを無視する強情張りであった」(『不屈の人・藤原銀次郎』)
三六年(昭和十一年)、人生最大のライバルだった元富士製紙社長の大川平三郎が死去。これを機に、社長のイスを後進に譲って一線から退いた。その後の藤原は、福沢のもう一つの教えに足を踏み入れていくことになる。終生を貫いた「社会貢献」の道である。

慶大に理工学部寄付

藤原銀次郎の晩年は、社会への貢献で彩られている。その代表例が藤原工業大学である。

欧米に比べると、日本の工業教育は相当遅れており、技術系の人材不足は深刻だった。語学と経済学を修め、卒業の翌日から現場で働けるような即戦力の人材を養成する——。藤原の教育に対する思いは強かった。

時あたかも、母校の慶応大学では理工科を設ける構想が持ち上がっていた。だが、資金不足

●年表

1869	6月17日、長野県安茂里（あもり）村の大地主の息子として生まれる
1885	慶応義塾に入る
1895	中上川彦次郎にスカウトされ、三井銀行に入社
1897	富岡製糸所の支配人に就任
1899	三井グループ内の交流人事で三井物産へ移る
1901	三井物産の台湾支店長に。後の「王子三羽ガラス（高島菊次郎、井上憲一、足立正)」を育てる
1907	三井物産の木材部長となり、北海道へ赴任
1911	王子製紙に専務として入社
1920	資本金を5000万円に増資し、社長に就任
1933	王子製紙、富士製紙、樺太工業の3社が合併、大王子製紙を設立し、社長に
1938	社長退任、後任に高島菊次郎
1939	藤原工業大学を創立
1940	米内内閣の商工大臣となる
1943	東条内閣の国務大臣となる
1944	藤原工大を慶応大学に寄付
1951	財閥解体で旧王子製紙が3社に分割される
1959	藤原科学財団を設立
1960	91歳で死去

のため、計画は宙に浮いたまま。塾長の小泉信三が、藤原に「大学の寄付」を要請した。協議の末、藤原の理念に基づき藤原工大を発足させ、基礎が固まった段階でそっくり慶大に寄付することで話がまとまる。

藤原工大の創設は一九三九年（昭和十四年）。藤原は王子製紙の再建と株価の上昇で得た資産を投じた。「工場は大学の実験室であり、大学は工場の実験室である、この思想で進みたい」。開校式でのあいさつだ。

この考えが、大学の設置場所に生かされる。学生が京浜工業地帯の煙突を眺めながら学べるようにと、神奈川・日吉が選ばれた。藤原工大は四四年（昭和十九年）、慶大に寄付され、現在の理工学部となっている。

戦後の五九年（昭和三十四年）には、一億円を投じて藤原科学財団も設立した。日本の小ノーベル賞とも呼ばれる「藤原賞」を設け、日本の科学技術の発展に貢献した人々に、毎年、奨励金が贈られている。

藤原は実業界から退いた後、米内内閣の商工大臣に就いた。その後も国務大臣、軍需大臣などを歴任。このため、終戦後に戦犯容疑をかけられている。

だが、堂々と主張した。「祖国が危機に瀕している時に、一市民として戦争に協力するのは当たり前だ」。米国の検事からは、私財をすべてなげうって工業大学を設立し、植林活動なども手掛け、生活は極めて質素だったことなども評価された。こうしてついに、藤原は戦犯から外されたのである。

本田宗一郎

（ほんだ・そういちろう）

エンジン一代、世界を疾駆

荒廃と財閥解体の中から動き出した戦後の日本経済。権威や常識を覆した自由競争時代の出現に、本田宗一郎は満を持していた。二十世紀の技術的大変動の予兆に心を躍らせ、創造的破壊の精神で少年のころの夢とあこがれを手にした。「人間は楽しんでいるとき最高の力を発揮する」。得手に帆を上げながら、創業者の強烈な個性と独創性は世界を駆け巡った。

ほのかなランプの明かりから、スイッチ一つで村中を闇から輝きに変える電気という魔法の衝撃。その光が届いたころ、エンジン音を響かせて、少年が住む村に初めて黒塗りのホロ自動車がやってきた。

この排ガスのにおいが彼には「命の糧」のように思えた。貧しかった本田宗一郎の少年時代。イタチのようにすばしこかった「鼻黒の宗ちゃん」の強烈な原体験は、自動車製造という二十世紀の先端文明を担う天職へと誘うことになる。

自動車修理工場の小僧から身を起こした本田の天才ぶりは戦前、知る人ぞ知る。特許の山を築き、日本楽器社長の川上嘉市が「日本のエジソン」とたたえるほど才気にあふれた。「おれが作れないものはクモの糸ぐらい」と豪語している。

終戦の年、尺八を吹いてほうけていたように見えたが、翌年、払い下げの通信機用エンジンを付けた自転車バイク、通称「バタバタ」で一世を風びする。騒々しい音、湯たんぽの燃料タンク。さち夫人が磐田へイモの買い出しに行く姿が町中の目を引きつけた。

エンジンの猛烈な改良熱にとりつかれながら、本田は時代の到来を確信。一九四八年（昭和二十三年）、浜松に本田技研工業を設立した。戦後、水泳で三十三回の世界記録を出した同郷の古橋広之進の活躍も本田を鼓舞した。「おれもでっけぃことをやりてぃ」

資本金の三十倍もの工作機械を輸入した支払いで沈没寸前だったが、本田は二輪のオリンピックといわれる「英マン島T・Tレース」への出場を高らかに宣言する。まだだれも世界のレースなど見たこともなかった、五四年（昭和二十九年）のことだ。

業界の物笑いのタネとなったこの宣言から七年、マン島レース完全制覇という快挙を達成する。「世界のホンダ」という名声が定着すると、すかさず長年の夢だった四輪車進出をぶち上げた。大きなアドバルーンを上げては、その目標へ剛直球一筋が本田流だ。

ところが六二年（昭和三十七年）、通産省は乗用車の貿易自由化を前にして国際競争力をつけるため、「日本の自動車メーカーは二、三社でいい」と、新規参入を許さない「特定産業振興法」の成立を急いだ。

この時ほど腹が立ったことはないという。「作るなとは何事だ。我々は自由だ」。本田は叫んだ。合併・統合の話にも、「大きなものが永久に大きいという保証はないんだ」と強く抵抗した。

本田の頭の中には、自らも携わった軍需工場があった。軍の保護にすがるだけで、革新もアイデアもない企業の温室時代だ。「戦争時代じゃあるまいし、わたしゃ国のためには働かないよ。自分のために全力で自動車をやりたいんだ」（『ホンダ50年史』から）

産業政策に政府が介入すると企業の力は逆に弱まる。自由競争こそが真の企業・製品を作る。「良品に国境無し」の信念だ。「お国のためにと思って泳いだつもりはない」。自己の目標実現の喜びが記録を更新させた〝フジヤマの飛び魚〟古橋との共通点である。

本田は先手を打って新車を開発し、自動車メーカーとしての存在を世間にアピールした。その直後、特振法は廃案となる。「国の補助で事業をやって成功した試しは世界中にない」。硬骨漢・本田の言葉は今も生きている。

創立二十五周年に六十六歳で社長を辞すると、「ホンダのために頑張ってくれた社員にお礼を言いたい」と全国行脚の旅に出ている。車で七百カ所を一年半かかって回った。海外も半年かけて。四九年（昭和二十四年）に初めて出会い、本田の生涯の分身となった藤沢武夫も一緒に副社長を辞めた。「本当に幸せでした」と言うと、本田も「礼を言うよ。良い人生だったな」と返したという。

実際の経営を担ったのはこの藤沢だった。「藤沢さんと出会わず、あのまま本田さんだけでやっていたら、本田技研は十年ももたなかったのではないか」。二代目社長の河島喜好は振り返る。百社を超える二輪メーカーが乱立、残ったのはたったの四社だけ。ベンチャーの運命はいつの時代も苛酷である。

藤沢という希代の経営の天才が天真らんまんな職人肌の技術者を踊らせ、ホンダ教の教祖に祭り上げたと言う人もいる。確かに藤沢も苦境になると想像もつかぬアイデアを生んだ。自転車店にダイレクトメールを送り、一夜にして五千五百店もの二輪取扱店網を作り上げたりもした。

このミラクルな手腕のおかげで、本田はカネや販売の苦しみを味わうことなく才能を存分に発揮し仕事に没入できた。藤沢に会わなかったら「浜松の中小企業のオヤジで終わっていた」と言われるゆえんである。

だが、創業者はホンダの太陽であり象徴であり続けた。社員は怒鳴り声が聞こえるとさっと方向を変えて逃げた。オヤジの活気が現場の隅々まで響いた。気に入らないと鉄拳を振るう。スパナが飛

Ｆ１の技術者と真剣に話し合う本田（1966年）

ぶ。品物をけとばす。「一発ひっぱたいて辞表をかいたらどんなにいい気持ちか」。元会長の杉浦英男は何度も思った。

研究所長時代、大勢の部下の前で殴られたことがある。「ボルトの長さが五ミリ違う」と。本気になって怒っている。目に涙をためて「いいものを作らなきゃいかん」と訴えている。その純粋さに打たれたという。

「オヤジに少しでも不純なものが見えれば我々もどこかでワキを向いたと思う。あの人には純粋なものがあり続けた」。その哲学が分かりやすいから社員は付いていった。そして神話は引き継がれたのである。

本田宗一郎

「客から目が離れたら終わり」

「銅像は作るな」――。偶像崇拝を嫌った創業者のポリシーは、「DNA」となって会社の隅々にしみついた。「おれたちのものづくりは、現場とお客から目が離れたら終わりだよ」。本田宗一郎のDNAは後継者に、その神髄をよく伝えている。それは「人を幸せにするものづくり」という思想である。

八一年（昭和五十六年）の国際障害者年のこと。熊本市役所に勤めるサリドマイド障害で両手が使えない白井（旧姓・辻）典子さんから、本田技研工業あてにこんな手紙が届いた。

●年表

1906　11月17日、静岡県磐田郡光明村（現・天竜市）に生まれる
1914　初めて自動車を見る
1922　二俣尋常高等小学校を卒業。東京・本郷のアート商会に入社
1928　アート商会浜松支店開業
1935　磯部さちと結婚
1936　全日本自動車競走大会で平均時速120キロのスピード新記録樹立
1939　東海精機重工業社長に就任
1945　三河地震で工場倒壊。休養宣言
1946　本田技術研究所設立、自転車補助エンジン、通称バタバタを販売
1948　本田技研工業設立
1949　藤沢武夫入社
1951　ドリーム号で箱根越え成功
1952　4億5000万円の工作機械輸入
1954　英マン島Ｔ・Ｔレース出場宣言
1958　スーパーカブＣ100型発売
1959　マン島レース初参加
1961　マン島レースで上位独占
1962　4輪のＳ360、Ｎ360を発表
1963　特定産業振興法案が廃案
1964　ＦＩＧＰに挑戦、68年撤退
1965　ＦＩメキシコＧＰで初優勝
1972　ＣＶＣＣエンジン発表
1973　本田技研工業社長を退任、藤沢と取締役最高顧問に就任
1983　ＦＩレース復帰、92年撤退
1988　藤沢死去
1989　日本人初の米・自動車殿堂入り
1990　国際自動車連盟より史上3人目のゴールデンメダル賞受賞
1991　8月5日、84歳で死去

「自分は生まれて以来、母の助けに支えられてきた。両手が使えないが、運転できる方法はないか。いつも自分をおぶってくれた母を今度は自分が後ろに乗せて、一度でいいからドライブ旅行に連れて行ってあげたい」

当時、両上肢障害者の運転は法律上できなかった。コストと技術的な問題も大きい。ところが幹部は「そういうのが大切なんだ。うまくやってくれよ」とこともなげだった。創業者なら答えは決まっている。「やってみもせんで何を言っとるか」だからだ。困難なものほど、宗一郎を喜ばせるものはない。

足の前後運動でハンドルを操作するシステムの開発者、ドイツ人のフランツ氏は、同じ障害を持つ人物である。「日本で普及させるならホンダに任せたい」と特許料を取らなかった。本田技研は法改正に奔走し、独自の改良を加えた。典子さんは、ついにシビックに乗った。

あれから十七年、中学生と三歳の子の母親は、役所では母子保健担当のベテラン。保育園への送り迎えや人形劇団の趣味に二台目のドマーニが活躍している。足で運転するコーナリングの滑らかさに、同乗者はハンドルという存在の常識を疑った。

典子さんの激励で仲間も増えた。技術者の仕事へのプライドがこの特装車の製造を支える。「これだったら喜んでもらえるよなあ」。宗一郎も笑いかけているようだ。

益田　孝（ますだ・たかし）

三井物産を創業、財閥の基礎を築く

幕府軍の騎兵隊長が明治維新で大変身、戦前の日本経済をリードした三井物産を創業した。無資本のちっぽけな会社が、石炭をてこにやがて躍進をとげ、三井財閥の繁栄のもとを築く。財界の大立者にして大茶人、鈍翁。〝士魂商才〟のまれな成功談は、この国が体験した激震と近代化の困難を思わせるとともに、波乱の時代を果敢に生きた男のロマンを浮き彫りにする。

一九二三年（大正十二年）の関東大震災を小田原の邸宅で体験した益田孝は、その長い半生をふりかえり、こんなことをいった。

「今度の地震はずい分えらかったが、しかし精神的の打撃という点からいうと、私はもっと難儀な目にあっている。地震のように突然パッとくるものよりは、だんだん形勢がせまってきて、これはいよいよ死なければならぬわいと決心しなければならぬような事件の方が無論えらい」

弱冠十九歳で幕軍の騎兵頭（正式辞令は騎兵頭並）になった徳之進（孝）は、迫り来る官軍の実力を知って「これはとてもダメだ」と覚悟した。一八六八年（慶応四年）一月、江戸城大広間で会議が開かれた。箱根で食い止めよう、いや奥州へ脱走しよう、混乱の議場で彼は「名古屋の平原で勝敗を決しよう」と主張するが、むなしかった。

勝海舟を陸軍総裁に任じたこの会議以降、彼の心もまた恭順にむかう。江戸無血開城、徳川家達は静岡へ。幕臣は三つの選択を迫られる。王臣になるか、静岡に無禄移住か、平民になるか。「しかし、私は、卑官であった自分が、駿州まで行ってまた御厄介になるのもと思ったから、自分で商売をしようと決心した」

名を孝に改め、得意の英語で食べていこうと横浜へ。この決意がなかったなら、その後の日本経済のありようは、ずいぶん違ったものになったはずだ。

むしろ軽やかというべき転身は、その生い立ちに由来する。家はもと佐渡の地役人だ。彼の出世は父鷹之助が函館奉行支配調役下役に抜てきされたことに発した。時勢をみるに敏な父の意向で英語を

パリで撮影した颯爽たる若武者ぶり（益田泰子氏提供）

学び、米公使館勤務の通弁御用になる。さらに一八六三年（文久三年）の遣欧使節団に父子で加わってフランスへ行く。すべてが大輪を咲かせる養分となった。

横浜では「私は少し英語を知っていて、西洋人と話が出来たものだから、日本の商人から先生、先生といわれ」交渉の頼まれごとをした。この時期、米国の大手貿易商ウオールシ・ホール商会の社員に採用された経験は重要である。

益田　孝

彼の運命を決したのは大蔵大輔井上馨である。この人は西郷隆盛が「三井の番頭さん」と軽べつしたり、後世、貪官汚吏の代表者とされ、スキャンダルも多いが、少なくとも明治の元勲のなかでは経済がわかった。明治国家の基礎を固めた功績は大きい。また、人を見いだす才があった。

「君は商売をするというが、今のような政府では何事もだめである。政府をしっかりしたものにするには、皆掛かりでやらなければならぬ。君もぜひ政府に入れ」。大蔵省四等出仕、月俸二百円。元幕臣としては抜てきだ。造幣権頭で大阪の造幣寮に赴任。画一純正な新貨鋳造が使命であった。

役人生活は長くはなかった。井上が司法卿江藤新平とケンカして辞めたからだ。井上は先収会社という商社をつくり、益田を副社長にする。やがて井上が元老院議官になり、会社は解散した。

そのころ、三井家は維新の荒波を大番頭、三野村利左衛門の才腕で乗り切り、経営の近代化のため、銀行設立と商品取引業務の整理統合を課題とした。大蔵卿大隈重信が三野村に「政府の手先となって、大きな商売をやってくれないか」と勧めた。三野村は井上に相談し、井上は益田に「社長をやれ」といった。

三野村に彼がまず主張したのは「売りと買いとの組み合わせ商売でなければならぬ。自分で危険を負担するような商売をしてはいけない。思惑をしてはならぬ」。コミッション・マーチャントの王道である。益田はこのとき、後の三井改革で実現する資本と経営の分離を主張している。

三井から社主を迎えるとしても「いろいろ喙をいれられては困る」。三野村は「よろしい、いっさい任せる」といったが、資本金は与えず、三井銀行に五万円、第一国立銀行に一万円の過振り（当座貸越）を許した。物産の発足は一八七六年（明治九年）七月一日、三井銀行と同時である。ちっぽけな無資本会社の出発だったが「資本金がなくても信用があれば品物は動く」信念と、何よりも「仕事がしてみたい」という情熱があった。

益田は米穀等の商いから三池炭の一手販売に乗り出す。さらに同炭鉱の払い下げ入札に勝ち、石炭の販路を国際市場に広げていく。三井財閥の栄華は物産の発展による。ただし、益田はその輝かしい功績にふさわしい処遇を得なかった。九一年（明治二十四年）、物産は三井家直系会社となり、翌年、社長から委員に降格された。その後、理事、専務理事になるが、ついに社長復帰はなかった。

なぜか。福沢諭吉の甥に中上川彦次郎がいる。彼は井上馨に誘われ経営危機の三井銀行の立て直しにあたるが、工業主義を唱えて物産を目の敵にした。益田の雌伏はこの中上川時代と重なる。中上川が四十七歳で若死にすると益田が返り咲き、その性急な改革路線が見直される。一九〇二年（明治三十五年）、益田は三井管理部専務理事に専念して、時代に即した三井全体の繁栄の道を模索する。

一九〇七年（同四十年）、欧米の財閥視察に出かけ、その成果を三井の株式会社化と「資本と経営の分離」にいかした。持ち株会社の三井合名が設立されると、その顧問として大番頭役を果たし、やがてエンジニア出身の団琢磨を後継者にして引いた。それはまた重工業時代への対応、つまり中上川路線の強化ともいうべき選択であった。

茶道を極め、新聞論説も

益田孝は、『日本経済新聞』の前身である『中外物価新報』を創刊している。三井物産を引き受けたころ、内務省商務局長の河瀬秀治から「近ごろ、商業上の通信がこなくて困っている。商業上の知識を普及する新聞をつくってくれ」と勧められた。

渋沢栄一に相談すると、彼は『ロンドン・タイムズ』を見学したときの感銘から「ぜひやりたまえ」といった。『東京日日新聞』を発行していた福地源一郎（桜痴）に経営法をきいて発刊。初めのころは自分で論説を書いた。当時はまだ三菱にいた朝吹英二が「道理で素人離れがしている」と感心したほどだ。

益田といえば、鈍翁の号で知られる茶人でもあった。博報堂代表の近藤道生は父外巻が益田と親交があり、子供のころ自転車をプレゼントされた思い出をもつが、茶をたしなむ立場から「戦前のお茶の世界で鈍翁は太陽でした」と評価する。松永安左ェ門ら彼に勧められて茶道に入った経済人は多い。

●年表

1848	10月17日、佐渡・相川の地役人、益田鷹之助、らく夫妻の長男に生まれる
1854	父、函館奉行支配調役下役に
1861	外国方通弁御用出役となり麻布善福寺の米国公使館に勤務
1863	遣欧使節団に加わる
1868	王政復古。騎兵頭並に
1869	中屋徳兵衛の屋号で茶、海産物の輸出商となる
1871	ウオールシ・ホール商会勤務
1872	大蔵省に入り、造幣権頭に
1873	大蔵省退官。井上馨と千秋社（のち先収会社）を創設し、副社長
1876	先収会社解散。三井物産創設、社長に就任。『中外物価新報』（現『日本経済新聞』）創刊
1889	三池炭礦の払い下げを受ける
1892	三井物産社長退任
1902	三井家同族会管理部専務理事
1909	三井家同族会管理部を法人化、三井合名会社設立、顧問に
1911	三井コンツェルン成立
1914	三井合名の理事長に団琢磨をすえ、相談役に引く
1918	男爵となる
1938	12月28日、肺炎のため永眠、享年90

いわゆる流儀茶道を嫌い「行儀作法ばかりいって人を苦しめるのは一番いかん」が口癖だった。「わびさびを追求しながら、他方で現世的な悦楽を究めようとする茶道の両側面を止揚した大茶人」と近藤はいう。

古美術品が好きでコレクションはすばらしかった。「日本の美術を発達せしめるのには、その標本を大切に日本に保存して研究しなければならぬ。それには、自分の力の及ぶだけは買って置かなければならぬ」という考えだった。海外流出を憂えたのである。

ちなみにその号は、鈍太郎という茶わんを手に入れたときにつけた。

愛孫の多嘉によると、益田は暗雲ただよう日米関係の改善に心を砕いた。初代米国公使タウンゼント・ハリスを尊敬していた彼は、かつて公使館が置かれ、通弁御用で勤務した麻布善福寺にハリス記念碑を建て、その功績をたたえている。

享年九十と長命だったが、頑健ではなく、健康には気を使い、慶応義塾大学付属病院に食養研究所を寄付している。没するときのエピソードが印象深い。多嘉によれば、病床から半身を起こして「空より出でて、空に還る、喝」と自ら引導をわたしたのち亡くなった、という。

松方幸次郎

（まつかた・こうじろう）

欧州で膨大な美術品収集

第一次大戦後のパリやロンドンを舞台に、大胆に絵画や彫刻などを買い集める日本人がいた。「造船成り金」と呼ばれた川崎造船所（現・川崎重工業）社長の松方幸次郎である。その壮大な美術品収集の背景には、経済力だけでなく、文化水準でも欧州に追いつこうとした実業家の気概があった。人類の文化遺産は自ら守るという、気宇壮大なパトロン魂に突き動かされていたのだ。

あるとき、明治天皇が元勲の松方正義に「子供は何人いるか」と聞かれたという。正義は即座に思い出すことができず、「いずれ調べてご返答差し上げます」と答えた。松方幸次郎は、正義がもうけた十五男七女の三男にあたる。だが、その豪快さは、父に引けを取るものではなかった。

パリの画商ルネ・ジャンベルの『ある画商の日記』の一節に「マツカタという日本人が突如ヨーロッパに侵入。画商の店を空っぽにしてしまった」(一九二一年十月十三日)とある。

一点ずつ買うのは面倒とばかり、松方は手にしたステッキで画廊の壁の絵をぐるりと指す。「全部でいくらかね」。こう言って画商たちを驚かせた。有名な〝ステッキ買い〟の伝説だ。

松方が投じた金もケタ外れだった。一万トン級大型貨物船を二百万円で造った時代に三千万円である。今日の貨幣価値に換算すれば九百億円以上。収集総数も一万点を超え、そのほんの一部で東京・上野の国立西洋美術館ができたほどだ。

この膨大なコレクションを可能にした、松方の空前絶後の錬金術とはどんなものだったのだろう。

琉球の黒砂糖取引で財を成した薩摩商人の川崎正蔵は一八九六年(明治二十九年)、同郷の宰相、松方正義の協力を得て、官営の神戸造船所を払い下げてもらい、民営の川崎造船所をスタートさせた。川崎は、その初代社長に、実業家としての才覚を見抜いていた三十一歳の松方幸次郎をスカウトしたのである。

米国エール大学やフランスのソルボンヌ大学に学んだ松方は、当時の日本でも屈指の国際人。造船の最先端技術を導入するため海外に頻繁に足を運び、外国の新聞を熟読、欧州情勢を的確に読んでいた。

「オーストリアの皇太子がセルビアの青年に暗殺された」という外電が飛び込んで来たときも、いち早く「世界大戦に発展する」と予想する。

「世界造船界の一、二位の英と独が戦えば、船腹は絶対不足する。鉄鋼など原材料をすぐに手当てして、船台をフル操業させろ」

「社長、注文がなくては、どんな船を造っていいのかわかりません」

「頭を使え、どんな注文にも応じられるストックボートを造るんだ」

造船業は、注文があって初めて動き出す。だが、彼は逆手にとって、ストックボートという新しい量産方式を生み出した。茶筒を縦半分に切ったような基本船体をあらかじめ量産しておき、船主からの注文に応じて「整形」する方法だ。

一隻の貨物船を一軒の住宅を建設するより早く、わずか四十五日間で完成させる。売れ残ったらどうするのかと心配する株主を横目に、神戸の港にはストックボートが浮かび始めた。

松方の読みは的中する。当時、トン当たり約百五十円の造船単価が、千円を超えるまで、みるみる上昇。一九一九年（大正八年）の一年間だけでも三十五隻を進水させ、うち二十五隻は海外へ売却した。

「日本に居ては情報は入らない。社長室を世界経済の中心地に移す」。こう宣言。実際、一六年（大正五年）から三年近いロンドン暮らしを続け、自ら船舶セールスの先頭に立った。こんな突飛なことをする経営者は、日本の財界では過去に例を見ない。

米騒動に端を発した一九年（大正八年）の大規模な労働争議でも、「十時間労働を八時間労働に短縮し、給与は従来通りとする」と組合に通告し、紛争を一気に解決した。これが、世間をあっと驚かせた日本企業初の八時間労働の始まりでもあった。

「第一次世界大戦下の当社は、船価の高騰などで巨額の利益をあげ、部長クラスで七十―百カ月分のボーナスが支給され、配当も四割が続いた。したがって、当社の社長であり大株主でもある松方幸次郎の収入は莫大なものであった」（『川崎重工業小史』）という。

二一年（大正十年）、印象派の巨匠モネの家を訪ねたときのことだ。邸内の絵を全部買いたいと言って、モネを怒らせる。「私のために買うのではない。フランスまで来られない日本の若い画家たちのために本物の油絵を見せてやりたいのだ」。松方はこう説明し、モネを納得させたという。

このエピソードから浮かび上がるのは、松方の収集動機だ。メセナ（企業の文化支援活動）という言葉もなかった八十年も前、すでに芸術支援の道筋を描いていた。「金もうけだけでは軽べつされる。企業の利益を文化的に社会還元できて初めて経営者として尊敬される」。こんな現代的な企業家精神を体現したのだ。

だが、さすがの川崎造船所も、二七年（昭和二年）の金融恐慌の大波にのみ込まれてしまう。同時に、松方コレクションにも不運がつきまとった。

資金繰りのため、かなりの点数が売りに出されたし、戦火で焼失したものも少なくなかった。第二次世界大戦の空襲で焼け出され、裸一貫になった松方は、「フランスに行ってコレクションを持ってくる」とつぶやきながら五〇年（昭和二十五年）、八十四歳で他界した。

元駐日米大使エドウィン・ライシャワーの夫人で、松方の姪ハル・ライシャワーは、『絹と武士』でこう記している。

「幸次郎が五十二歳になってから始めた現代美術の収集が、はからずも〝松方〟の名を一般国民に親しませる結果となり、彼の実業家としての業績や父親の政治家としての貢献よりも有名になってしまった。今日、日本人に〝松方〟の名を言うと、〝松方コレクション〟の、という反応が返ってくる」

大型美術館、夢と散る

大正時代には、まだ日本に美術館がなかった。「国がやらないなら、オイドンがやったる」。こう宣言した松方幸次郎が描いたのが、共楽美術館の構想だ。

ロンドン滞在中に松方は、造船所や港で働くたくましい男たちを好んで描いた英国の人気画家フランク・ブラングィンと懇意になり、設計を依頼した。

ブラングィンの設計図によると、この美術館は幅七十五メートル、奥行き八十メートル。噴水のある中庭を取り囲んでおり、絵画や彫刻だけでなく、家具や調度品なども展示する計画だった。

建設予定地は東京・麻布の松方正義の所有地の一部、四千平方メートル。相談を受けた黒田

●年表

1865　12月1日、松方正義の三男として鹿児島で生まれる
1881　大学予備門（旧制一高の前身）に入学
1886　米国エール大学に留学
1891　正義の第1次松方内閣の組閣に伴い、父の首相秘書官となる
1896　株式会社となった川崎造船所の初代社長に就任
1914　第1次世界大戦がぼっ発。船舶不足に対応し、ストックボート造りを決断
1916　鋼材の確保と船舶売り込みのため2年8カ月間、社長室を英国に移す。滞英中は鈴木商店ロンドン支店を事務所に
1919　賃上げ要求などでストライキが起こり、8時間労働制実施に踏み切る
1922　ワシントン軍縮会議で英・米・日の主力艦比が5・5・3に決められ、主要顧客の海軍からの注文減で川崎造船所に打撃
1927　震災手形の処理が引き金になり金融恐慌が発生。川崎造船所も深刻な経営危機に陥る
1928　経営不振の責任をとって32年間に及ぶ社長を辞任
1950　鎌倉に隠居中、脳いっ血で倒れ、84歳で死去

清輝は「面積外観ともに単純にして雄大なり」と日記に書いた。完成していれば、世界有数の美術館になったと思われる。

だが、第一次世界大戦後の不況で、日本銀行に売却されたムンクの『坑夫』をはじめ、会社の地下倉庫に保管していた作品は、次々と売られる運命に。

ロンドンに預けてあったコレクションも焼失。パリに保管していた作品も、第二次大戦が始まると、フランス政府に「敵国財産」として没収された。こうして、松方の美術館の夢は砕け散った。

第二次大戦後、松方の遺志を継いだ吉田茂らによる日仏政府間交渉の結果、「特別の美術館をつくって作品の散逸を防ぐこと」を条件に、三百七十点のコレクションが日本に返還された。

一九五九年（昭和三十四年）六月十日付の『日本経済新聞』夕刊はこう伝えている。

「薄曇りの十日、緑に囲まれた東京・上野の森で、美術ファン待望の国立西洋美術館開館式が行われた。……松方コレクションも長い曲折を経て、ようやくここに日の目を見たわけである」

松下幸之助（まつした・こうのすけ）

一代で築いた世界的総合家電メーカー

一代で世界的な総合家電メーカー、松下電器産業を育て上げた〝経営の神様〟松下幸之助は、一線を退いた昭和四十年代後半以降の人生を政治にささげた。その行動は、経済人の政治好きという領域を越えている。政治家を養成する私塾、松下政経塾を創設しただけでは足りず、九十四歳で死去する直前まで新党旗揚げに意欲を燃やした。憂国の深い思いから、命懸けの挑戦を続けたのである。

一九八二年（昭和五十七年）冬、雪の降る週末だったという。東京・田園調布のウシオ電機会長、牛尾治朗宅の電話が鳴った。羽田空港に着いたばかりの松下電器産業相談役、松下幸之助からである。

「どこかホテルで会いましょう」という牛尾を「個人的な話だから」と押し切った松下は、訪れた牛尾邸の応接室で「どやろ？」。新党旗揚げの話を切りだし、政策綱領を見せた。

「みなさんは新党に反対でしょうが、私は新党をつくることに反対しません。しかし、安全保障と外交のない綱領では政策とはいえません」。牛尾の答えである。「そうか」と引き下がった松下だが、翌年、再び牛尾に新たな政策綱領を示したそうだ。

松下は当時、四面楚歌に陥っていた。「政経塾の塾生が育つまで待てない。やはり新党しかない」。松下は既に八十七歳だったが、新党への思いが一気に高まっていた。しかし、猛反対に遭う。

松下電器会長、松下正治は振り返る。「やめなさいとはっきり言いました。政治に関心を持つことと、のめり込むことは別。経済人が政治をやるのは不適切です。その意見は正しかったと今も思っている」

相談した住友銀行取締役相談役名誉会長の堀田庄三、関西電力会長、芦原義重、住友金属工業会長、日向方斉ら当時の関西経済界の長老も、全員が首を横に振った。「財界人で政治家になって成功した試しはない。晩節を汚すだけだ」

いったん、松下は新党構想を引っ込めた。だが「やっぱり君、政党やで」。たぎる思いを断ち難い様子だったという。

松下の政治不信は敗戦がきっかけだ。九歳で火鉢店の丁稚になり、一七年（大正六年）二十二歳で独立。電灯の二またプラグや自転車用ランプを皮切りにラジオ、電池などに業容を広げた。昭和十年代には代表的な電気器具メーカーの一つになっている。

だが戦後、財閥指定を受け、公職を追放された。負債も膨れ上がり、人員整理を余儀なくされた。後に「生涯でこの時ほど不本意でさみしい思いをしたことはない」と語っている。それまで松下は「政治はお上に任せて、商売人は商売に徹する。それで国は豊かになる」と信じていたが、敗戦ですべてを失った。

「なぜだ。政治が悪いんじゃないか」。晩年の政治に対する不満、国の運営に対する危機感は、この時芽生えた。

七八年（昭和五十三年）九月、松下政経塾創設を発表する席上、「政経塾に命をかける」と言い切った。松下電器会長から相談役に退いた後、塾の創設まで紆余曲折を経てきたとの思いが、ほとばしり出たのだろう。政経塾も、周囲からの反対に遭っていたからだ。

政界通といわれる経済人は、将来首相になりそうな若手政治家を応援したり、電話一本で大物政治家と連絡を取るなど、〝タニマチ〟感覚になりがちだ。だが、松下の発想は全く異なっていた。既存の政治家には飽き足りない。自分で理想の政治家を育てたい――。純粋すぎるほどだった。

政経塾は八〇年四月、開塾する。松下はこの時、健康がすぐれなかった。だが、九九年三月まで政経塾理事長を務めた住友生命保険名誉会長、新井正明に当時、「死んでも開塾式には出る」と言い続けたという。「新しいことを始めるエネルギーが残っているのが、どれだけすごいことか。この年になって初めて分かった」。九十歳近い新井は述懐する。

私財百億円をなげうって政治家養成のため創設した政経塾だが、松下の熱い思いが世間に理解されたとは言い難い。政経塾一期生で現在塾頭の岡田邦彦は「塾は松下幸之助の道楽と言われ、塾生は温室育ちの公達と言われた」と振り返る。一般の受け止め方は「しょせん、功成り名を遂げた経済人のお遊び」の域を出なかったのだ。

政経塾出身者は国会だけでなく、地方議会や市長なども含めると四十人を超す。目立たないが、一定の勢力になりつつある。だが、当時、松下に残された時間は少なく、短期間で影響力を持てる新党旗揚げをあきらめられなかった。

二十二年間そばで仕えたPHP研究所副社長の江口克彦は、松下の発言をまとめた『随聞録』に書いた。政党旗揚げを一度断念した翌年、八三年(五十八年)三月のこと。「あのとき、反対した人はみんな成功しとる。失うものが多いからな。いざとなったら怖くなる。仕方ないな……まあ始めようとすれば党名やな」

そして九十歳になった八五年六月、親しい人に「やっぱり政党をつくることにした。地位もカネも失うかもしれんが、命を投げ出してもええ」と打ち明けた。ひそかに党則、趣意書、綱領づくりも始めている。反対をかわすため、すべて水面下で進められたという。執念である。

当面実施すべき十の政策目標も定めた。一次発起人十名の人選も終わっていた。結党発表は八八

1981年、松下政経塾の塾生とともに

年、翌年の参院選に候補者を立て、少なくとも十人を当選させる……。運動方針、党員百万人獲得作戦なども練られていた。

ところが、急速に体力が衰え、八九年（平成元年）四月、九十四歳の生涯を閉じる。新党はついに幻に終わった。残した個人資産推定三千五百億円、一代で巨万の富を築いた大往生。思い残すことなどないはずと思われがちだが、松下は最後まで国を憂え「やらんといかんな」と漏らし続けた。心残りがあったとすれば新党だったのではないか。

「しょせんは素人。一時的なブームに終わっただろう」。今も松下新党には厳しい見方が多い。だが、庶民に圧倒的に人気のあった〝今太閤〟である。仮に新党を旗揚げしていたら……。

経営なき国家に警鐘

松下幸之助が政治に抱いた最大の不満は、「国家を経営する視点が欠けている」ことだった。組織の長たる首相が決断を避けて、責任を取らない。しかも、政府予算は単年度主義で、決めた金額を使い切ることだけを考え、節約する発想がない。

無一文から出発し、徹底的にムダを排して〝松下王国〟を築き上げた松下には、到底受け入れられない、異質の世界に映ったはずだ。

日給の四十日分の退職金に貯えを加えても、二十二歳の若者が集められる資金はたかがしれ

松下幸之助

●年表

1894　和歌山市で生まれる。幼少時に父親が米相場で失敗
1904　小学校４年で学業を断念。大阪の火鉢店で丁稚奉公に
1917　大阪電灯を退職、独立
1930　ラジオの生産・販売を始める
1933　製品別独立採算の事業部制を導入
1935　株式会社に改組。松下電器産業発足、社長に
1946　財閥指定を受け、会社解体の危機に直面したが、50年の朝鮮特需で息を吹き返す
1952　オランダのフィリップス社と提携
1959　アメリカ松下電器設立
1961　松下電器社長から会長に。ＰＨＰ活動を再開
1964　不況乗り切りのため営業本部長代行として陣頭指揮
1973　会長から相談役に退く
1976　『新国土創成論』を発刊
1978　松下政経塾設立を発表。79年に理事長兼塾長に就任。80年開塾
1987　勲一等旭日桐花大綬章を受章
1989　４月、94歳で死去

ていた。理想に燃えて会社を飛び出したものの、注文は来ない。一緒に独立した仲間は去って行った。その日暮らしで、銭湯に通う小銭にさえ困るという、ぎりぎりの生活を松下は経験している。

終戦の翌日、松下は幹部を集めて生産再開を宣言、十月にはラジオなどの本格生産に入った。だが、深刻なデフレで赤字が三年間続き、一九四八年（昭和二十三年）秋には資本金が五千万円弱にもかかわらず、十億円もの負債を抱えた。給与の支払いさえ滞り、倒産寸前に追い込まれた。松下の名前が「物品税の滞納王」として、派手に報道されたこともある。

七三年（昭和四十八年）、相談役に退いて半年もたたないうちに石油ショックに襲われる。「このままではいかん。日本のために何かできないか」という思いに駆られた松下の関心が、国の借金である国債の発行増や財政赤字に向かったのは、企業人としての彼の足跡を考えれば当然だったかもしれない。

松下は七八年、国家財政立て直しのための「無税国家論」を提唱した。予算の数パーセントを毎年積み立てれば、二十一世紀には金利収入だけで国家予算がまかなえて税金を納めなくても済む、というアイデアだ。官僚や政治家には完全に無視された。だが、提案の底に流れる「国家運営に民間の知恵を」という発想は、今や常識である。

リーダー不足と財政赤字に対する危機感。今、振り返ってみると、松下が二十年以上前に抱いた不安は、日本のアキレスけんを見事に言い当てていた。

松田恒次（まつだ・つねじ）

「ロータリーのマツダ」を生む

ロータリーエンジンの開発に、東洋工業（現マツダ）の松田恒次は会社の浮沈をかけた。乗用車で後発のハンディを新型エンジンで一気に取り戻し、世界に雄飛する大勝負に出たのである。没後のつまずきで、その功績は忘れられがちだが、いまだに「ロータリーのマツダ」を生んだ開発力は高く評価されている。物まねでない自前の技術に挑んだ、戦後のベンチャー経営を代表する人物の一人だろう。

一九六〇年（昭和三十五年）秋。ロータリーエンジンの技術導入交渉で西独に向かう松田恒次は、かばんに西独首相アデナウアーにあてた元首相吉田茂の親書をしのばせていた。住友銀行頭取の堀田庄三が吉田に依頼し、出発前の恒次に手渡した。日本商工会議所会頭、通産相などを務めた日独協会会長、高橋竜太郎の親書も添えられている。

世界の自動車メーカー百社以上が交渉に殺到するなか、東洋工業は日本の自動車会社として唯一ライセンスの獲得に成功する。こうした様々な人脈に助けられた面もあったのだろう。

西独のバンケルが発明、NSU社が開発したロータリーエンジン。従来のエンジンがピストンの往復で燃料を吸入、点火、爆発、排気するのに対し、まゆ型の気筒の中で、三角形のおむすび型ローターが回ってガソリンを爆発させる。往復運動を回転運動に変える余分な機構がないため、部品は少なく軽い。効率的で振動も小さい、夢のエンジンとして注目されていた。

ただ、乗用車向けに実用化できるかどうかはわからない。事実上ゼロからの出発である。東洋工業社内のだれもが内心は反対だった。同社は戦後、小型トラックや三輪車で地歩を固めた後、恒次が訪独する半年前に発売した一台三十万円の軽乗用車「クーペ」がヒット。乗用車への足掛かりを得たばかりとはいえ、従来のレシプロエンジンで利益をあげていたからだ。

恒次が新型エンジンに執念を燃やす理由を明確にしたのが、提携後、部品メーカー首脳約四十人を招いた懇親会である。宮島の対岸、東洋工業の迎賓館。浴衣姿でいよいよ宴会というとき、あいさつにたった。

「通産省は機械工業振興臨時措置法制定以来、日本の自動車メーカーを三社程度に集約して、貿易、資本の自由化に備えようとしている。当社が通産省に抵抗して独立して生き残るため、なんとしてもロータリーエンジンをモノにしたい。お手伝いをお願いする」

悲壮感漂う協力要請であった。参加者も「よくわかった」と応じたという。

彼は広島・宇品の港から、専用船でロータリーエンジン車が世界に輸出されていくことも夢見た。この車で国内で生き残り、世界へ打って出る――。この姿を見て「日本の自動車王、日本のフォードを目指す男」と評されたこともある。

が、開発は容易ではなかった。ローターが回転すると、摩耗でシールに洗濯板のような傷ができるなど難問が続出。開発から二年後、ギアが飛ぶといった事態に直面したこともある。

RE（ロータリーエンジン）研究部の部員は約五十人。「四十七士」を自称した部長の山本健一（後の社長）が〝切腹〟覚悟で「見込みがないと思います」と話したときである。「ローターのとめ方はほかにないのか」。悲しそうに聞いていた恒次だったが、解決法を次々とぶつけてきた。

育ての親である母方の祖父、父重次郎ともに機械技術者。恒次も尋常高等小学校時代から父の工場でふいごを吹き、モノづくりや技術は大好きときている。山本らも引っ込みがつかず、そして開発続行。そんな繰り返しだった。

恒次は研究資金を得るため新しいエンジンの模型を携え、堀田や日本興業銀行頭取中山素平、野村証券社長瀬川美能留らを訪問、頭を下げたこともあった。

六三年（昭和三十八年）、ついにロータリーエンジンを積んだ試作スポーツカーを完成。恒次はこれに乗って東京モーターショーに乗り込む。そして帰途、各地の販売店を訪れ、こうあいさつをした。

「東洋工業がどこかに吸収されるといううわさは全くのデマです。ただ、ロータリーエンジン車の開発にはおカネがかかりますので、車を売ってください」

恒次は、自動車業界では破天荒なことも試みた。このころ、NSU社が一ローターのロータリーエンジンを販売したのに対し、東洋工業は初の二ローターを計画。発売を前に「万全を期すため、社内の試験だけではなく、全国の販売店に委託して事前にチェックしてもらおう」というのだ。

新車と言えば、秘中の秘。それを大量に社外に委託して試験するという。「我々が失敗すれば、世界のロータリーファミリーに打撃を与える。機密保持を問題にするときではない」と社内の反対を押し切った。

六年の開発期間を経て六七年五月に製品化した新型エンジン車は一躍ヒット商品に。スポーツカー「コスモ」を皮切りに、普通車の「ファミリア」「ルーチェ」「カペラ」にも搭載。六七年には月産三十二台だったが、七〇年に七千台を超え、月産一万台にまで生産設備を増強した。欧米諸国への輸出も五十六カ国、年間五千六百四十台に及んだ。恒次の夢が着々と実現に向けて歩み始めたのだ。

自社開発した熱反応器（サーマルリアクター）の成果もあって、ロータリーエンジン車は米マスキー法に適合する「低公害車」としても注目された。ゼネラル・モーターズ（GM）をはじめ、世界のメーカーも研究に力を入れ始めた。

1970年、第17回東京モーターショー。ロータリーエンジン時代を開く

東洋工業は一躍人気企業となった。大学生の就職希望調査でも常に上位を占め、恒次は七〇年一月の創業五十周年記念式典で「七〇年代はロータリーエンジンの時代」と胸を張った。

だが、その矢先、帰らぬ人となる。それと歩調を合わせるように、同社が立つ舞台は暗転するのである。三年後、石油危機に見舞われたのだ。「ロータリーは燃費効率が悪い」との米環境保護庁のらく印は、経営の根幹を揺さぶった。

撤退観測が出たこともある。だが、九九年の東京モーターショーにも、新ロータリーエンジン搭載のコンセプトカーが出品された。マツダの技術開発力に魅力を感じて傘下に入れたフォードにとっても、貴重な遺産なのかもしれない。

ロータリーで世界へ――。形こそ違っていても、恒次の夢と情熱が、今もマツダの生き残りを保障しているとは言えまいか。

外資との提携〝苦渋の選択〟

東洋工業と米フォードの提携話は、恒次が病気療養を続けていた晩年に始まった。恒次は元々外資嫌い。「外資と組めば、日本人はみじめな使われ方をする」「西独オペルの創業者はGMに持ち株を売り払って栄耀栄華を極めたが、私はそんなことはできない」などと語った。しかし、三菱重工業とクライスラー、いすゞとGMの提携が固まるなかで、恒次は残る米ビッグ3の一角フォードとの提携話を進めることを決断した。

フォードとの交渉は長男で副社長の耕平が当たった。フォードは「最低二五％の出資」を主張。これに対し恒次は、当初一〇％の意向を伝え、その後二〇％までならと譲歩した。だが、それ以上は頑として受け付けなかったという。耕平によると、二〇％なら安定株主も含め松田家で主導権を握ることができるが、二五％だと下請けに甘んじざるを得ないと感じていた。

交渉が難航する最中に恒次は世を去ったが、外資嫌いからなぜ変身したのか。耕平は「小型車を世界へ売り込むには、フォードの力を利用したいというこちらの欲もあった」と語る。また、広島・宇品に新工場を建設し、さらに安全、公害対策など、その後も巨額の設備投資が必要になる。フォードと組むのもやむなしとの判断になった。

結局フォードとの資本提携は、恒次の死後九年を経た七九年。持ち株比率二五％で、当時代表権のない会長になっていた耕平はまもなく会社を去り、松田家とマツダの関係は切れた。そして九六年、フォードの出資比率は三三・四％まで引き上げられ、フォードから社長を迎え

●年表

1895　11月24日大阪市天満橋筋で父重次郎、母千代の長男に生まれる
1915　大阪市立工業学校機械科卒。陸軍宇治火薬製造所に就職。まもなく退職し父のポンプ工場を手伝う
1918　結核性関節炎で左足切断
1919　弟の宗彌と父の工場の製品など販売する会社設立。その後電気医療機器メーカーを友人と設立
1927　父が20年広島に設立した東洋コルク工業が東洋工業に社名変更。入社
1931　広島県府中町の現本社に工場。設計、工事監督を務め、父を説得して３輪トラック専用の生産設備導入
1945　原爆で宗彌死去
1947　世襲批判の声に嫌気し退社。松田精密工作所設立しボールペンのボールなど生産
1950　父の要請で東洋工業に再入社、取締役。２カ月後、専務
1951　社長就任
1958　小型４輪トラックに本格進出
1960　軽乗用車販売。ＲＥ技術提携交渉をかねて欧米歴訪
1962　広島カープ球団社長
1966　病室や自宅で療養しながら経営指揮始まる。週１度出社
1967　世界初の２ローターＲＥ車発売。広島東洋カープ球団社長
1970　米フォードと提携交渉本格化。11月15日死去、74歳

る。

　広島市と広島県府中町にまたがる小高い丘に松田家の墓所があり、松田家、重次郎、恒次、弟の宗彌の四つの墓が並んでいる。マツダの経営陣は、眼下に同社の本社、宇品工場を見下ろすこの場所を、重次郎、恒次の命日とお盆の年三回、墓参に訪れる。フォード出身の最初の社長ウオーレスが始めたこの習慣を、後継のミラー、フィールズも引き継ぐ。

　恒次は草葉の陰で、どんな気持ちで迎えているのだろう。

松永安左エ門

（まつなが・やすざえもん）

統制を廃し、孤高の民営路線

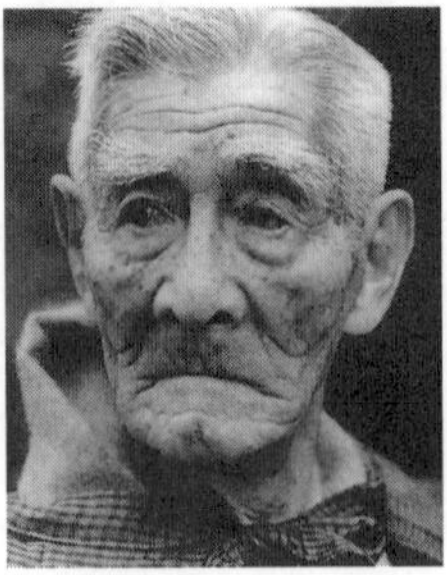

石炭ブローカーからのし上がり、電力王といわれた松永安左エ門は、国家統制に反対して隠居。しかし戦後、不死鳥のようによみがえる。日本の再建のため、孤立を恐れず経済合理思想を貫き、国営電力会社を分割、民営による九電力体制を築き上げた。独立自尊、骨の髄まで自由主義者の豪胆な人生は、天寿を全うするまで「国造り」の使命感に燃え続けた。

茶人でもあった松永安左エ門の号「耳庵《じあん》」は、論語の「六十にして耳順」からとった。人の言葉をすなおに聞けるという意味だが、もし相手に理がなければ、猛然「耳逆らう」のが、いかにも耳庵流なのだ。

松永が、精魂を傾けた東邦電力の経営から実質的に引いたのは一九四一年（昭和十六年）。六十五歳だった。抵抗むなしく、すでに国が発電と送電を一元的に統制管理する日本発送電（日発）が誕生し、さらに勅令による配電統制令で九配電の国家管理が強行され、自由企業は息の根を止められたからである。

茶道三昧の日々、胸中には祖国の未来を憂い、軍人官僚の独善的支配体制に対する憤りがあった。前年の電気供給事業者大会で、第二次国管計画に対して「民有国営の欠点は、事業の生命たる創意の精力を欠き、迅速果敢に仕事を取り運ぶことができない点にある」と歴史的な反対演説をぶっている。

耳庵は敗戦を前向きに受け取った。雑誌『東洋経済新報』に論文を発表し、自由経済体制による日本の復興を説き、さらにその目はアジアの開発を展望する壮大なビジョンを展開。それを実行するのである。

戦後、日発は経営危機にあえぎ、過度経済力集中排除法によるＧＨＱ（連合国軍総司令部）の解体要求にさらされた。電力再建は急務であった。政府は四九年（昭和二十四年）電気事業再編成審議会を設け、委員就任を七十三歳の松永に要請した。会長に互選された彼は九配電のエースたち、木川田一隆、芦原義重、横山通夫らを参謀に、全国を九ブロックに分ける周到な九電力案をもって臨む。

審議会は幕開けから波乱含みだった。委員の三鬼隆（日本製鉄社長）が年長の彼を「松永君」と呼び「あなたはちょうど私の先輩の平生釟三郎翁のようだ」と言ったところ、松永は柔和な態度を突然変えた。

「あんなものとは違うぞ！。やはりあいつは役人で、ふらりと大臣になったが、オレは役人なぞ大嫌いだ。オレを平生と同じように思うと間違うぞ」

審議会の定石である事務局主導にもかみついた。「財界出の委員にも悪態をいうし、役所にもどなり散らしたので総スカンを食ってしまった」（木川田）

「独善横暴」。信念の男はやり過ぎた。松永案は孤立。さらにGHQが机上の空論の十ブロック案を押しつけた。松永は占領軍の威光を恐れず抵抗する。さすがに全員がGHQ案を拒否した。いよいよ答申案決定の日、ねばる松永がついに三鬼の「九分割会社に日発の発電能力の四二%をもつ電力融通会社を新設する」案を飲み、「その代わり松永案をこのまま少数意見として添付してもらえば結構である」と折れた。

しかし三鬼案は、当時の『日本経済新聞』が指摘したように「端的にいえば現在の日本発送電会社の生まれ変わりに過ぎない」。GHQに一蹴され、窮した政府は結局、松永案を採用する。

責任をとって辞任した稲垣平太郎通産相のポストを兼任した蔵相の池田勇人に電力はわからなかったが、公邸を訪れ大きな全国地図を示しながら説明する松永の熱意に心打たれた。ついにGHQも了承、ポツダム政令によって日発の九分割と九配電の合併による、いわゆる九電力体制が誕生した。松永は勝った。

再編成の実行機関として公益事業委員会が設置された。委員長の選定をめぐり、首相の吉田茂は松永を忌避した。そもそも再編成にあたって、吉田に松永を推薦したのは池田成彬である。彼は松永の実力を評価したが、その野生、ことに天衣無縫の「遊び」ぶりを嫌った。「再編成がすんだら、すぐご用済みにすることですな」と言ったらしい。松永は委員長代理に推された。

委員の一人、日本興業銀行総裁、河上弘一の部下だった中山素平は回顧する。「松永さんは、ちょっと僕らが寄りつけない超大物。感心したのは、旅館に訪ねると、ドテラを着て一生懸命、新聞に赤い線を引いている。晩年まで勉強し、新しい知識を得ておられた」

委員会イコール松永だった。電気代七割アップは電力業界再生の条件だったが、世論は「電力の鬼松永を退治せよ」と攻撃した。国造りの熱意はまたしても曲解された。逆にGHQが彼をなだめ、二段階方式で値上げを実現。電力業界は活性化し、日本経済は高度成長の条件を整えた。悪罵《あくば》にくじけぬ松永の先見性と実行力が、高く評価されるゆえんである。

プラス思考、自由独立貫く

松永安左ェ門は一八七五年（明治八年）十二月一日、壱岐の島の旧家の長男に生まれた。生家は呉服雑貨、酒造、網元、船舶運送、貸金業などを商う大地主であった。

十三歳で上京、福沢諭吉の慶応義塾に入った。三年後、父の死で帰郷し家業を継ぐ。十九歳のとき、学生に戻る。この後の経験が松永の自由独立の気概を育てた。

「福沢先生独自のご指導を受けているのはよかったが、学校生活というものが、だんだん詰まらぬものとなってきた」。株に手を出したりしているとき、諭吉の女婿で先輩の福沢桃介と知り合う。

希代の才子、桃介と安左ェ門は、妙に馬が合い生涯の友となる。神戸にブローカー業の福松商会をつくり石炭で成功する。談合破りなど荒っぽいこともしてのし上がるが、やがてスッテンテンに。

数えで三十三歳。普通なら意気消沈するところ。松永は「人生わずか五十年。その五十年までには、まだ十七年もある」。「しかない」とは思わぬプラス思考でゆっくり休養して自分を見つめ直す。

福岡市が市街電車建設に乗り出すよう求めたのが電力とかかわるきっかけ。桃介を社長に、自分は専務として福博電気軌道を実質的に経営した。この会社が合併を重ね、やがて東邦電力に成長する。

松永安左ェ門

●年表

1875　12月1日、長崎県壱岐郡に誕生
1889　慶応義塾に入学
1893　父死去、3代目安左エ門を継ぐ
1895　慶応再入学、福沢諭吉に傾倒
1898　福沢桃介の利根川水力電気計画を手伝う
1899　日銀入行（翌年辞職）、慶応退学
1901　桃介家の食客、福松商会創設
1904　石炭取引活況。竹岡一子と結婚
1907　株式大暴落、自宅全焼。住吉の呉田の浜にひっそく
1908　コークス商いで再生
1909　福博電気軌道専務
1910　箕面有馬電軌の贈賄容疑で小林一三とともに召喚される
1911　九州電気常務。博多電灯軌道専務
1912　九州電灯鉄道常務
1917　福岡市選出衆議院議員当選
1920　総選挙落選
1921　関西電気副社長
1922　関西電気、九州電灯鉄道を合併、商号を東邦電力と変更
1928　東邦電力社長
1934　茶道に打ち込む
1937　「官吏は人間のクズ」発言
1938　電力管理法
1942　東邦電力解散
1949　電気事業再編成審議会委員、互選で会長に
1950　ポツダム政令で電力再編成令交付。公益事業委員会委員長代理
1951　9電力会社発足。料金改定
1952　公益委廃止
1953　電力中央研究所理事長
1955　電力設備近代化調査委員会設立
1956　産業計画会議を組織
1966　トインビー『歴史の研究』日本語版刊行開始
1971　6月16日、95歳で死去。遺志により葬儀なし、法号もなし。叙勲辞退

統制経済に向かう潮流に抗していた時代「官吏は人間のクズである」と激情をほとばしらせたこともある。結局、国家管理にくみせず六十五歳で隠居したが、戦後、電力再編成で大活躍した。

その後も電力中央研究所や産業計画会議を主導。トインビーの大著『歴史の研究』の翻訳出版を実現し、スケールの違う晩年を全うして九十五歳で没した。木川田一隆の傍らで松永をみていた平岩外四は「一企業のゼニ勘定よりも、国や産業のあり方はどうあるべきかを常に念頭においていた人だ」と評している。

御木本幸吉（みきもと・こうきち）

養殖を事業化した「真珠王」

ミキモトといえば真珠、真珠といえばミキモト——海外にまでこう思い込ませたところに御木本幸吉の偉さはある。「養殖真珠の発明」という栄誉の独占は、ほかの研究者の功績をあいまいにしたが、日本の真珠を世界に広めた功績はだれもが認める。自他ともに許した「真珠王」の称号。世界に伝説を広めた人物、幸吉に一目会おうと、占領軍も戦後、真珠湾の異名を持つ志摩の英虞湾に押し寄せた。

御木本幸吉の世界初の養殖真円真珠が、天然真珠の二割五分引きの価格でロンドン市場に出されたのは一九一九年（大正八年）のこと。この養殖真珠が世界の宝石界の大問題となる。

二年後、五月のロンドン。夕刊スター紙が「日本人商人が養殖真珠を天然真珠として発売した。それは驚くべき精巧な品物で、切断してみなければ見分けがつかない。これは明らかに詐欺行為である」と大々的にあおった。これで猛烈な排斥キャンペーンが始まり、世界の真珠市場を支配するパリにも飛び火した。

アコヤ貝にくっついた形の半円養殖真珠の輸出はそれまで問題にならなかったが、真円となると話は別。模造真珠として輸出を阻もうとする宝石商に対し、御木本はフランス国務省と民事裁判所に不当を提訴し「真珠裁判」で争った。

だが、著名な動物学者であるスタンフォード大総長のD・ジョルダンが「光沢はいかなる人工をもってしても模造しえないもので、当然同じ価値を有する」と援護するなど、かえって「養殖真珠は本物の真珠」という評価を獲得、「ミキモト」の名を欧米に知らしめる結果となった。

二四年（大正十三年）には「養殖はその記載に及ばず」という判決を得たが、御木本はあえて養殖のレッテルにこだわった。この裁判の黒幕といわれたのがロシア系ユダヤ人の真珠王、レナード・ローゼンタールだ。ペルシャ湾を中心とする天然真珠で紛れもない世界の真珠取引業のトップであったが、もう一人、東洋から養殖の真珠王が現れるとは思いもしなかったことだろう。

話は少しさかのぼる。一九〇五年（明治三十八年）一月、英虞湾に発生した赤潮で八十五万個の養殖貝が死滅した。残ったのは十五万個。途方に暮れた御木本が死貝の中に五個の真円真珠を発見した喜びは想像を絶する。半円真珠の〝発明〞から十年たっていた。

共に夢見た最愛の妻うめを亡くしたが、全財産をつぎ込んだ真円真珠に目鼻がついた御木本は、この年の十一月、日露戦争勝利の奉告のため伊勢神宮に赴いた明治天皇に、宇治山田の行在所で拝謁した。丸に珠の字の紋をつけた木綿の紋付きに山高帽という独特のいでたちで、五分の予定を十七分もしゃべり続けたという。

「わたしゃ、真円真珠を必ず完成させて〝世界中の女の首を真珠でしめてごらんにいれます〞と申し上げたら、うしろにおった知事にひっぱり出されてね」

親しくした首相、桂太郎に「御木本からホラを取ってしまえば何にも残らないじゃないか」と言われている。だが、その後の御木本の足跡には世界に冠たる真珠王の一代記が刻まれ、夢は現実のものとなった。

御木本は鳥羽で代々続く阿波幸といううどん屋の長男に生まれた。若いころから商人としての性根がすわっていた。十七歳のとき、英国の測量艦が鳥羽に入港した。鳥羽商人は売り込みのため小舟に乗って集まったが、水兵に相手にされなかった。幸吉も卵二百個を仕入れ「エグス、エグス」と叫んだが返答がない。

やにわに狭い小舟の上であおむけになって足でおけを回した。足芸のおかげでシルバー号の出入り商人となる。これが御木本の「外貨獲得」の始まりである。

商売のためなら時に応じてどんな演出でもしてみせた。二六年（大正十五年）、十カ月かけて欧米を視察した。出帆三日目に「ハツタビニ　ポテトトウスト　ナミノウエ」と〝サラダ記念日〟のような電報を打っている。御木本のはしゃぎようが伝わる。旅の最大の目的が発明王トマス・エジソンと会うことだった。

エジソン八十歳、御木本六十九歳。徳川夢声の「問答有用」というインタビューの中で「真珠をあなた一人にお目にかけた。こんなところまで全部種明かししたのは、あんた一人だ、というたらエジソン喜んだなあ。そういううまいところがある。わしゃあ」。エジソンをすっかり感激させ涙まで流させている。

雲をつかむような真珠養殖に取りつかれた御木本を「とうとう頭にきたらしい。大山師だ」と漁民は後ろ指をさしたが、「おれは大海師」だとうそぶく。世界の発明王に会っても大海師ぶりは変わらなかった。

十万個の真珠貝から百個の真珠が生まれるのが天然の姿。その天からの授かり物の真珠を、偶然から必然の産物へと変えた御木本の不屈の精神は、戦後間もない小学校の教科書にも載っている。だが、真珠の発明王という称号は、ちょっと違う。多くの学者や研究者の力を得て真珠の特許を得ることができた。その独占力で海外に販路を拡張した。真珠養殖を産業として立ち上げた事業家としての腕力こそ、称賛すべきであろう。

八月十五日の終戦の詔勅を聞き終わると「さあ、できるぞ」と直ちに真珠貝の核入れ作業に入った。連合国軍による真珠の一般販売活動禁止令のため、米軍だけが東京から特別列車を仕立てて鳥羽

御木本幸吉

1932年、不合格真珠を焼いて、品質維持管理を訴える御木本(中央の人物)

に向かい、買いあさった。当時「パール・トレイン」と呼ばれ、将軍で訪れなかったのはマッカーサーだけといわれた。

四九年（昭和二十四年）、全面的に自由貿易が回復、戦前以上の活気で真珠も〝民主化〟した。御木本は真珠王国にやって来るこれはという人物に惜しげもなく真珠を進呈する。一文の広告料も払わずとも、押し寄せて来た人たちが自分の国へ帰ると宣伝してくれた。つえをつき山高帽でにこやかに迎えた御木本が、まさに動く広告塔として世界の人々に愛されたのだ。

晩年も行幸啓が相次いだ。皇族に不思議と人気があり、また、皇室にこれほどあつくもてなされた人物もかつてなかった。

衰えない商魂で「当たりくじ一万本のネックレスの富くじをやりたい」と真珠くじをぶち上げた。「わしの育てた真珠で日本の信用をもう一度元に戻してやる。真珠があれば日本の賠償の心配は要らない」

「おれは大海師だ」。床の間にほら貝を置き、ナポリで買った地球儀を回しながら、〝パールキング〟は九十六歳でこの世を去るまで叫び続けたのである。

信用を高めた良品の〝火葬〟

満州事変のころから不況が深刻化し、小資本の家内工業的な零細業者が続出したこともあって、養殖真珠は急激に粗悪品が出回るようになった。海外からは「日本の真珠は宝石店ではなくおもちゃ同様、雑貨店で扱う品物」との非難が集中する。

御木本は当時、設立後間もない日本真珠水産組合長に就任したばかり。真珠の全体的な品質低下に対する憂慮は深かった。そこで、品質維持管理の姿勢を示すため、一計を案じる。

一九三二年（昭和七年）十月十日、神戸商工会議所の前で、三十六貫（百三十五キロ）もの不合格真珠を、スコップでストーブに投げ込んだ。焼き窯を据えて石炭が勢いよく燃える炎の中に惜しげもなくどんどん投げ入れる。時価四万八千円の真珠は瞬く間に灰と化した。

「恐らく世界一の景色ですよ。どうも最近悪い真珠を輸出する奴が出て、本当のいい真珠がさっぱり声価を下げているので、やむを得ず外国人も見られる前でこうやって焼くわけです」

外国人の多い神戸での芝居っ気たっぷりの演出は、御木本の得意とするところ。宣伝のうまさはだれもまねができなかった。この〝真珠の火葬〟は、すぐ海外に伝わり、日本の養殖真珠の声価と信用を高める最高のＰＲになった。

御木本は真珠販売で厳選主義を貫いた。市場に出すのは採取量の五分の一に抑え、値段も三万円以上のものを精選。割引なしも特徴だった。

戦争の暗い影が近づく一方で、三六年（昭和十一年）には、御木本は鳥羽の真珠島で真珠貝

●年表

1858　1月25日、志摩国（現三重県）鳥羽大里町に、父音吉、母もとの長男として生まれる
1875　足芸を披露して英国軍艦シルバー号に鶏卵、青物を売り込む
1878　20歳、東京・横浜へ視察旅行
1881　鳥羽藩士の娘うめと結婚
1888　大日本水産会幹事長・柳楢悦に面会、神明浦で真珠貝の培養試す
1890　柳の紹介で箕作佳吉博士に面接、真珠養殖の指導を受ける
1893　相島（真珠島）で半円真珠完成
1899　東京銀座裏に御木本真珠店開店
1905　赤潮被害の中で真円真珠5個発見。明治天皇に拝謁する
1908　真円真珠特許権を受ける
1919　養殖真円真珠ロンドン市場へ
1924　パリ真珠裁判決着
1927　欧米視察中、エジソンと会見
1932　神戸で真珠粗悪品を焼く
1951　有限会社御木本真珠ケ島（現ミキモト真珠島）創立
1954　9月21日、死去、享年96

の供養祭を盛大に挙行、狭い島を人であふれさせた。それまで一億五千万個の真珠貝を殺したという御木本は、百五十万個の真珠貝を積んで供養し、鳥羽港外に〝水葬〟した。これをまた新聞が書き立て、格好の宣伝材料となった。当時、七十八歳。人々は改めてその健在ぶりに目を見張ったのである。

武藤山治

（むとう・さんじ）

温情経営で「鐘紡王国」

鐘紡の事実上の創業者、武藤山治は「温情主義」の経営で知られる。女子工員らの悲惨な労働環境を改善し、鐘紡をわが国有数の大企業に育てあげた。しかし、武藤を「日本的経営の祖」とだけとらえるのは皮相な見方に過ぎる。日本の近代資本主義を守るため、独立自尊の経営を求めてやまなかったのだ。とりわけ政商を憎み、政官財の癒着を攻撃。自身の命をかけて、論争を仕掛けた。

一九三四年（昭和九年）三月九日、神奈川県の北鎌倉。朝の空気をつんざいて八発の銃声が鳴り響いた。時事新報社に出社するため北鎌倉駅に向かう武藤山治が暴漢に襲われた瞬間だ。武藤をかばった書生が凶弾二発を受けて死亡。武藤は五発を浴び、倒れた。犯人もその場でこめかみに一発打ち込み、自殺。犯行に及んだ動機ははっきりしない。翌十日、武藤も鎌倉の病院で息を引き取った。

経済恐慌で、テロのあらしが吹き荒れていた時代。周囲は護衛の強化を進言した。武藤は「自分は正義のために戦っている。それで殺されれば本望だ」と聞き入れなかったという。

「仮にあの時、撃たれていなくても、社会正義を守ろうとする山治の信条や性格からいって敵はできる。その後の日本の歩みをみれば、いずれかの勢力に攻撃されただろう」。武藤の孫、ダイワボウ社長の武藤治太は、こう指摘する。

武藤の強い信条は、慶応義塾での福沢諭吉の薫陶により育まれた。師の福沢から独立自尊、実業重視を学び、実践した。その性格は「自分でも性急の点は祖父に似た」（『私の身の上話』）と言っている。そして父からは「物事を慎重に考へに考へ、どこまでも研究に研究する性質」を受け継いだ。

そんな武藤だけに、日本の資本主義の発展を阻むものに我慢がならず、性急、かつ執ように攻撃したのだろう。彼の生涯を振り返った時に浮かび上がってくる三つの論争が、それを雄弁に物語っている。

最初は鐘紡時代の二〇年（大正九年）秋、社会主義の経済学者、河上肇を相手にした時だ。当時は第一次大戦後の不況下。社会主義運動が盛り上がり、武藤の危機感は強かった。

河上は自分の雑誌『社会問題研究』に、おおむね次のように書いた。「武藤氏は温情主義が日本独特の国宝と言っているが、不況になると操業を短縮、賃下げをする。(英国の空想的社会主義者である)オーエンは自分の工場を止めても、賃金は削らなかった」

武藤の反論はこうだ。「オーエンは慈善家で最後は一文無しで世を終わる。自分は株式会社の〝番頭〟であって、わが社を破産させるわけにいかない」

武藤を鐘紡に送り込んだのは、福沢門下の先輩、中上川彦次郎だ。三井銀行の立て直しに取り組む中上川は、新提案を出しては古い幹部とぶつかる武藤を、新しい産業で活躍させようと考えた。再建に取り組む鐘紡の現社長、帆足隆も「武藤の哲学だった『旧慣打破』を実践したい」という。

武藤は得意の英語力で欧米の経営書をむさぼり読み、経営に新しい方式を貪欲に取り入れた。新聞広告の利用、外資導入、同業者の合併、作業の標準化……。共済組合など、従業員の福利厚生や労働条件を改善したのもその一環だった。

当時、女子工員らが悲惨な境遇に置かれていたことは、細井和喜蔵の『女工哀史』に詳しい。その細井も鐘紡の取り組みを評価している。しかし「それに甘んじている同社の友達は、もし武藤御大が死んだら、後を追うて殉死でもすればよく似合う」とも書いた。

社会主義者からみれば、温情主義はまやかしで、労働者を解放しない。武藤からすれば、温情主義は社会主義から資本主義を守り、発展させるものだ。議論の源はここにある。

次に挑んだのは井上準之助だった。日銀総裁の井上が、財界団体として発足した大日本経済連盟会に常務理事で参加した点を攻撃した。武藤は資本主義を堕落、崩壊させるとして、政官財の癒着を憎んだのだ。

二二年（大正十一年）八月十八日付の『朝日新聞』に、井上を弾劾した武藤の長文が載っている。第一に、実業家が機会あるごとに政府の保護救済を得ようとしているわが国で、こうした団体は国民の利益にならない。第二に、中央銀行総裁という官吏が参加していることは許されないとした。

「鐘紡王国」を築き上げた自信が発言にあふれている。だが、のれんに腕押し。そこで自ら政治団体「実業同志会」を設立し、二四年（大正十三年）の総選挙で当選、政界入りした。井上が浜口雄幸内閣の蔵相になると、武藤は井上が進める「金解禁」を「不況の火に油を注ぐ」と反対、議会で論戦を仕掛けている。

大阪の弁護士で九十二歳の白井正実は代議士の武藤と知り合い、時事新報時代には秘書を務めた。武藤の演説の迫力を思い出す。

「初めは原稿を読んでいるが、次第に激してきて読まなくなってしまう。透き通った声で『諸君、この問題を、どうすべきか』と、言葉を区切りながら話す。論じながら机をたたく。こぶしでなく手刀なので、パーンという鋭い音が会場に鳴り響くんです」

その後、政界を引退した武藤に、福沢が創刊した時事新報の再建依頼が舞い込んだ。武藤のいう「政商」に向けた最後の戦いが始まった。三四年（昭和九年）一月、時事新報は社告で「番町会を暴く」と宣言、告発記事を連載したのだ。

衆議院で井上蔵相に対して質問する武藤（手前、1930年）

番町会には新興の財界人が参加していた。公的資金でテコ入れした台湾銀行の担保物件である帝人株は国民の財産。にもかかわらず、番町会は政官界に働きかけ不正に入手した、というのが武藤の主張だった。

世情は騒然とし、多数の政財界人や大蔵省高官が起訴される疑獄、帝人事件に発展する。判決は「犯罪とすべき事実なし」として全員無罪。火付け役の武藤は連載開始二カ月後に死亡、既にこの世にいなかった。

福沢を崇拝する武藤は、独立自尊を忘れ政官にすり寄る財界の姿勢を許せなかったのだ。武藤亡き後、財界内に政商批判の声はなく、日本資本主義は自浄力なきまま軍部の台頭を許し、戦争へと突き進む。武藤は「憤激性なき国民は亡ぶ」という言葉を好んだ。まさに武藤を失った日本だった。

そして現代。公的資金で資本注入した銀行、債務免除を受けた建設会社、競争力強化を名目に様々な政策支援を期待する財界……。相変わらずの日本資本主義の姿に、武藤は怒りの演説をどう結ぶのだろう。

愛妻家、目下にも優しく

ＪＲ山陽本線の神戸市・朝霧駅近くの高台に、武藤の旧宅が保存されている。明石海峡大橋の建設に伴い、舞子の海岸から移された。議事堂を手掛けた大熊喜邦が設計、竹中工務店の施

●年表

1867　3月1日、現愛知県弥富町の母の実家で生まれる
1884　慶応義塾卒
1885　渡米、サンノゼで苦学
1887　帰国、新聞広告取扱所を開業。英字新聞社入社。後藤象二郎秘書として大同団結運動
1888　ドイツ系貿易会社に入社
1893　三井銀行入社
1894　鐘淵紡績（鐘紡）入社
1896　兵庫工場操業開始
1899　鐘紡支配人に就任
1906　鈴木久五郎の鐘紡株買い占め事件。鐘紡退職
1908　鐘紡復帰、専務に
1919　ワシントンの第1回国際労働会議に雇主側代表として出席
1921　社長に就任
1923　実業同志会（後に国民同志会）設立、会長に
1924　衆院選で当選（大阪市南区）
1930　鐘紡社長辞任、相談役に
1932　政界引退。時事新報社相談役に
1933　国民会館設立、会長に就任
1934　狙撃。数え年68歳で死去

工で一九〇七年(明治四十年)に完成したゴシック風の木造洋館だ。阪神大震災も含めて九十年の風雪に耐え抜いてきた。

この家から鐘紡の兵庫工場に通った武藤は、女性や弱者に優しいヒューマニストだった。お手伝いさんを「下女」「女中」などと呼ぶのが普通だった時代に、武藤は「家にいれば家族と同じ」と、「さん」付けで名前を呼んだ。

後年、武藤の秘書を務めた白井正美は「ご夫婦仲はかなり良かった」と、こんな話を披露する。妻の千世子が病気で伏せっていた時、武藤は自分で食堂から病床に膳を運び、「チセ、チセ、おいしいよ」と食べさせる。若いお手伝いさんが「私もあんな旦那様を持ちたいわ」とうらやましがったそうだ。

白井が書生だった時も「白井君、今日はご苦労様」と軽く、それでも丁寧に頭を下げ、感激させている。何か質問を受けて答えると、「あー、そう思うか。よく勉強しているな」と褒めてくれる。

孫の治太は「山治は子供にも優しかったが、公私のけじめには厳しく、息子を鐘紡に入れる気はさらさらなかったし、親しい三井系の企業に就職を頼むのも潔しとしなかった」と強調する。

治太の父で武藤の長男金太は、芸術が好きで美術史家になる。二男の絲治は絹の研究をしていた会社に就職。後の鐘紡社長、津田信吾がこの会社を合併してしまった。絲治は戦後、社長に就任、二十年余りも君臨する。武藤は草葉の陰で苦笑していたか、舌打ちしていたか。

安田善次郎（やすだ・ぜんじろう）

激動期を遊泳、一代で財閥

立身出世を夢見る露天の両替商から身を起こし、明治維新の通過大変動をきっかけに、商運隆々と一代で金融の安田財閥を築いた。激動期のかじ取り鮮やかに巨利をつかんだが、権力を頼まず「勤倹力行」の信念を貫いたことで吝嗇の風評にさらされた。在世中、救済した破たん銀行は七十行に及ぶ。資本主義ぼっ興期を指揮した金融王は、鋼の意志を持つ「銀行救済の神様」でもあった。

明治維新まであと十年という激動期、質素勤勉の気風強い越中富山から江戸に出た。懐中にはわずか二分（四分で一両）と八百文。だが、「千両の分限者にならん」との風雲の志が渦巻いていた。安田善次郎、出世物語の始まりである。

一八七九年（明治十二年）、安田の人生折り返しとなる四十一歳の時、蓄財なって、本所横網町にある、広大な御三卿の旧田安邸を手に入れた。東京の財界では、このころすでに立志伝中の人物であったが、巷間こういう落首が流布していたという。

「なにごともひっくり返る世の中や／田安の邸を安田めが買う」

世間の持てる者への皮肉は痛烈だった。だが、安田の胸中には、深い感慨があったに違いない。かつて、両替商で奉公していた時のこと。「人形町の大通りにでっかい油屋と両替屋を出す」。かつお節商の大倉喜八郎と茶飯を食べる度、大倉にこう熱弁を振るっていたからだ。

五年の奉公で二十五両の元手をつくり、独立して両替商の安田屋を開いたのが一八六四年。それから十五年が経過していた。安田屋は安田商店となり、翌一八八〇年には、金融財閥の大元となる安田銀行（現富士銀行）に生まれ変わる。

安田は我が国資本主義の芽生え、発展期にあって、その才覚と先見の明で幸運を次々と手にしていく。

暴落した太政官札、旧士族が手放した秩禄・金禄公債で資産を倍増。三度の戦争とその後の好況で株式、不動産は莫大な利益を生む。反動不況で支払い停止や取り付け騒ぎにあう群小銀行が続出したころでもある。銀行の淘汰、集中を迫られ、安田は「救済の神様」として活躍することになる。経済には理論を超えた現実があることを、安田は抜群の能力と専門知識で知り抜いていた。日本銀行創立の際、大蔵卿の松方正義は「日本の実際の銀行業務に最も実験ある人物」として彼と数回会い、西洋式との折衷案をつくっている。

武士の商法で、百五十三にものぼる国立銀行が、雨後のたけのこのごとくできた。設立準備手続きを聞きに行くと、政府は「安田に聞け」と言ったという。安田も「手本にせぬ銀行はなかった」と振り返る。帳簿の整理法から支配人の面倒までみた。

数多くの破たん銀行を救い、国家のために尽力した。だが、実際は「一半の感謝と一半の悪罵の交錯であった」。『安田財閥史』は、始祖である安田の胸中を察して、怒りをにじませている。国家的事件として明治銀行史に名をとどめた「第百三十銀行救済」も、彼の存在がなければ解決し得なかったが、これも社会の曲解と悪罵を浴びながらのものだった。

国運をかけた一九〇四年（明治三十七年）の日露戦争開戦から四カ月たった六月のこと。関西有力銀行の一つである第百三十銀行の破たんが明らかになった。

政府は戦時下の金融恐慌を何より恐れた。人心の動揺を防ぐため速やかに救済する必要がある。安田の出馬となった。十分な資財と技量ある人物といえば、安田しかいなかった。が、さしもの「神様」も第百三十銀行の整理については余りの傷の深さに再三固辞した。

元老の井上馨邸に呼ばれ、総理の桂太郎、蔵相の曽禰荒助を交えて連日のひざ詰め談判。「一つの銀行がつぶれて済むことではない。どうか国家へ奉仕すると思って尽力してくれぬか」との懇請を受ける。ついには「聖旨」の御下命まで出され押し切られた。

「関西実業界の帝王」といわれた頭取、松本重太郎の放漫貸し付けが主因だったが、安田は全重役に連帯保証させるなど責任を厳しく追及。日銀を通じて六百万円の特別融資でしのぐことになったが、戦時の苦しい財政下、一銀行に年二％、五年据え置き、五カ年賦の好条件で貸与したことを一部で非難する声もあり、議会でも問題になる。

「国家危急存亡の場合に、巧みに国庫から金を引き出して私腹を肥やそうとする」という誹謗、中傷があふれた。安田には「心外」というほかなかった。六百万円で済むはずもなく、自分の銀行から五百六十万円を支出して辛うじて整理できたからだ。

「自分の利益を外にして散財してまでも今日まで参りましたが、一つとしてお前のために助かったと言って大層喜ばれたものはない、比較的恨みを受けるような場合になっている。しかしその恨みは私においてやましい所がないから一向に痛ようを感じませぬ」

世の悪評を黙殺し、超然として経済的合理主義に徹した。それが虚像を生むことにもなる。私生活でも公的活動でも、悪声はいずれも「けち」とするものだった。「小鳥ども笑はば笑へわれはまた世の憂きことを聞かぬみみづく」と心境を歌に託している。安田としては「生きた金の使い方」をしただけ、一点の曇りもなく「祖国に報いた」という気持ちだったろう。

安田は多くの銀行救済の経験から成功するしないは「一にも人物、二にも人物、その首脳となる人物如何」と言明している。むしろ才能や経験は枝葉として「その人物が満腔の熱心さと誠実を捧げ、その事業と共に斃れる覚悟でかかる人であれば十分」とした。現代にもその言説は生きている。

晩年、彼が出した聞き書き本はベストセラーになった。『富之礎』という本の編者前書きにこうある。

「世人言ふ。大隈（重信）伯の議論は人皆驚いて聞く。渋沢（栄一）男の言説は人皆敬服して耳を傾く。安田翁の談話は人皆信仰を以って傾聴すると」

マスコミの評判は芳しくなかったが、一代にして空前の巨富を築いた安田ほど魅力ある人物もまたなかった。世間の嫉妬はせん望の裏返し。講演会は立すいの余地もないほどで、その成功にあやかろうと人々が群がった。財をなす勤倹克己の実践法を直接聞こうとしたのである。

〝弾丸列車〟に先見の明

一九〇七年（明治四十年）、安田善次郎は甲州出身の雨宮敬次郎と組んで、東京―大阪間を六時間で走る夢の〝弾丸列車〟計画を発表、社名を「日本電気鉄道株式会社」と命名した。官営の東海道線の急行が、十六時間を要したころの話である。

金融が中心の安田ではあったが、伸びゆく鉄道事業にも積極的だった。雨宮は甲武鉄道（中央線、八王子―新宿）などで実績を持つ。全長四百六十キロ、総工費一億円。財界人から賛同

●年表

1838　10月9日、富山県婦負郡富山町の鍋屋小路に父善悦、母千代の三男として生まれた
1858　江戸に出て、がん具問屋、両替商などに奉公
1864　日本橋人形町に海産物商兼両替商の安田屋を開店
1866　日本橋小舟町に移転、両替商に専心、安田商店と改称
1876　第三国立銀行を開業
1880　合本安田銀行を開業
1882　日本銀行創立御用掛を命じられ、開業に伴い理事となり、割引、計算、株式の3局長兼任
1904　第百三十銀行を救済
1907　日本電気鉄道設立を申請
1908　浅野らと鶴見埋立組合を結成
1910　東京湾築港計画が却下される
1920　家督を継がせた養子・善三郎を安田家より離居、再び第一線に
1921　東京帝国大学への講堂寄付受理。9月28日、大磯の別荘で凶刃に死す。享年82

草創期の安田銀行本店。お役所風が多かった中で、腰低くお店風のサービスが受けた

を得たが、鉄道省が既成鉄道との競合による収入減を憂慮、年月を空費し安田を失望させた。約半世紀後に実現するが、その先見性は見上げたものである。

浅野総一郎は、安田が協力を惜しまなかった事業家の代表的な人物だ。企図した「東京湾築港」という大事業は反対にあって実現しなかったが、安田は浅野に存分の資金を融資して、京浜地区の大規模な埋め立てを推進、大工場地帯を実現した。JR鶴見線の「安善駅」は安田善次郎の名にちなんでいる。

一九二一年（大正十年）大物東京市長の後藤新平の思想に共鳴、八億円を要する「東京市改良計画」に、全面協力を申し入れた。その額は政府予算の半分以上にも相当したが、安田は「その計画は小さ過ぎないか」と発言、驚かせた。市政調査の資金として三百五十万円の寄付を約束、これが日比谷公会堂を含む市政調査会館となった。東大安田講堂は匿名を条件に安田が寄付を約束したものである。

八十二歳になっても安田の事業意欲はすさまじく、「金は集めるより散じるが難し」と嘆いている。その年の春には、社員に訓諭して「人は養生次第にて優に百歳以上に達し得るべきもの」と豪語した。このころ浅野に贈った狂歌は有名だ。

「五十、六十はなたれ小僧／男盛りは八、九十」

まさにその気概をうかがわせ、老いを知らぬかのように見えたが、九月二十八日に大磯で凶刃に倒れた。犯人は自害。大正維新を旗印に暗殺の幕が開き、同じ年十一月には首相の原敬も刺殺されている。

山下太郎（やました・たろう）

海外石油開発に先鞭をつける

けた外れの野心と行動力で海底油田を一発で掘り当てた男。アラビア石油を創業、海外石油開発に先鞭をつけたのが、「山師」とも呼ばれた山下太郎である。無謀にも見えた彼の壮大な事業。それを後押ししたのは、戦争中に「油の一滴は血の一滴」を痛感、石油時代を見越して自主資源の確保を夢見た男たちの、ロマンと情熱だった。

一九六〇年（昭和三十五年）一月三十日午後八時。山下太郎は東京・高輪台の自宅で、秘書が届けた一通の電報を開いた。発信元はサウジアラビアの現地事務所。「よかった」。第一号井の試掘成功と推定埋蔵量を伝える内容を確認した山下は、一言つぶやいた。

山下は直ちに受話器をとりあげる。経団連会長の石坂泰三、日本開発銀行前総裁の小林中らの支援者に、報告の電話をかけまくった。その数、実に八十本。夜明けまで続いたという。

「山下君、これで日本も国際的発言権を得ることになったよ」。後日、大磯の吉田茂を訪ねたときのこと、元ワンマン宰相は握手を求めた。「何にたとえることもできない一言でした」と山下は述懐している。

「山師」「ほら吹き」「政商」と世間から冷笑されていた山下にとって、七十歳にして迎えた至福の瞬間であったろう。

一時、敗戦で鳴りをひそめていた「政商」は、石油ビジネスに注目。石油利権の話なら何でもと網を張っていたところに、サウジアラビアが日本に利権を譲渡する用意があるとの情報が舞い込んだ。

山下は旧知の外相、岸信介を通じて政府から半公的資格を得て、五七年（昭和三十二年）二月、縁せきにあたる前外相の岡崎勝男を伴い極秘裏に現地入りする。サウジ側は隣国クウェートとの中間地帯の沖合を提示、交渉権を取得した。

難題が二つあった。ひとつは現地との利権交渉、もうひとつは日本側の体制づくりである。

交渉を有利に進めるためには国家プロジェクトの体裁が必要だ。山下は即座に四十年来の知己で、

1961年４月、カフジで第一船積み出し祝賀式典にのぞむ山下社長（中央）

経団連会長になったばかりの石坂の顔を思い浮かべた。

石坂は新会社設立発起人を一度は固辞。だが、思い込んだらあきらめぬのが山下の真骨頂である。スイス訪問中の石坂に長文の電報を何度も送り懇請する。迷った石坂はスイスの財界人に相談した。「採掘候補地としては有望だからやってみる価値はある。お国のためになるでしょう」。石坂は「国益」という言葉に弱い。ついに決断した。

石坂の出馬によって、発起世話人には財界の大御所が加わり、電力、鉄鋼、商社、保険などの大企業が出資を決めた。「満州太郎」山下は「アラビア太郎」と呼ばれるようになった。


だが、時勢は味方しない。神武景気は終わり、一万田尚登蔵相は金融引き締めにかかった。油田開発は資金・技術面でリスクが大きい。国境をまたぐ中間地帯、それも沖合の海底である。出資予定企業は資本金払い込みに二の足を踏んだ。

現地交渉も予想外の苦戦続きだ。滞在は長期にわたり、現地食を受け付けない山下は、バザールで見つけたチキンスープの缶詰でおじやを作り、しのいだ。

サウジとの交渉では本社所在地でもめた。サウジはあくまで現地法人を主張。三菱商事から顧問兼通訳で加わった後のアラ石専務、林昂によると、さすがの山下も「ここに役員として財界のお歴々に来てもらうのは無理。あきらめて帰ろう」と言い出したという。

「とにかく待ってください」。林は交渉相手の鉱山局長の裏には法律専門家がおり、その人物は後の石油相、ヤマニに違いないと確信していた。というのも、彼は商事時代に国防軍向け軍服商談で代金支払いを巡るトラブルを体験。そのときハーバード大を出たばかりの俊英だったヤマニの存在を知っていたからだ。

林は単身ヤマニの私宅を訪ね、カイロ大学の同窓と自己紹介したうえ事情を話した。これが突破口となり、日本法人とすることで決着したのである。

クウェートとの交渉はさらに難問だった。クウェート側はアラ石の信用状態の証明を求めたが、依頼を受けた日本興業銀行ではその手続きがとん挫していた。資本金振り込みが遅れているような状況では、安易な保証はできかねる。

当時の興銀頭取川北禎一は関与に否定的だった。だが、副頭取の中山素平は、メジャーを向こうに回した油田開発という壮大な事業に魅力を感じていた。

中山は開銀出向時代に総裁の小林に仕え、その先見性を評価。さらに、自腹で出資し個人保証までした石坂には、あきれながらも男気に感服していたのだ。

中山には清濁併せのむところがある。政商たちや、共産党から転向、右翼の黒幕といわれた田中清玄らともつきあいがあった。中山は田中と戦後間もなくから資源問題の勉強会を開き、エネルギー問題を自己のテーマとして課していた。

「自主原油を開発しようというときに、銀行だけが協力しないというのはいかんでしょう」。中山は川北を説得、しり込みする行内世論も押し切った。

アラ石に出資することを決めた東京電力などの役員会議事録の控えを担保とみなす。会社ができれば資本金が入る、それを引き当てにして前貸しする——。こうして証明書を発行し、つなぎ融資に踏み切った。

中山は第一銀行頭取の酒井杏之助に「銀行家は油のにおいをかいでから動くものだよ」としかられた。だが、興銀主導の協調融資は成立し、最初の試掘が一発で当たったことで運転資金の融資も軌道に乗った。

「山下という人物を買ったのではなく、事業の中身、将来性を評価した」と中山は振り返る。石坂も小林も山下とは同床異夢ではあったが、復興日本が自前の石油を持つことの意義を重視していた。

「安全ばかりを優先するのは高利貸しと同じ発想。逃げれば不作為の責任に引っかかる。昨今の信用収縮などをみていると僕は不良債権のすすめを唱えたくなる」。中山は金融界の縮み志向を憂えた。

カフジ油田採掘権は二〇〇〇年二月で期限が切れた。延長条件にサウジ側は大型合弁事業を求めた。だが、政財界に、体をはってまでナショナルプロジェクトの旗を振る「人物」はいない。交渉は失敗し、アラビア石油は利権を失った。

要人に近づく努力

二十三歳で東京・深川に山下商会を設立した山下太郎は、革命の混乱に乗じて、ロシア軍用のサケ缶詰を格安で輸入して巨利を得た。米騒動を見て中国からコメの密輸を企てるが、満鉄

山下太郎

●年表

1889　東京で生まれる。すぐに父の郷里秋田県大森町に移る
1909　札幌農学校（現北大）卒
1912　東京で山下商会設立
1920　株式暴落で大損を被る
1932　満鉄の社宅建設事業に乗り出す
1956　北スマトラ油田開発で現地視察するが現地政情不安により断念。
　　　同年末、サウジ石油開発利権の情報を得る
1957　2月交渉のためサウジ訪問。6月岸内閣が交渉援助を閣議決定。
　　　7月本交渉のためサウジ訪問
1958　2月アラビア石油設立総会。社長に山下、会長に石坂泰三
1959　7月第1号井試掘開始
1960　1月試掘成功
1961　2月カフジ油田の生産開始。10月株式上場
1963　11月フート油田発見
1964　10月心臓発作を起こす。その後自宅療養
1967　6月、78歳で死去

に納める予定がキャンセルされる。このときに違約金を請求しなかったことで満鉄に好感を持たれた。社員用の簡易住宅建設を一手に引き受けて財をなし、「満州太郎」の異名をとった。

敗戦で大陸資産を失う。が、大企業の社宅や官庁ビル専門の建設不動産会社を経営。焼け残った高輪台の広大な屋敷を東京都公邸名義とすることで占領軍の接収を免れ、政財界人の会合の場に供した。保守合同の密約はここで成立した。

「世の成功者は優れた学才や頭脳でその地位を得ているが、私の場合は常に有力者の指導を仰ぎ、支援協力にすがった。そのようなすぐれた人、力をもった人への近づきを得ることがあまり人のしない私の努力だった」（講演録から）

山下の事業はいつも要人を利用することで発展した。学友の父親で元幕臣、教育者である江原素六の紹介で政財界の巨頭に近づいた。缶詰輸入では外相秘書官の松岡洋右の助けを借り、満鉄では理事の松本烝冶に取り入る。アラ石の成功も、石坂泰三、小林中ら強力な支援者抜きには語れない。

人脈のつなぎ止めには細心の配慮をした。希代のプレゼント魔。こまめに手紙を書き電話をかけた。サウジ滞在中は絵はがきを大量に買い込み、団員が昼寝をしている間、ぬらしたバスタオルの上に切手を置き、張り付ける姿が目撃されている。

社長在任中に倒れるが、死ぬまで自宅の病床で経営の指揮をとった。

軌道に乗った会社を育てる調整型ではなく、創意、機略、駆け引きを得意とし、夢と冒険にかける乱世型経営者であった。

吉田秀雄（よしだ・ひでお）

広告の巨人・電通を育てる

今世紀の大衆消費社会を演出し、流行を先導しているのがおびただしい量の広告である。経済立国に衣替えした戦後、日本の広告業は急成長を遂げた。「広告の鬼」と呼ばれた吉田秀雄は、この繁栄を見越してその近代化に執念を燃やし続ける。民間放送の立ち上げをお膳ぜん立てし、通信社の営業部門に過ぎなかった代理店を「マンモス電通」に飛躍させた。

東京大空襲で焼け野原になった銀座外堀通りで、日本電報通信社（現電通）本社ビル（現電通銀座ビル）は大きな被災を免れた。その二階大広間で、社員は終戦の玉音放送を聴いた。一同、首うなだれるなかで「これからだ。仕事が始まるぞ」と叫ぶ男がいた。常務の吉田秀雄である。彼は翌日から率先、社屋内外の清掃を始める。吉田が張り切ったのは逆境に強い性格ゆえのみではない。やがてやってくる平和の時代を念頭に、広告界の体制を着々と固めていたからだ。

戦時中の軍需優先経済のもと、最大の広告媒体である新聞のページ数は減り、広告主も鳴りをひそめた。電通も開店休業状態に陥る。物価停止令で広告料金も統制の対象になった。

この逆境を吉田は徹底的に利用したのだ。商工省と計って広告料金を準公定にし、初めて広告の正価取引を実現する。全国地区別の広告代理業の統廃合では、百八十六社が十二社になったが、電通は本社支社合わせて四社が生き残った。

戦時下の国策、統制に便乗する形で、吉田は広告取引の公正化と統廃合を強引に実現してしまった。吉田は同業者や広告主から誹謗中傷を受けたが、この改革が戦後の飛躍期に大いに役だったのだ。

平和産業の広告業が、戦時を逆用して基盤を固めたのは皮肉といわざるをえない。だが、それほど広告業の近代化と地位向上にかける吉田の執念はすさまじかった。「ビジネスの名に値せず、他産業に比べ三十年遅れている」が吉田の口癖だった。

電通のルーツは二十世紀元年の明治三十四年、光永星郎が創業した日本広告株式会社である。後に日本電報通信社と名を変え、新聞社にニュースを配信する通信社と広告取次業を兼ねた。

吉田は光永が公募で学卒を採用した第一号。当時は昭和恐慌直後で空前の就職難だった。既に妻子持ちだった吉田はあちこちの就職試験に落ち、仕事の内容もろくに知らないまま入社した。合格通知の官製はがきに記された社名が、印刷でなくゴム印だったことにまずショックを受ける。次に職場の実態に驚かされた。

「押し売りと広告屋は入るべからず」という紙を、玄関に張り出す会社があった時代。広告代理業の社会的地位は低かった。取引形態は近代ビジネスとは程遠く、談合、裏取引、リベートといった非合理、不条理がまかり通っていた。

吉田は同期入社の四人と語り合い、広告の研究会を始める。丸善から自腹で英米の関連書籍を購入し、輪読会を続けた。広告先進国の実態を知るにつけ彼我の違いを痛感。広告界の陋習改革と地位向上は、吉田の職業人生を貫く太い縦糸となった。

だが、吉田はただの頭でっかちではなかった。営業の実務でも歯を食いしばった。通信部門が国策通信社の同盟通信に吸収されたことで、電通は広告代理業に特化でき、売り上げを伸ばした。吉田も所属する地方部の扱いだった大陸向け広告で、大いに稼いでもいる。

四七年（昭和二十二年）。公職追放で通信畑出身の社長、上田碩三が辞任、吉田は四十三歳の若さで社長に選ばれた。これ以降、常務時代から構想を温めてきた民間ラジオ放送の立ち上げに、挑むことになる。

「これから始まる民間放送の仕事は、ちょっとやそっとのことではできない大事業である。命がけのことである。諸君のうち半数は死ぬであろう」。民放開局にやっと曙光が見えたころ、社内会議で吉田はこうすごんだ。

吉田が民放構想にかかわりを持ったのは、敗戦の年の秋だった。日本の民主化を企図した連合国軍総司令部（GHQ）はこのころ、NHKによる一局独占を再編する方針を示した。

これを受けて東京商工経済会（後の東京商工会議所）は民間企業から発起人を募り、その年十二月「民衆放送」会社設立を申請した。広告収入だけで運営する商業ラジオ放送は、米国に実例があるものの具体論となるとだれも知らない。

準備委員会の委員長は東商理事長の船田中。経営のカギとなる広告業の代表として吉田が副委員長になり、準備を仕切った。

だが、民放創業は大変な曲折をたどることになる。四七年にGHQの政策転換で民放開局が先延ばしとなる。続いて旗振り役の船田や東商会頭の藤山愛一郎が公職追放に。こうなると出資側の財界も一転冷淡になり、東商は事務所を引き払うよう求めた。吉田は事務所を電通社内に移し、孤軍奮闘来るべき日に備えた。

米国のラジオ放送の現状を調べ、ことあるごとに財界人や新聞社の幹部らに事業の将来性を説いた。「民放は広告収入では無理だ。NHK受信料の一部を分配してもらうようにしたらどうか」。吉田の理解者であった阪急の小林一三でさえ、採算性を疑った。だが「タダの電波を使ってもうからぬはずはない」が吉田の持論だった。

二年間の空白を経てGHQが方針を再転換。吉田の熱心な啓蒙活動が功を奏して中央、地方の新聞各社を中心に民放設立の申請ラッシュが起きる。放送法が施行された五〇年秋には、その数七十二社に上った。東京だけで二十八社という乱立状態。一地区一局という設置方針があり、今度は一本化調整が吉田の肩に重くのしかかった。

各社独自路線を主張して譲らない。苦肉の策は、合併の是非を問うアンケートを発起人に出し、九割が一本化に賛成という結果を示したことだった。「一世一代の大芝居」（吉田）は成功する。

胎動六年。民放ラジオは五一年九月、名古屋の中部日本放送から始まった。難産の末、電通と朝日、毎日、読売の新聞三社が一本化して生まれたラジオ東京は、その年十二月新橋演舞場で前夜祭を行い、二十五日に本放送を開始した。

いざ開局すると、各局とも広告の申し込みは予想を大幅に上回った。民放ラジオの広告効果は急速に浸透。吉田は子飼いの社員を惜しげもなく民放各社に送り込み、出資にも応じた。

先行投資はテレビ時代になるや本格的に花開く。「時間を売る」電波媒体をいち早く握った電通は広告界首位の座を不動のものにした。入社後の吉田が劣等感さえ抱いた職場は、大学生の就職人気企業に変貌するのである。

仕事の鬼、情にも厚く

民放の立ち上げにメドをつけた五一年夏、吉田は「鬼十則」を執筆し、社員に配布した。「一、仕事ハ自ラ創ル可キデ、与エラレル可キデナイ」に始まり「十、摩擦ヲ怖レルナ。摩擦ハ進歩ノ母　積極ノ肥料ダ、デナイト君ハ卑屈未練ニナル」で終わる。自身に課してきた信条を記した十則はたちまち、復興に燃え、高度成長を目前にしたビジネス界の話題になった。

苦虫をかみつぶしたような風貌で早朝幹部会議を励行、社員を叱咤した仕事の鬼は、半面情に厚かった。終戦後、失職中の旧軍人や旧満鉄職員を自ら面接して採用し、公職追放中の言論人や政治家の面倒をこまめにみた。

これがGHQに知れて再三呼び出された。同行した佐藤四郎（元専務）は「たまたま戦に負けて、優れた人材が路頭に迷っている。同胞として助けるのは当たり前ではないかと堂々と反論した。その姿に侍の魂を見た」と振り返る。

銀座に散歩に出ると、必ず抱えきれないほどの品物を秘書に持たせて帰った買い物好き。靴や洋服をだれかれとなく与えたプレゼント魔でもあった。吉岡文平（顧問、元副社長）はゴルフに凝っていた吉田が晩年「おれが贈ったゴルフセットは一千セットになる」と語ったのを覚えている。

吉岡はラジオ開局の年に出版担当からラジオ部門に移った。社長に呼び出されて「おまえが行かないとうまくいかないから」と腕時計をもらった。「人使いの名人で、社員を必ず名前で

吉田秀雄

●年表

1903　11月9日、福岡県小倉市（現北九州市）に生まれる
1914　父渡辺勝五郎が台湾の工事現場で事故死
1918　小倉の素封家吉田家の養子として入籍
1924　鹿児島の七高卒業
1928　東大経済学部卒後、日本電報通信社に入社、地方内勤課配属
1936　通信部門を新設の国策通信社、同盟通信に移譲し、広告専門会社に改組
1941　地方部長
1942　6月取締役、12月常務
1945　民衆放送の免許申請
1947　社長就任、部長以上幹部の早朝会議始める
1951　「鬼十則」起草
1955　社名を「電通」に改める
1958　米経済誌『フォーチュン』で「広告の鬼」として紹介
1963　1月27日、胃がんのため死去。享年59

東京の新橋演舞場で催したラジオ東京開局前夜祭（1951年12月24日）

呼ぶ。怖い鬼というより人間的魅力にひかれて頑張った」

十歳のときに父が事故死、新聞配達で家計を助けた。資産家に養子に出されるが養母とうまくいかず、大学でも貧乏学生だった。並外れた闘争心や人情の機微に明るい人柄は、吉田の生い立ち境遇と無縁ではない。

活字や電波の媒体をまず押さえ、広げた間口にあらゆる広告を呼び込む吉田の手法は日本独自のシステムだった。欧米では一業種に広告一社が原則。近代化を実現した吉田が次なる目標として掲げたのが国際化だったが「電通革命」総仕上げの途上、広告の鬼はがんに倒れた。

解説——官尊民卑と戦った経済人　小島直記氏に聞く

二十世紀の経済人をみるポイントは、株式会社が導入された明治維新までさかのぼらねばならない。福沢諭吉と渋沢栄一がパイオニアだが、理念の継承という意味では断然、福沢に軍配があがる。新しい資本主義社会の成立に必要な官尊民卑の否定が、その人脈には息づいているからだ。魅力ある経済人のつながりを、作家の小島直記氏に語ってもらった。

——二十世紀日本の経済人をみるときの視点、基準をどうお考えですか。

小島——ポイントはやはり明治維新です。その積極的な意義は封建制度を否定して新しい資本主義社会を成立させる、端的には株式会社の出現にあった。渋沢栄一が一八六九年（明治二年）一月、静岡で商法会所をつくり、同年同月に横浜で福沢諭吉のまな弟子の早矢仕有的が丸屋商社（丸善の前身）を創設した。

渋沢は徳川昭武についてフランスの万国博覧会にいく途中に、スエズ運河の工事が官業ではなく個人の事業だと感心し、そこに資本主義の原理をみて合本主義として理解する。福沢は幕府の使節のお供で欧米をみて『西洋事情』の商人会社の章で紹介する。二人の経済理念が、どのように継承されていったかが大きな視点だと思う。

――渋沢より福沢を高く評価されていますが。

小島―いかにして封建思想、官尊民卑の差別観念と決別していったかが評価の起点です。明治の元勲たちは華士族制度をつくって、まず平民と区別する。ところが福沢は従弟で玄関番にすぎない朝吹英二に対しても「朝吹さん」と呼んだ。渋沢は三十そこそこで大蔵省に入ると女中とか書生、甥の大川平三郎たちに「殿様」と呼ばせる。ここが重要です。

大江卓が板垣退助を批判した「コリャコリャ民権」。そこをみていくと、今日まで続く官尊民卑体質、それに対決した松永安左エ門の存在が光る。松永も福沢門下です。

それを否定することが日本の資本主義を本当に育てるためのバックボーンでなければならなかったのに、勲章を喜ぶ傾向がある。経済界は公的資金導入で、また頭があがらない。いまだに自浄力をもっていない。

――福沢の人脈は三井が多いですね。

小島―福沢の甥の中上川彦次郎を拠点に福沢の門下生がのちの大物になっていく。福沢のつくった時事新報社の社長兼主筆の後、福沢門下の荘田平五郎の勧めで山陽鉄道の社長になる。荘田は岩崎弥太郎の腹心です。中上川は社会の公器を認識し積極投資するが、配当しか眼中にない株主に排斥され、ちょうど三井銀行の再建を頼まれていた旧知の井上馨にスカウトされる。井上は西郷隆盛が「三井の番頭さん」と軽べつしたように評判が悪いが、人をみる目があった。三井物産を益田孝に創業させたのも彼です。

――中上川は益田と対立しました。

小島―益田も偉い。幕府軍の騎兵隊長が明治維新で商人になった。横浜で米国のウオールシ・ホール商会の社員になって仕事の基礎を学び、井上の勧めで大蔵省に入る。井上が司法卿の江藤新平とケンカして辞めると行動をともにし、井上のつくった先収会社の副社長になる。このとき、大阪で知った馬越恭平を入社させた。

井上が官に戻り会社は解散したが、そのころ三井は商社をつくろうとして、相談された井上が益田にやらせる。経営は任されたが無資本会社で出発した。新たな人材として商法講習所（一橋大学の前身）卒業生の渡辺専次郎、小室三吉、岩下清周、福井菊三郎ら俊才がぞくぞくと入社した。

――組織はまず人ですね。

小島―江戸時代からの豪商で小野、島田、三谷が没落したのに三井だけが断然抜きんでたのは、大番頭の三野村利左衛門の才腕です。幕府と倒幕派を両てんびんにかけ政商路線を築いた。日清戦争のころ、日本資本主義も第二期の成長時代に入って三井も経営体質が古くなる。不良貸し付けの整理は差し迫った大問題で、権力者の返す意思もないカネがいっぱいあった。三野村流の限界がみえた。

こういう時に中上川のような新タイプが求められた。権力相手の命懸けのレジスタンスをやった。ホワイトカラーの大量採用と待遇改善で福沢門下生がどっと入る。藤山雷太、朝吹英二、和田豊治、武藤山治、藤原銀次郎、日比翁助、池田成彬、小林一三。

――中上川の最後は悲劇的ですね。

小島―三井物産中心の商業的体質を工業主義によって変えようとし、三井内部も改革する。「大元方」にかわる「三井同族会」をつくり、旧来の事業は同族会で統括し、銀行の工業部を通して巨額の資本を鉱工業に投資した。成果はあったが、既成勢力や元勲にもにらまれ、結局、四十七歳で若死にして、三田の俊才たちの運命も変わる。

――人間のドラマがいろいろありますね。

小島―渋沢や大川平三郎を追い出して王子製紙を三井のものにした藤山雷太も、中上川の死の翌年に三井を去る。藤山が男をあげるのは明治の一大疑獄、日糖事件です。ガタガタの大日本製糖の立て直しを渋沢から頼まれて成功する。

ところで王子製紙は、日露戦争後の不況のあおりでボロ会社になった。この再建のために起用されたのが藤原銀次郎です。中上川と益田の対立解決の次善の策が交流人事で、益田派の岩下清周が三井銀行大阪支店長に、中上川派の藤原が物産の上海支店次長になる。やがて王子製紙を任され立ち直らせた。

――団琢磨は益田のスカウトですね。

小島―三池炭鉱の払い下げ入札で三井は三菱に勝った。この時「四百五十五万円の中には団技師の身代金も入っている」と大蔵大臣の松方正義にいって引っ張る。「団なくして三池の発展なし」と判断した見識はさすがです。団は益田によって三井合名理事長となり、ファシズムの凶弾に倒れるまで日本資本主義のリーダーとして活躍する。

物産では山本条太郎がいい。学歴もないけれど政財界最高の読書人で、アンドレ・シーグフリートなんか読んでいる。山本の薫陶を受けたのが森恪。中国通で山本と同じく政友会で活躍、五十歳で若死にします。

——三菱、住友などほかの財閥における人脈は。

小島—第三代日銀総裁の川田小一郎。大蔵大臣を家に呼びつけて、歴代で一番威張った。官尊民卑という今も変わらぬ状況のなかで一番印象に残る。岩崎弥太郎と意気投合して九十九商会を創立、その後、岩崎を補佐するが、弥之助と合わずに去った。

彼はペルーのインチキ鉱山話でスッテンテンになった高橋是清を救った。朝吹英二も事業が失敗したとき、三菱で一緒だった彼が中上川に頼んだ。益田が「朝吹とは敵味方でやってきたが、いつか一緒に仕事をしてみたいと思っていた」といって鐘淵紡績の専務に迎える。日本にあった人脈形成の根本の先輩後輩の情がこの人には歴然とある。

川田は住友ともからむ。広瀬宰平が別子銅山の支配人の時、明治維新の騒動で土佐藩が川田を隊長に幕府の御用銅を差し押さえにいく。広瀬は、商行為であるから差し押さえを受ける理由はない、と命懸けの抗議をする。川田はジッと聞いて、お前が正しいと、太政官において住友の主張を弁明してやる正義感と熱意があった。

伊庭貞剛を住友に入れたのが広瀬だ。伊庭は裁判官時代に、同輩がひそかに上役の家を訪ねておべっかを使う風潮に腹を立て辞めて郷里に帰ろうとする。その時、叔父の宰平が住友に引っ張る。情実ではない。伊庭は住友財閥の基礎を固めた。それが住友があれだけ大きくなる理由です。

小倉正恒は山口県の参事官の時、仕事のくだらなさに愛想をつかして辞表をたたきつけ伊庭に拾われた。だが、本当に住友で働こうと決心するのは伊庭の言葉に感動したからだ。君を外国に派遣するが、これは一住友のためではない。日本という視点から勉強してきて、その方がいいと思ったら住友にはおらんでいいと。そんなことをいう経営者がほかにいますか。

——結局、その人の生き方なんですね。

小島—伊庭は五十八歳でさっと鈴木馬左也に総理事をゆずって引退する。きれいです。晩節の光景では感心しない人が多すぎる。

——そのほかに面白い人脈は。

小島—日産コンツェルンの創始者、鮎川義介は井上馨が大叔父ですが、東大卒のエリートながら職工から出発した。コネを拒んだという意味で出色です。鉱山王の久原房之助は年上だが鮎川の義弟で、行き詰まった久原鉱業を彼に押しつけて政治家になる。鮎川はこれを日本産業にし日本鉱業、日産自動車などをつくる。

セメント王の浅野総一郎は若いころ夜逃げする辛酸をなめたが、石炭を王子に納入して渋沢に知られ、西南戦争で大もうけする。大川平三郎が洋行する時、大歓迎して友情が生まれ、のち藤山雷太に王子を追い出された大川と浅野はパートナーになった。

味の素の鈴木三郎助と森コンツェルンの森矗昶は、鈴木が千葉でヨード生産を始めた時の地元のライバルだ。森の総房水産が行き詰まると鈴木が東信電気に合併して森を取締役にする。森はその知遇にこたえ五大電力の一つに育て上げる。鈴木がその功績に免じて森に返してやった工場がやがて昭和電工になる。

宮本武蔵が五輪書で「有構無構」ということを書いている。構えはあってないものだと。私はこれは肩書はあっても肩書に頼らないと解釈します。そういう男たちが好きです。

（聞き手は「20世紀　日本の経済人」取材班）

こじま・なおき　一九一九年（大正八年）、福岡県八女市生まれ。東大経済学部卒。明治以降の政・財界人を中心とする伝記文学の第一人者。著書は『小説三井物産』『福沢山脈』『出世を急がぬ男たち』『小島直記伝記文学全集』（全十五巻）など多数。

本書は、日経ビジネス人文庫として刊行した『20世紀　日本の経済人』（二〇〇〇年）、『20世紀　日本の経済人　II』（二〇〇一年）の中から新たに五十人を選び、単行本として再編集したものです。

20世紀日本の経済人〈セレクション〉

無から始めた男たち

二〇〇三年五月十六日　第一刷

編者——日本経済新聞社

発行者——斎田久夫

発行所——日本経済新聞社

http://www.nikkei.co.jp/

東京都千代田区大手町一－九－五

郵便番号一〇〇－八〇六六

電話〇三－三二七〇－〇二五一

振替〇〇一三〇－七－五五五

印刷・製本——凸版印刷

ISBN4-532-35052-2

Printed in Japan